Büssing / Dienberg

Geistliche Trockenheit –
empirisch, theologisch, in der Begleitung

Arndt Büssing / Thomas Dienberg

Geistliche Trockenheit – empirisch, theologisch, in der Begleitung

© 2019 Aschendorff Verlag GmbH & Co. KG, Münster
www.aschendorff-buchverlag.de

Das Werk ist urheberrechtlich geschützt. Die dadurch begründeten Rechte, insbesondere die der Übersetzung, des Nachdrucks, der Entnahme von Abbildungen, der Funksendung, der Wiedergabe auf fotomechanischem oder ähnlichem Wege und der Speicherung in Datenverarbeitungsanlagen bleiben, auch bei nur auszugsweiser Verwertung, vorbehalten. Die Vergütungsansprüche des § 54, Abs. 2, UrhG werden durch die Verwertungsgesellschaft Wort wahrgenommen.

Printed in Germany
Gedruckt auf säurefreiem, alterungsbeständigem Papier ∞

ISBN: 978-3-402-24589-7
ISBN (E-Book-PDF): 978-3-402-24590-3

Inhalt

Vorwort 7

Theologische Reflexionen des Hintergrundes

Thomas Dienberg
OFMCap
Standortbestimmung: Von Frust,
Tiefensehnsucht, Sinnkrise und Heiligung 9

Michael Höffner
Erfahrungen Heiliger und Menschen:
Evagrius Ponticus und Johannes vom Kreuz 25

Josef Weismayer
Geistliche Trockenheit in den Erfahrungen
Heiliger: Wilhelm von Saint-Thierry, Therese von
Lisieux und Mutter Teresa 43

Ralf Stolina
„Selig sind, die nicht sehen – und glauben." –
Anfechtung im Lebens-Gespräch mit Gott 61

Empirische Begründung des Themas

Arndt Büssing
Geistliche Trockenheit bei Seelsorgern und
Ordens-Christen 79

Klaus Baumann und
Arndt Büssing
Zölibat und geistliche Trockenheit.
Empirische Befunde und Deutungsempfehlungen
zur Unterscheidung 105

Christoph Jacobs
Salutogenese – Kohärenzgefühl –
Geistliche Trockenheit 123

INHALT

Implikationen für die Begleitung

Michael Utsch — Glaubenskrisen aus religionspsychologischer Sicht 151

M. Paulin Link OSF — Umgang mit geistlicher Trockenheit: Geistliche Begleitung 177

Eckhard Frick — Geistliche Trockenheit: Ein spirituelles „Symptom" in ärztlich-psychotherapeutischer Perspektive 191

Synthese-Schritte

Theo Paul — Geistliche Trockenheit – Eine Karsamstags-Christologie 205

Ricarda Moufang — Dunkle Nacht und östliche Weisheit 215

Ralph Kunz — Erfahrungen des biblischen Beters – ein Fallbeispiel mit Überlegungen zur Psalmentherapie und Trockenseelsorge 225

Heribert Leibold OFMCap — „Er gewährt sich im Entziehen" 237

Gesungene Gebete 249

Dank 253

Autoren 255

Vorwort

Erfahrungen geistlicher Trockenheit oder Gefühle, von Gott ganz vergessen zu sein, werden immer wieder berichtet, nicht nur von besonders „begnadeten" Menschen, denen Gott einmal sehr nahe war. Der Umgang mit diesen Erfahrungen ist entscheidend. Zieht sich der Betroffene innerlich zurück, bleibt er in Beziehung zu Gott, wendet er sich anderen (entweder hilfesuchend oder selber helfend) zu? Wendet er sich gar von Gott ab?

Gott suchende Menschen kommen manchmal an einen Punkt, wo ihr ganzes Suchen und Streben nach dem Heiligen ins Stocken gerät, wo unklar ist, wie und ob es überhaupt noch weiter geht – oder sogar gehen kann. Wenn sich Gott scheinbar ganz entzogen hat, nicht mehr zu antworten scheint, wenn alles brüchig, trocken und leer geworden ist im Leben – was dann?

Fragt man einen Theologen, dann wird dem vermutlich die „Dunkle Nacht der Seele" des Mystikers und Heiligen Johannes vom Kreuz (1542–1591) einfallen. Denn der hat doch schon vor vielen hundert Jahren erklärt, dass dies eine Phase der Läuterung, ein Weg der Heiligung hin zu Gott ist. – Soweit wäre dann ja alles geklärt.

Aber manchmal nützen einem auf der Durststrecke Liegengebliebenem solche klugen Erklärungen nichts. Denn was sagt man Menschen, denen sogar die Sehnsucht nach Gott abhanden gekommen ist, und die das Heilige in ihrem Leben nicht mehr sehen können? Wenn alles nur noch mühselig und beladen ist, aber nichts mehr in der Tiefe anrührt und bewegt, wenn alle Gebete schal geworden sind? – Wer hat dann das Wasser, das beleben könnte?

Treten solche Phasen geistlicher Trockenheit tatsächlich am Scheideweg von Heiligkeit und depressiver Lebens- und Sinnkrise auf? Sind es vorübergehende Momente oder sogar sehr lange, sich dahinziehende Lebensphasen?

Welche Erfahrungen haben andere Menschen damit gemacht, wie kann man damit umgehen – auch als Seelsorger und geistlicher Begleiter?

Was könnte hilfreich sein, was hat sich bewährt und wo fehlt es an Unterstützungsmöglichkeiten?

Im Rahmen einer Tagung im September 2018 zur *Geistlichen Trockenheit*, die von IUNCTUS – Kompetenzzentrum für Christliche Spiritualität in Münster ausgerichtet wurde, gingen vierzehn Referentinnen und Referenten aus unterschiedlichen Perspektiven diesen Fragen in vier Themenbereichen nach. Aufbauend auf theologischen Reflexionen des Hintergrundes wurde eine empirische Begründung des Themas gegeben und, darauf folgend, Implikationen für die Begleitung erörtert sowie der Versuch von Synthese-Schritte gemacht.

Das vorliegende Buch fasst die Erkenntnisse der Tagung zusammen, kann aber nicht die wertvollen, bereichernden und inspirierenden Begegnungen „dazwischen" abbilden. Selbstverständlich sind wir mit dem Thema nicht „fertig", aus dem Bisherigen ergeben sich neue Anknüpfungspunkte und Fragen. Viele Teilnehmerinnen und Teilnehmer haben uns positive Rückmeldungen gegeben, weiter an dem Thema dranzubleiben und vielleicht sogar eine „Theologie der Trockenheit" zu entwickeln. – Das ist natürlich eine Herausforderung.

In der Zwischenzeit wünschen wir Ihnen, den Leserinnen und Lesern dieses Buches, viele Anregungen, Einsichten und neue Blickwinkel auf ihrem Lebensweg, der vielleicht auch solche Phasen kennt.

Arndt Büssing und Thomas Dienberg

Thomas Dienberg OFMCap

Standortbestimmung: Von Frust, Tiefensehnsucht, Sinnkrise und Heiligung

1. Vorbemerkungen

In diesem Artikel geht es um eine kurze Einordnung des Themas ‚Geistliche Trockenheit' in den Kontext der gegenwärtigen Zeit auf dem Hintergrund der langen Geschichte dieses komplexen Phänomens. Es handelt sich also sozusagen um eine Einstimmung, die deutlich macht, dass die ‚Geistliche Trockenheit' als Topos der christlich-spirituellen Tradition nichts an Aktualität und Bedeutung verloren hat. Nach wie vor verspüren viele Menschen eine Leere, wenn es um den Gottesglauben geht. Die Frage „Wo bist Du Gott?" verbindet sich immer wieder mit der Frage „Bist Du überhaupt, Gott?" und führt Menschen zu existentiellen Fragen und in Krisen.

Die Gedanken dieses Artikels speisen sich hauptsächlich aus Beobachtungen und Erfahrungen des Autors aus Gesprächen im Beichtstuhl, aus der Begleitung von Menschen im Sprechzimmer und aus verschiedenen Workshops. Von daher sind es einführende Gedanken, eine Art Blitzlichter mit vielen Fragen.

Immer wieder erleben Menschen die Wirklichkeit als eine schwer zu bewältigende Aufgabe, in welcher der Glaube, der einmal viel Halt gegeben hat, mehr und mehr schwindet. Sie versuchen ihn festzuhalten, versuchen an Gott festzuhalten, doch er rinnt ihnen wie Sand, den man nicht festhalten kann, durch die Finger. Was bleibt? Was ist verlässlich? Oder das Gebet geht nicht mehr so wie früher. Es gibt keine Entlastung mehr, keine Beruhigung oder Zentrierung auf das Wesentliche im Leben. Gott ist nicht spürbar, die Worte verhallen im Nichts. Da ist nur Dunkelheit und Leere. Oder Menschen suchen nach der Wirklichkeit hinter aller Wirklichkeit, doch diese entzieht sich. Wie die Wirklichkeit, die so schnelllebig ist, so vielfältig, so vernetzt und undurchschaubar. Was oder wer gibt Halt?

Im Folgenden werden drei verschiedene Menschen vorgestellt, die so oder ähnlich in einer Gesprächssituation im Sprechzimmer oder im Beichtstuhl mit ihren Fragen und Problemen zu einem Seelsorger oder einer Seelsorgerin kommen könnten oder aber auch in einer Vorlesung oder in einem Workshop mit ihren Fragen, Zweifeln und ihrem Wirklichkeitsempfinden sich zu Wort melden und ein Gespräch in einer Gruppe damit bestimmen.

Da ist zunächst einmal Anna. Anna ist 22 Jahre alt, studiert Betriebswirtschaft und ist im letzten Semester des Bachelorstudiengangs. Wahrscheinlich wird sie ihren Master gleich anschließen, das ist für ihre Karriere besser. Anna gehört zur sogenannten Generation Z: aufgewachsen mit den sozialen Medien, iPhone, iPad und allem, was dazu gehört. Das Leben ist ohne diese Dinge für sie nicht vorstellbar, geht gar nicht. Sie lebt in der digitalen Welt und ist von ihr fasziniert, ein digital Native. Gleichzeitig sucht Anna Struktur und Sicherheit, so wie sie das von zuhause gewohnt ist, denn sie hat ein super Verhältnis zu ihrer Mutter, die ist schon fast ihre Freundin. Zwischendurch hat sie schon mal daran gedacht, ihr Studium abzubrechen und etwas anderes zu studieren, denn viele aus ihrem Anfangssemester haben das getan – und viele ihrer Mitabiturienten wissen immer noch nicht so recht, was sie eigentlich wollen und machen sollen. Aber sie hat sich gesagt: Augen zu und durch. Und nun weiß sie um ihren Weg und geht ihn klar und konsequent.

In Glaubensfragen ist sie unentschlossen, will eigentlich damit nichts zu tun haben, obgleich Spiritualität ja super interessant ist. Aber irgendwie findet sie nicht den richtigen Weg, würde es schon gerne doch ... vielleicht später einmal – und wer hilft ihr auch dabei? Es ist ihr letztlich auch einfach zu anstrengend ... und Gott, den braucht sie nicht. Sie hat ja ihre Mutter, ihre Freundinnen ... Sinn, ja, irgendwie ist das schon wichtig ... weiß sie aber auch nicht so genau.

Nebenbei engagiert sie sich in der Studentenschaft. Sie ist Tutorin, was ja auch Pluspunkte für eine spätere Bewerbung gibt, social skills und so. Ökologie ist ihr ganz wichtig, und das hat auch etwas mit Spiritualität zu tun, und wie die Welt einmal werden wird ...

Zacharias ist der zweite Mensch, der vorgestellt wird. Er ist 55 Jahre alt, Ordenschrist. Ein typischer Babyboomer: Es gab so viele von ihnen. Sie sind die Alten der Zukunft. Er hat sich ein Leben aufgebaut und denkt gerade massiv darüber nach, nicht nur weil es so wenig Ordensberufungen gibt, nein, auch weil er sich denkt, dass irgendetwas fehlt.

Er hat so vieles erreicht: Erfolg in der Pastoral, er ist in die Ordensleitung gewählt worden, und doch: Etwas fehlt? Der Glaube, so selbstverständlich er war, hat sich irgendwie langsam aber sicher verflüchtigt. Er hat mehr Fragen als Antworten, ist sich in vielem nicht mehr sicher, ärgert sich über seichte Predigten, über hohles Gewäsch, über die Rede vom ‚Wir', dem moralischen Zeigefinger. Warum haben der Glaube und die Kirche nur noch so wenig Relevanz? Wie kam es dazu?

Er persönlich fragt sich, was er da noch soll? Was hält ihn noch im Orden und in der Kirche? Die Gemeinschaft verflüchtigt sich ebenfalls immer mehr. Das war früher anders, intensiver, zumindest hat es das so erlebt, damals ... Heute empfindet er die Gemeinschaft eigentlich nur mehr als eine Anhäufung von Individualisten. Wer interessiert sich noch für wen und warum? Das erlebt er in der Kirche, aber insbesondere auch in seiner Gemeinschaft vor Ort. Das ist keine Lebensgemeinschaft mehr, das ist nichts anderes als eine Zweckgemeinschaft. Doch hat er Alternativen?

Wenn er nicht die vielen Freunde außerhalb hätte, dann würde er sagen, er ist einsam. Doch ist nicht jeder einsam? Irgendwie –

Er hat viele Fragen. Auch die Frage nach Gott beschäftigt ihn. Er hat sein Leben auf ihn gebaut, oder vielleicht doch mehr auf Sand? Ist das alles nur ein Trugschluss gewesen und hat er nur aus Angst vor dem Leben und dem Tod diese Lebensweise gewählt?

Da hilft auch das Gebet nicht mehr Es ist leer geworden. Er wusste als 25jähriger nicht, dass er mit den Psalmen und auch mit der Eucharistie einmal nicht mehr viel anfangen kann. Er fragt sich, wohin sein Leben führt.

Die dritte Person ist Ernst. Er ist 75 Jahre alt und sagt von sich, dass er ein wirklich gläubiger Christ ist. Er glaubt an die christlichen Werte und versucht sie zu leben, immer noch, doch es wird immer schwieriger für ihn.

Seine Frau, mit der er seit mehr als 50 Jahren zusammen lebt, ist schwer an Demenz erkrankt. Und es fällt ihm zunehmend schwerer, diese Beziehung als Gottes Geschenk anzunehmen. Er liebt seine Hannelore, doch ist sie wirklich noch seine Hannelore? Sie ist abwesend, kann sich an kaum etwas mehr erinnern, ist aggressiv und launisch, fragt manchmal beim Frühstückstisch, ob Ernst denn auch noch kommt. Das tut weh, das macht ihn traurig – und auch wütend. Und er muss sie waschen und ihr sagen, was sie wie tun soll – und doch vergisst sie es immer wieder. Er wacht mit ihr auf, geht mit ihr ins Bett. Doch wer ist sie noch?

Er hatte sich so sehr auf das Rentnerdasein gefreut: Reisen, das tun, wozu vorher keine Zeit war, mit Hannelore zusammen sein. Doch jetzt das? Womit hatte er das verdient? Was sollte das Ganze denn noch? Und das Traurige: Viele ihrer Freunde haben sich zurückgezogen. Sie kommen nicht mehr, melden sich vielleicht mal am Telefon, sind sooo beschäftigt – und er wird einsam, in aller Zweisamkeit.

Und Gott? Die Sicherheit in ihm, sie verflüchtigt sich immer mehr, und er kann ihn nicht festhalten, der einmal sein Halt gewesen ist. Wozu noch ein solches Leben? Wozu noch beten? Das bringt doch nichts mehr, es ist für ihn mehr und mehr ein Monolog ins Leere hinein, ein Wunschdenken an einen Gott, der sich nicht mehr meldet und nicht anwesend ist.

Und die Kirche hilft da auch nicht mehr wirklich, leeres Geschwätz. Er ist zutiefst einsam und will nicht mehr, kann nicht mehr.

Drei Menschen mit ganz unterschiedlichem Hintergrund und sehr unterschiedlichen Geschichten. Anna gehört zur sogenannten Generation Z, also zu den ab 1995 Geborenen. Als Kennzeichen gelten u. a.[1]: eine klare Trennung zwischen Beruflichem und Privatem im Arbeitsleben sowie im Studium. Die Generation Z scheint klare Arbeitszeitregelungen und exakte Strukturen zu mögen. Sie zeigen sich leistungsfähig und leistungswillig, aber in klar definierten Grenzen. Vor allem kennzeichnet sie eine sehr geringe Aufmerksamkeitsspanne sowie die Suche nach Struktur und Sicherheit. Langfristigkeit ist ein Wort, das sie offensichtlich nicht kennen. Dabei sind sie, anders als noch die Babyboomer, und selbst anders als die Millennials, nicht rebellisch, da ja ohnehin alles erlaubt ist. „Männer dürfen Männer lieben, Frauen dürfen Frauen lieben, Haare dürfen blau oder grau sei, und wenn in der Nase Ringe und Holzkeile stecken, regt das keinen mehr auf. Auch die Eltern nicht. Die sind ja nun auch ewig jung, tätowiert und tragen Slim-Fit-Jeans, die über den Knöcheln

---

1 vgl. Scholz, 2014; Burfein, 2018.

enden. Wieso also nicht mit der Mutter Schminktipps austauschen und das anziehen, was alle anderen auch tragen?"[2]

Anna zeigt so manche dieser Charakteristika. Sie ist auf der Suche, was sie allerdings auch wiederum von sich weist. Sinn spielt eine Rolle, doch weigert sie sich, sich darauf weiterhin einzulassen. Wie wird es sein, wenn die erste Krise kommt, und die Mutter als Freundin keine Sicherheit mehr geben kann?

Zacharias wiederum kommt aus einer ganz anderen Generation, nämlich der Babyboomer, die mit dem Jahrgang 1964 allein in dem Jahr mehr als 1,3 Mio. Neugeborene aufweisen.[3] Seine Lebensphilosophie und Lebenseinstellung sind so ganz anders als die von Anna: Für die Babyboomer ist der Beruf ganz wichtig. Sie sind leistungsorientiert und arbeiten auch einmal länger. Aufgewachsen in der bunten Welt des Wirtschaftswunders, hoffen sie auf eine gute Zukunft, sie gelten als die ‚Wohlstandsgeneration', voller Idealismus. Zacharias ist ein typischer Babyboomer. Doch was passiert, wenn die Zukunftsgläubigkeit und all die Anstrengungen ins Leere laufen, wenn der Idealismus verpufft und die Fragen keine Antworten mehr zulassen?

Und schließlich ist da Ernst, einer der jüngeren Alten. Aufgewachsen ist er gegen Ende des Krieges, in den Trümmern, ein Schaffer unter vielen anderen, christlich erzogen, voller Hoffnungen, weil er erlebt hat, dass das möglich ist. Er hat das Wirtschaftswunder erlebt, den Blick nicht mehr nach hinten gelenkt, sondern auf die Gegenwart, die so verheißungsvoll war und ist. Aber jetzt im Alter spürt er, dass das alles vielleicht doch nur eine Blase war. Er ist enttäuscht vom Leben. Nicht die Zuversicht und Hoffnung überwiegen, sondern die Ängste vor dem Alter und dem Tod, vor dem Alleinsein und der Demenz seiner Frau. Er fragt sich nun gegen Ende seines Lebens: Wozu eigentlich das alles? Sein Lebensentwurf scheint sich in Luft aufzulösen.

Sicherlich lassen sich noch weitere Beispiele, auch aus den Generationen Y und Z finden, die noch einmal andere Akzente setzen. Aber letztlich geht es doch immer wieder um die tiefgreifenden und existentiellen Fragen nach dem Sinn des Lebens, nach dem, was trägt, hält und Zukunft verheißt, eben die Fragen nach Glauben und

---

2 Burfein, 2018: 51.
3 vgl. Becker, 2014.

Leben. Die Erfahrungen einer Welt, die manchmal als zerrissen, dann wieder als verwirrt, unsicher und ängstlich bezeichnet werden, verstärken diese Fragen – und lassen leider allzu oft, wie die drei Beispiele zeigen, Menschen unsicher, fragend und suchend zurück. Oder, wie Anna, sie weisen die Fragen erst einmal von sich weg. Es bringt ja nichts, sich damit auseinander zu setzen, besser das Leben genießen. Die bisherigen Deutungsinstanzen wie die Religionen und Kirchen verlieren dabei mehr und mehr an Bedeutung, werden kaum mehr gefragt und haben einen starken Vertrauensverlust erlebt.

Ein kurzer Blick auf das Wirklichkeitserleben soll diese Thesen noch einmal weiter verdeutlichen.

2. Wirklichkeitserleben heute

Viele Fragen
Die drei beschriebenen Menschen stehen stellvertretend für viele heute. Es gibt viel Frust und eine sogenannte ‚Tiefensehnsucht', verursacht u. a. durch eine Sinnkrise. Das Gefühl des Missmutes und der Verdrossenheit, das in dem lat. *frustra* (vergeblich, umsonst) steckt, umschreibt das Wirklichkeitsempfinden vieler Menschen heute. Umsonst angestrengt, umsonst nachgefragt, umsonst gemacht, bis hin zu umsonst gelebt, scheint für so manchen Menschen das vorherrschende Lebensgefühl zu sein. Dahinter verbirgt sich eine tiefe Unzufriedenheit mit dem Leben, mit enttäuschten Erwartungen an das Leben, mit einem Gefühl der Ohnmacht und Leere. Wozu eigentlich noch leben? Diese Frage bringt das Gefühl auf den Punkt. Auf der anderen Seite gibt es jedoch auch eine große Sehnsucht nach dem Mehr, nach der Tiefe im Leben und des Lebens, nach dem, was das Leben trägt. Ist diese Sehnsucht nicht sogar das treibende Movens menschlichen Lebens? Das Wort Tiefensehnsucht trifft das Gefühl genauer. Was ist der Sinn des Lebens? Wie ist das Verhältnis von Beruf und Berufung? Ist die Arbeit nur ein Mittel zum Lebensunterhalt, und man ist froh, wenn das Rentenalter erreicht ist? Doch was kommt dann? Das wirkliche Leben im Alter, wenn es eigentlich für so manche Fragen schon zu spät ist? Die Zeit rast, der eigentliche Sinn entgleist oder war nie da, auch die Religion hilft nicht mehr … viele Menschen sind auf der Suche, doch finden sie nicht

das, was sie suchen. Manchmal ist es auch gar nicht so ganz klar, was sie suchen. Sinnkrise oder Lebenskrise oder auch Glaubenskrise? Was heiligt noch das Leben? Was hebt sich vom grauen Einerlei des Alltags ab? Wo gibt es noch die heiligen Orte, die spirituellen Orte, die den Menschen berühren und in der Tiefe anrühren? Wo gibt es die Räume, die Heimat und Sinn vermitteln, die kleinen Parzellen von Gemeinsamkeit und Gemeinschaft, die mehr und mehr einem postmodernen Individualismus und einem sich stetig verändernden Gemeinschaftsverständnis weichen? Was heißt Gemeinschaft überhaupt noch, wenn der Mensch sich gleichzeitig virtuell in verschiedenen Gemeinschaften bewegt, diese aber jederzeit wegdrücken kann? Gibt es die Himmelssehnsucht überhaupt, die über die Religionen hinausgeht? Die Sehnsucht nach einer gelebten Spiritualität? Oder ist auch das nur ein Wunschdenken von Theologen und religiösen Menschen, die an die Wiederkehr der Religionen oder des Religiösen glauben und darauf hoffen, dabei aber die Realitäten nicht wahr- und ernst nehmen? Darauf soll im zweiten Abschnitt dieses Artikels näher eingegangen werden.

In der geistlichen Trockenheit geht es um die Abwesenheit von Gott, um die Erfahrung der Nacht, um die gähnende Leere – doch wie sind die Trennschärfen zum Burnout und zur Depression: Spiritual illness in Verbindung mit spiritual dryness? Sind die Grenzen fließend?

Ängste
Zum Wirklichkeitserleben heute, das für das Phänomen von Trockenheit bis hin zur Krankheit eine große Rolle spielt, gehört auch die so oft beschworene und beschriebene Angst.[4] Insbesondere die Zukunft ist eine große Projektionsfläche vielfältiger Ängste. Um nur einige dieser Ängste zu benennen: die Angst vor Arbeitslosigkeit und damit verbunden die Frage nach den Existenzgrundlagen, die Angst vor sinkendem Einkommen und der zunehmend fragiler werdenden sozialen Stellung und Gefährdung dessen, was die einzelnen sich im Leben aufgebaut haben; die Angst vor Altersarmut; die Angst aufgrund der immer größer werdenden Kluft zwischen den Mitteln, Ressourcen und Fähigkeiten einerseits und der Monumentalität der

---

4 vgl. Dienberg, 2017.

zu bewältigenden Aufgaben andererseits; die Angst vor Krankheit und Tod, auch weil bisherige Deutemuster für Leben und Ewigkeit immer weniger Geltung haben; die Angst davor, die Kontrolle über das eigene Leben zunehmend zu verlieren, auch aufgrund der Virtualisierung und Digitalisierung von Welt in aller ihrer Komplexität und Undurchschaubarkeit, vor allem verbunden mit der Frage: Komme ich noch mit?; die Angst vor Terrorismus und Naturkatastrophen, die sich nicht mehr nur in fernen Landen abspielen, sondern unmittelbar vor der eigenen Haustür; die Angst vor Krieg und ökologischen Schreckensszenarien; die Angst, nicht mehr mithalten zu können, marginalisiert und ausgeschlossen zu werden, die Angst vor der Überfremdung …

Es fällt auf, wie gerade in den letzten Jahren auf dem Buchmarkt diese Ängste thematisiert, geschürt oder auch nivelliert worden sind. Die R+V Studie ‚Die Ängste der Deutschen in 2016' stellt fest, dass das Jahr 2016 das Jahr der Ängste war, um 10 % stärker als noch im Jahr zuvor. Ist Deutschland ein Land der Angst, so wie es z. B. der Fotograf Armon Smailovic und der Journalist Dirk Gieselmann auf ihrer dreimonatigen Reise durch Deutschland feststellen und beschreiben: „Das Geräusch, das überall ist in diesem Land: Ein Lied im Autoradio, das ganz leise gestellt ist, während die Leute an der Ampel warten, dass es weitergeht, dass all das endlich aufhört, und man hört nur noch das scharfe …S im erstickten Gesang des Schlagerstars. …S. …S. …S. …S. Angst. Angst. Angst."[5]

Ist nicht letztlich die Angst, die die Urangst darstellt und die sich hinter allen genannten Ängsten verbirgt, die Angst vor dem Tod, vor dem unausweichlichen Nichts? So wie es der Journalist und Schriftsteller Jürgen Wiebicke feststellt: „Dabei ist die eigene Sterblichkeit unser größtes Lebensproblem. Vermutlich ist der Tod viel zu groß für uns. Erst recht in einer Zeit, in der die wenigsten unter uns noch innerlich davon überzeugt sind, dass danach noch etwas kommt. Selbst bei Priestern bin ich mir da nicht sicher. Da wir das Jenseits als Trostkonzept verabschiedet haben, müssen wir damit klarkommen, auf das eigene Sterben wie auf eine Abbruchkante zu blicken."[6]

---

5 Gieselmann & Smailovic, 2017: 196.
6 Wiebicke, 2016: 87.

Ängste gab es immer und wird es immer geben. Es ist wichtig, mit diesen zu leben, sie zu integrieren, indem man sie wahrnimmt, nicht negiert – und sich ihnen stellt. Nicht gegen, sondern mit den Ängsten leben. Sie dürfen, ja sie müssen sein und gehören zum Leben. Da helfen so manche Ratgeber der letzten Jahre nicht, die das Wort des Evangeliums in den Mittelpunkt stellen: „Fürchtet Euch nicht! Habt keine Angst!" Daraus ziehen sie die Konsequenz, dass der Gläubige keine Angst zu kennen braucht, doch widerspricht das jeglicher Lebenserfahrung. Es geht darum, sich nicht von ihr überwältigen zu lassen – und sich im Glauben festzumachen, der die Angst mit Hoffnung zu verbinden mag. Doch ist das in Zeiten der Unsicherheit und Schnelllebigkeit, der politischen Umbrüche und Kriegsszenarien weltweit nicht so einfach.

Einsamkeit
In der christlich spirituellen Tradition ist die Einsamkeit ein wichtiger Faktor. Für die Mönchsväter und Mütter in der Wüste im dritten bis sechsten Jahrhundert z. B. waren die geographische Einsamkeit und auch das Aushalten der Einsamkeit in ihrem eigenen Kellion ein Grundbestandteil ihrer Lebenswahl und der Auseinandersetzung mit den Dämonen, den logismoi und eigenen Versuchungen. Die Einsamkeit war der Ort der Begegnung mit ihrem Innersten und mit Gott, gleichzeitig auch die Art und Weise, sich auf die inneren Regungen und Gefühle sowie die Versuchungen einzulassen.

Ein anderes Beispiel: In der Franziskanischen Spiritualität spielt die Einsamkeit eine große Rolle. Das Leben des hl. Franziskus hat sich zwischen Einsiedelei und Marktplatz abgespielt. Zum einen suchte er immer wieder einsame Ort auf, um sich auf die Quelle seines Lebens zu besinnen und dieser auch in der Einsamkeit zu begegnen, auf der anderen Seite zog es ihn auf den Marktplatz, um von dieser Quelle allen Menschen zu erzählen und die Liebe Gottes in Wort und Tat zu verkünden. Bis heute ist das ein Anspruch in der gesamten Franziskanischen Familie.

Die Prinzipien von Einsamkeit und Gemeinschaft, von Einsamkeit in der Gemeinschaft (frühes Mönchtum und auch die monastische Spiritualität) sind durch die verschiedenen Schulen der Spiritualität je unterschiedlich akzentuiert, aber in ihrer Unterschiedlichkeit von großer Bedeutung. Die Einsamkeit, die gewählt wird, trägt dazu bei, dass der Mensch seine Mitte findet, sie nicht verliert und intensiver zu leben versucht.

Doch das Verständnis von Einsamkeit hat sich verändert bzw. der Fokus hat sich verschoben. Nicht mehr die Bereicherung und das positive Moment von Einsamkeit stehen im Mittelpunkt in der modernen Welt, vielmehr wird Einsamkeit negativ gesehen, mehr noch: Einsamkeit entwickelt sich hin zu einer Krankheit. Die selbst gesuchte Einsamkeit gerät aus dem Blick. Aus dem Alleinsein wird Einsamkeit, aus der Einsamkeit oftmals Depression. Dabei spielt nicht nur die Alterseinsamkeit eine Rolle. Immer mehr Menschen leben im Alter allein, der soziale Hintergrund bröckelt mehr und mehr ab. Soziale Isolation tritt ein.

Es steht nicht das Alleinsein im Mittelpunkt, sondern das persönliche *Erleben* dieses Alleinseins, das nicht auszuhalten ist. Die Situation wird so erlebt, dass der/die einzelne sich abgehängt, ausgeschlossen und ausgegrenzt erlebt. Nicht die soziale Isolation ist entscheidend, sondern das Gefühl, der psychologische Aspekt: „Mit Einsamkeit wird ein subjektives Erleben bezeichnet – man *fühlt* sich einsam –, wohingegen soziale Isolation objektiv gemessen werden kann (wie einsam *ist* man?). Wer allein lebt (Singlehaushalt), wenige Sozialkontakte hat oder nur ein kleines Netzwerk von sozialen Beziehungen aufrechterhält, weist eine größere soziale Isolation auf als jemand, der viele Freunde und Bekannte hat und mit anderen zusammenlebt. Ob dieser Mensch sich deswegen einsam fühlt, ist dennoch offen."[7] Und eine solche Einsamkeit, so Spitzer, hat Konjunktur. Sie hängt zusammen mit der auch schon oben unter den Ängsten benannten fehlenden Kontrolle über das eigene Leben. Die zunehmende Digitalisierung der Kommunikation scheint die Beziehungsfähigkeit zu gefährden und damit den Weg in die gefühlte Einsamkeit vorzuprogrammieren. Der Mensch ist mit seinen sozialen Medien eine Insel geworden, auf der es sehr schnell ganz einsam werden kann. „Die Digitalisierung bringt Menschen nämlich nicht, wie oft behauptet wird, zusammen, sondern bewirkt eine Zunahme von Unzufriedenheit, Depression und Einsamkeit. Dies gilt insbesondere für die sozialen Online-Netzwerke."[8]

7 Spitzer, 2018: 23 ff.
8 Ebd.: 18.

Es gibt so einige Möglichkeiten, einem solchen Verständnis von Einsamkeit entgegenzuwirken, vor allem indem die Kontaktmöglichkeiten und die sozialen Fähigkeiten vermehrt und auch früh genug trainiert werden. Doch gilt es, ein anderes Moment dabei nicht aus den Augen zu verlieren: Das Verständnis von Gemeinschaft verändert sich, letztlich auch durch die Digitalisierung, aber auch durch veränderte Partnerschafts- und Familienkonstellationen. Die Welt der Beziehungen wird brüchiger. Wo gibt es noch das ehemals so klare und eindeutige Bild einer Familie in einer Welt, in der sich auch Partnerschaften und Beziehungen sehr schnell wandeln und der Faktor Treue nicht mehr auf Ewigkeit angelegt ist und wo das Verständnis von Mitgliedschaft nicht eine lebenslange Bindung an einen Verein etc. bedeutet? Posttraditionale Vergemeinschaftungsformen unterliegen anderen, schnelllebigen Gesetzmäßigkeiten[9], die eben auch ihren Einfluss auf die Menschen ausüben und Vereinsamung oftmals fördern.

Einsamkeit im Sinne einer aktiven Wahl zur Regenerierung des eigenen Selbst und der Lebensquellen erscheint nicht mehr sinnvoll oder ratsam zu sein.

3. Gott, Religion und Spiritualität

Viele Menschen suchen und fragen nach Religion, Spiritualität und Gott. Doch scheinen sie oft keine Antworten zu finden, zumindest nicht in den Traditionen und traditionellen Formen, geschweige denn in den institutionalisierten Religionen. Das hängt mit einem generellen Misstrauen gegenüber Religion und Kirche zusammen, das nicht selten aus den verschiedenen Skandalen der Vergangenheit und Gegenwart, aus dem Erleben, in der Verkündigung und auch Ansprache gar nicht vorzukommen oder auch nur fromme Antworten auf existentielle Fragen und Zweifel zu erhalten, gespeist wird. Insbesondere die Art und Weise, wie mit den Missbrauchsfällen in den Kirchen umgegangen worden ist, lässt so manchen Menschen fragen, ob man noch einer solchen Institution und ihren Vertretern Vertrauen schenken könne.

9 vgl. Dienberg et al., 2017; Hitzler et al., 2008.

Zugleich fällt auf, dass gerade bei jüngeren Menschen, also z. B. Anna in unserem Beispiel, die der Generation Z entstammt, Gott auf Ablehnung stößt. Im Rahmen eines Moduls an der Fachhochschule Münster zum Thema ‚Ethik – Wirtschaft – Spiritualität' äußerten so manche der jungen Studierenden, dass sie Spiritualität sehr interessant und auch wichtig finden, im Sinne einer Inspiration, die für das Leben notwendig sei. Doch sobald Gott ins Spiel kam, winkten sie mit der Bemerkung ab, dass sie damit nichts anfangen könnten. So manches wird als Argument ins Spiel gebracht, doch letztlich, so der Eindruck, ist für sie Kirche und Religion einfach nur ganz weit weg. Es gibt keine oder kaum mehr Berührungspunkte.

Ist das nun säkular oder postsäkular? Ist es postreligiös oder spirituell-säkular? Ist es die Wiederkehr des Religiösen im Säkularen, so wie es der Fundamentaltheologe Hans-Joachim Höhn formuliert?[10] Religiöse Überlieferungen, so Höhn, stehen im Dienst der individuellen „Megatrends", wie z. B. der Individualisierung, der Ästhetisierung und der Erlebnisorientierung. So wie es in der Gestalt von Anna deutlich sichtbar ist. Geht es dabei um das Erlebnis und das Gefühl? Ist es eine Event-Spiritualität, die nicht auf Langfristigkeit angelegt ist, wie ja für die Generation Z Langfristigkeit eben auch keine Rolle mehr spielt? Für Höhn spricht sich darin die Tatsache aus, dass religiöse Praktiken und Traditionen nur insoweit für einen Menschen von Belang sind, als sie bestimmte Wirkungen im Einzelnen hervorrufen.

Doch sind Menschen heute überhaupt noch religiös interessiert? Eine Frage, die sich immer wieder stellt – oder muss man auch von dem ‚homo a-religiosus' ausgehen, der keine Antenne mehr für das Religiöse hat?[11] Gott und das Religiöse sind einfach nicht relevant und haben keinerlei Impuls für das Leben zu geben. Es lebt sich sehr gut ohne sie.

Was hat das dann für Konsequenzen für die Erfahrungen von Trockenheit, Depression und Burn-out? Was trägt noch, gibt Halt und eine für das Leben notwendige Frustrationstoleranz? Wird hier die Geistliche Trockenheit zu einer geistigen Trockenheit?

---

10 vgl. Höhn, 2015.
11 vgl. Tiefensee, in: https://www.uni-erfurt.de/fileadmin/user-docs/Philosophie_KathTheol/Homo_areligiosus.pdf (abgerufen am 4. Januar 2019).

Sind der Begriff und die Wirklichkeit der Spiritualität in diesem Zusammenhang wegweisend und hilfreich? Viele Menschen schwören auf Spiritualität, grenzen sie von Religion ab, sehen sich selbst als spirituell, jedoch nicht religiös. Was heißt das?

Letztlich greifen alle Definitionen von Spiritualität, ob sie aus dem religiösen oder dem säkularen Kontext kommen, zwei Dimensionen bzw. zwei Aspekte auf, die mit Spiritualität zu tun haben:

- Die individuelle und persönliche Sinnsuche
- Beziehung und Beziehungsgestaltung.

Das Kompetenzzentrum für Spiritualität, IUNCTUS, in Münster definiert Spiritualität wie folgt:

„Wir verstehen unter christlicher Spiritualität die fortwährende Umformung (transformatio) eines Menschen, der antwortet auf den Ruf des menschgewordenen Gottessohnes Jesus Christus. Diese Umformung verwirklicht sich in engagierten und verantworteten Beziehungen zur Welt, zum Mitmenschen und zu sich selbst."[12]

Auch hier geht es um Beziehungsgestaltung eines Menschen, der sich von einer tieferen Wirklichkeit im Leben angesprochen und getragen weiß, von Gott. Das schließt jedoch nicht aus, dass es noch Fragen für den Menschen gibt. Das Glaubensgeschehen ist, wie es die reiche Tradition der Christlichen Spiritualitätsgeschichte zeigt und in der von IUNCTUS entwickelten Definition zugrunde gelegt ist, ein dynamischer Prozess, der eben auch Fragen und Zweifel beinhaltet. Es ist ein Prozess, der die Erfahrung der dunklen Nacht bedeuten kann, der Abwesenheit Gottes und der Frage, ob es ihn überhaupt gibt, den menschgewordenen Gottessohn Jesus Christus.

Glauben und Zweifeln, Fragen, Suchen und Antworten gehen Hand in Hand, und so wie Spiritualität als dynamischer Prozess auf dem Wege verstanden wird, so verhält es sich eben auch mit dem Glauben, der in einem Moment sehr stark ist, im anderen von Zweifeln und Ängsten durchwoben.

Geistliche Trockenheit gab es immer, und sie wird es immer geben. Die Suche des Menschen nach dem, was trägt, die Sehnsucht

---

12 vgl. http://www.iunctus.de/forschung (abgerufen am 4. Januar 2019).

nach dem Sinn in und hinter allem ebenso. Geistliche Trockenheit ist damit etwas, mit dem in jedem Leben zu rechnen ist. Es ist nichts, das nicht sein darf. Es ist aber auch nichts, das sein muss. Diese Erfahrungen von Leere und Abwesenheit von Sinn und dem Transzendenten kann es in jedem Leben geben, in dem des sehr religiösen Menschen sowie in dem Leben eines Menschen, für den Religion keine große oder keine Rolle spielt, so wie für Anna. Im Leben der drei dargestellten Menschen Anna, Zacharias und Ernst lassen sich auf je unterschiedliche Art und Weise die Sehnsüchte nach diesen beiden Aspekten, Sinn und Beziehung, feststellen.

Letztlich kann man die Fragen nach Gott, Spiritualität und Sehnsucht auf die drei Fragen bringen:

1. Was gibt meinem Leben einen Sinn – und wie tragfähig ist dieser?
2. Was gibt mir Halt und ist unverzichtbar in meinem Leben?
3. Was gibt mir die Kraft, mit den Widrigkeiten des Lebens umzugehen und ihnen positiv zu begegnen?

Im Umgang mit geistlicher Trockenheit gilt es diese drei Fragen zu beantworten, um angemessen und vor allem auch produktiv mit diesem Phänomen umgehen zu können, um auch nicht in eine Depression zu fallen, so dass spiritual dryness zur spiritual illness werden würde.

Es ist wie mit der Angst oder auch dem Stress: Sie gehören zum Leben dazu, und nur indem der einzelne Mensch sich diesen Wahrheiten seines Lebens stellt, mit ihnen und nicht gegen sie kämpft, können diese Wirklichkeiten kreativ und gut ins Leben integriert werden, so dass sie Leben sogar fördern und dieses nicht behindern. Das bedeutet im wahrsten Sinne des Wortes die Heilung des eigenen Lebens, das heil werden lassen und auch heiligen lassen, was zerbrochen, was verwirrt, was fragend und suchend ist, denn es gehört zum Leben. Durch die Wahrnehmung und Anerkennung wird dieser Wirklichkeit die zerstörende und lebenshemmende Kraft genommen.

Allerdings, und das zeigen so manche Beispiele der Christlichen Tradition auch, kann es bei manchen Menschen eine lang währende Zeit der geistlichen Trockenheit geben, die sich, wie z. B. bei Mutter Teresa von Kalkutta über Jahre hinzieht. Diese auszuhalten, ist eine ganz besondere Aufgabe, die den Menschen extrem in seinem Glauben und Wirklichkeitserleben herausfordert.

Vielleicht lässt sich die Haltung, die dabei helfen kann, mit ‚Trotzdem' umschreiben, so wie es Elie Wiesel für sich, sein Beten und sein Festhalten an Gott auf den Punkt bringt. Die Erfahrungen des Holocaust und von Auschwitz führen zu einer Haltung des Trotzes, die an dem festhalten will, der sich Antworten und scheinbar der Verantwortung entzieht.

„*Und trotzdem – das ist mein Lieblingsausdruck. Er passt immer, in glücklicher und in aussichtsloser Lage. Die Sonne geht auf? Und trotzdem wird sie untergehen. Die Nacht kündigt Verzweiflung an? Und trotzdem wird auch sie vorübergehen und nie mehr wiederkommen.*"[13]

Soweit einige kurze Eindrucksschilderungen von Wirklichkeitserfahrungen und Interpretationen der Wirklichkeit aufgrund der Begegnungen im Sprechzimmer und in Workshops. Diese sind mit der geistlichen Trockenheit als einem Phänomen der christlichen Tradition und der Gegenwartserfahrung von Menschen konfrontiert worden. Viele Fragen sind gestellt worden, auf die es nur komplexe Antworten gibt, oder auch ganz einfache oder auch keine.

Die Frage nach der geistlichen Trockenheit eröffnet ein weites Feld mit vielen Aspekten, das Theologen, Psychologen, Mediziner, Sozialwissenschaftler, vor allem aber Menschen, die Gemeinschaft und in Gemeinschaft leben, herausfordert, diese neu zu denken und auch für andere anzubieten, um so besser mit Einsamkeit umgehen können – und die beiden Punkte wieder in den Mittelpunkt rückt, die für eine gelebte Spiritualität so wichtig sind: die Frage nach dem Sinn und die Frage nach den Beziehungen und der Beziehungsgestaltung.

Vielleicht sind das auch Kriterien für einen spirituellen Ort, der Menschen heute im post-säkularen Zeitalter dabei hilft, sich selbst wieder mehr auf der Spur zu sein und auch eine Trockenheit im Leben auszuhalten, denn das Leben ist nicht nur eine Gabe, sondern immer auch eine Aufgabe.

---

13 Wiesel, 1995: 28.

Literatur

Becker B: *Babyboomer. Die Generation der Vielen.* Berlin: Suhrkamp, 2014.

Burfein S: Erst das Vergnügen, dann die Arbeit. Die Generation Z wird die Wirtschaft verändern. Nur wie? *brand eins* 2018; 9: 49–53.

Dienberg T: *Unerschrocken. Mit dem Glauben durch angstvolle Zeiten.* Stuttgart: Camino, 2017.

Dienberg T., Eggensperger T, Engel U, Kohl B: *„und am Ende ganz allein? Gemeinschaftsbildung in post-traditionalen Zeiten.* Münster: Aschendorff Verlag, 2017.

Gieselmann D, Smailovic A: *Atlas der Angst. Eine Reise durch Deutschland.* Köln: Eichborn, 2017.

Hitzler R, Honer A, Pfadenhuber M: *Posttraditionale Gemeinschaften. Theoretische und ethnographische Erkundungen.* Wiesbaden: Springer, 2008.

Höhn J: *Gewinnwarnung. Religion nach ihrer Wiederkehr.* Paderborn: Verlag Ferdinand Schöningh, 2015.

Scholz C: *Generation Z – wie sie tickt, was sie verändert und warum sie uns alle ansteckt.* Wiley-VCH, 2014.

Spitzer M: *Einsamkeit. Die unerkannte Krankheit.* München: Droemer, 2018.

Tiefensee E: *Homo areligiosus.* Vorlesung im Rahmen der Ringvorlesung „Weltreligionen im 21. Jahrhundert" der Universität Erfurt am 8. Mai 2001 in der Michaeliskirche in Erfurt in: https://www.uni-erfurt.de/fileadmin/user-docs/Philosophie_KathTheol/Homo_areligiosus.pdf (abgerufen am 4. Januar 2019).

Wiebicke J: *Zu Fuß durch ein nervöses Land. Auf der Suche nach dem, was uns zusammenhält.* 2. Aufl., Köln: Kiepenheuer&Witsch, 2016.

Wiesel E: *Alle Flüsse fließen ins Meer.* Hamburg: btb, 1995.

Michael Höffner

Erfahrungen Heiliger und Menschen: Evagrius Ponticus und Johannes vom Kreuz

1. Eine Trockenheit, mit der man sich abfinden muss? Die „Leere in sich" bei Benedikt Wells

2008 hat der damals gerade erst 24jährige Benedikt Wells seinen ersten Roman veröffentlicht unter dem Titel „Becks letzter Sommer". Beck ist Lehrer an einem Münchener Gymnasium, mit Ende 30 in der Lebensmitte angelangt. Seiner Arbeit ist er mehr als überdrüssig, es ödet ihn förmlich an, Lehrer zu sein. Privat lebt er in einer ebenfalls wenig beglückenden Fernbeziehung. Seinen Jugendtraum, Musiker zu werden, hat er inzwischen begraben. Auf seinem langen Roadtrip nach Istanbul, den der Roman beschreibt, gelangt Beck irgendwann in eine Kneipe, trifft dort einen Mann namens Zimmermann, die beiden kommen ins Gespräch. Beck wagt sich immer mehr mit dem vor, was in ihm arbeitet: „Ich fühle mich manchmal so leer" klagt er, und setzt dann nach: „Mir fehlt immer etwas. Wenn ich allein bin, fehlt mir was, wenn ich mit jemandem zusammen bin, fehlt mir auch was. Da ist immer eine Leere in mir. Die anderen Menschen sehen so glücklich aus, alles wirkt bei ihnen so leicht." Zimmermann, sein Zechkumpane, wischt die letzte Bemerkung zwar unwirsch weg, zeigt aber ansonsten viel Verständnis für Beck und kennzeichnet diese Fehlanzeige als unvermeidliche menschliche Erfahrung: „Ach, Unsinn. Jeder Mensch hat doch diese Leere in sich. Sie gehört zum Leben dazu. Vielleicht ist es manchmal nur laut genug, dass man sie vergisst, man ist verliebt oder im Stress, aber wenn es ruhig um einen wird, dann spürt man sie wieder. Und was die anderen Menschen angeht: Die sehen wahrscheinlich immer glücklicher aus, aber Sie sind ja auch nie dabei, wenn die ihre Wohnung aufschließen und sich mit einem Seufzer allein aufs Sofa fallen lassen. Man kann dieses Loch nun mal nicht ausfüllen. Man muss einfach lernen, damit zu leben."[1] Diese dichte Passage aus der Gegenwartliteratur lässt durchscheinen, dass die Erfahrung von Leere verbunden mit dem Gefühl der Trockenheit kein „Privileg" weniger Menschen ist. Da weiß ein gerade 24jähriger Autor der Gegenwart etwas von einem Unerfülltsein, einem Loch in sich selbst, das man nicht selber ausfüllen kann und das den Menschen schmerzlich dessen überführt, Mangelwesen zu sein. Was hier ganz säkular beschrieben wird, lässt sich mit ganz ähnlicher Wortwahl auch bei glaubenden Menschen antreffen. Auch sie bleiben von solchen Erfahrungen keineswegs verschont. Viele biblische Gestalten sowie Autoren der geistlichen Tradition wissen davon zu berichten, dass sich Wüstenerfahrungen individuell und kollektiv auch *coram Deo* einstellen bzw. Glaubens- und Lebenswüsten unlösbar miteinander verknüpft sind. Weil sie oft quer kommen, in mancher Hinsicht undurchsichtig sind und beunruhigen, rufen sie intensiv nach einer Deutungsaktivität, wenn es nicht, wie bei Zimmermann, darauf hinaus laufen soll, sich resignativ damit abzufinden. Dabei betont Simon Peng-Keller zurecht, dass auch im christlichen Leben das „Dunkel des gelebten Augenblicks" (eine Formulierung von Ernst Bloch) nicht leicht und eindeutig aufzuhellen ist.[2] Dennoch kommen uns aus der Frömmigkeitsgeschichte einige Deutungshorizonte entgegen, die sich sozusagen im Praxistest durch die Jahrhunderte hindurch bewährt haben und es spirituell Suchenden erleichtern, sich im Wechselspiel von deutungsbedürftigen Ereignissen und diesen Deutehorizonten wahrzunehmen, zu artikulieren und besser zu verstehen.[3] Zwei solcher Deutehorizonte für die Erfahrung existentiell-geistlicher Trockenheit sollen hier vorgestellt werden.

---

1 Wells, 2009: 335.
2 Peng-Keller, 2010: 25.
3 Ebd.: 148.

2. Trockenheit als Versuchung in den „Mühen der Ebene": Die Acedia bei Evagrius Ponticus

Die erste Deutung trägt den Namen „Acedia" und stammt von den sog. Wüstenvätern, Anachoreten, die ab dem späten dritten Jahrhundert als Einsiedler oder in Gruppen in der ägyptischen Wüste lebten und unter diesen Extrembedingungen einer ausgesetzten Gottsuche zu genauen Vermessern menschlicher Innerlichkeit wurden. Die erste ausführliche Beschreibung der Acedia verdanken wir Evagrius Ponticus (345–399), einem Einsiedler der dritten Generation. Evagrius hat die Acedia von seinem Lehrer Makarios von Ägypten kennengelernt[4], und der wiederum hatte noch Antonios gekannt[5]. Evagrius kann also nicht für sich reklamieren, sie „erfunden" zu haben, wohl aber, die Tradition eingängig systematisiert zu haben.

Die Acedia wird zwar zuerst für die Einsiedler der Wüste beschrieben, ist aber keineswegs nur eine „Mönchskrankheit". Bei den Anachoreten kommt sie höchstens intensiver zum Vorschein, taucht aber genauso bei den in Gemeinschaft Lebenden und den „kosmikoi", den „Weltlingen" auf.[6] Sie meldet sich vor allem dann, wenn der Mensch mit sich allein und auf sich geworfen ist und schon eine gewisse Zeit an einem Ort und in einer Lebensform zubringt. Die Acedia befällt also die Fortgeschrittenen bzw. Eingelebten und hat mit dem zu tun, was Berthold Brecht in seinem Gedicht „Wahrnehmung" (1949) die „Mühen der Ebene" genannt hat.

Die Acedia ist eingeordnet in den Rahmen der sog. Achtlasterlehre (oft fälschlich als „Todsünden" bezeichnet) und ist das sechste dieser Laster[7], die Evagrius für heutige Rezipienten etwas eingängiger als „gegnerische Gedanken"[8] bezeichnet hat. Gegnerische Gedanken sind verführerische Einreden, die den Menschen belästigen,

---

4 Louf, 1974.
5 Bunge, 2017: 8.
6 vgl. ebd.: 20 f.
7 Die Laster sind für die Wüstenväter „Wurzelsünden" im Sinne von fehlerhaften Grundhaltungen und eingeschliffenen Gewohnheiten, in denen sich anzeigt, dass der Seelenhaushalt in Unordnung geraten ist und der Mensch nicht mehr auf das ausgerichtet ist, was ihm gemäß ist. Aus diesen Wurzelsünden können dann einzelne sündige Taten entspringen.
8 vgl. Bunge, 2017: 38.

manchmal offensichtlich wie beim ersten Laster, dem entfesselten Magen, der Fresssucht, manchmal sehr subtil wie bei Hochmut und Stolz, und ihn von seiner Ausrichtung auf Gott und damit vom Weg zum Leben abbringen wollen. Dem mentalitätsgeschichtlichen Umfeld seiner Zeit entsprechend personifiziert Evagrius diese Einreden an manchen Stellen als Dämonen.[9]

Wenn man sich die deutschen Übersetzungen anschaut, fällt gleich auf, wie komplex und erfahrungsbreit die Acedia sich zeigt und wie wenig man sie auf einen Nenner bringen kann: Ekel, Langeweile, Lustlosigkeit, Trägheit, Mattigkeit, Widerwillen, Antriebslosigkeit, Schwermut und Überdruss, all das schwingt mit. Evagrius selber spricht im Gegensatz zur Eutonie, einem Leben mit förderlichem Spannungsbogen, von der „Atonie"[10], der Erschlaffung der Seele. Die Lebensgestalt hat ihren élan vital eingebüßt.

Eindrücklich wird das Phänomen vor Augen gemalt im Bild vom Mittagsdämon. Es geht zurück auf eine ungenaue Septuaginta-Übersetzung von Ps. 91,6, die die Textgrundlage für den Psalmenkommentar des Origenes bildete.[11] Während im hebräischen Psalm von einer am Mittag wütenden Seuche die Rede ist, gibt die Septuaginta dies sehr frei bzw. personifizierend mit „Mittagsdämon" wieder. Nichtsdestotrotz bleibt die Rede vom Mittagsdämon äußerst sprechend. Die Wüstenmönche erlebten neben der Nacht vor allem den Mittag als Zeit, in der der Mensch anfällig ist für Versuchungen. Weil die Sonne drückt und die erste und einzige Mahlzeit des Tages der Anachoreten erst am Nachmittag eingenommen wird, gerät die Zeit von 10.00 bis 14.00 Uhr leicht zum toten Punkt des Tages. Die

---

9 Überraschenderweise findet sich für diese für aufgeklärte Lesende wohl zunächst fremd anmutende Personifizierung eine zeitgenössische Parallele in den „Aufhockern" in Mariana Lekys Roman „Was man von hier aus sehen kann", Köln: Du Mont, 15. Aufl. 2017. „Ein Aufhocker ist ein unsichtbarer Kobold, der üblicherweise nächtlichen Wanderern auf die Schulter springt" (S. 66), und von dort seine Machenschaften ausübt, indem er die von ihm Besetzten durch Bedenken und Angst einflößende tyrannische Einreden umklammert hält. Neben Elsbeth hat vor allem der Optiker mit diesen Stimmen zu ringen: „Der Optiker hatte in sich eine ganze Wohngemeinschaft voller Stimmen. Es waren die schlimmsten Mitbewohner, die man sich vorstellen konnte … sie verwüsteten die Inneneinrichtung des Optikers" (S. 34).
10 Evagrios Pontikos, 1992: 67.
11 vgl. Wulf, 1965: 241. Origenes identifiziert dann den Mittagsdämon mit der Acedia.

Arbeit in sengender Hitze wird anstrengend und wirkt eintönig. Intensiv melden sich vitale Bedürfnisse; da sie nicht befriedigt werden, erschlaffen die inneren Widerstandskräfte, so dass der Mönch für den gegnerischen Gedanken leicht angreifbar wird. Biographisch hat die Acedia daher ihren Ort nicht zufällig in der Mittagszeit des Lebens, in der sog. Krise der Lebensmitte, in der der Mensch, mit Tauler gesprochen, ins „Gedränge" gerät, weil manche Desillusionierung eintritt und das Leben gewisse Abnutzungserscheinungen zeigt, so dass die „Grundlinie" und damit der „bisherige Lebensentwurf im Ganzen in Frage gestellt" wird und eine Versuchung zur „allgemeinen Skepsis" auftaucht und zur „inneren geistigen Trägheit, die nichts Großes mehr wagt."[12]

Bei der Beschreibung des Phänomens macht Evagrius immer wieder darauf aufmerksam, dass gerade bei der Acedia die Intransparenz des Lebens zu schaffen macht. Sie ist schwierig zu diagnostizieren, weil sie oft zu Ausflüchten und Vorwänden greift, etwa dergestalt, dass man sich zum Opfer äußerer widriger Umstände stilisiert und sich in diesem Opfersein mit seiner charakteristischen Passivität einnistet. Evagrius hat sich allerdings, vermutlich durch das eigene Angefochtensein hindurch, einen psychologisch äußerst genau differenzierenden Blick angeeignet. Die Acedia zeigt sich ihm vor allem janusköpfig: Man ist mit allem Vorhandenen unzufrieden und verabscheut die Gegenwart. Dagegen scheint alles nicht Vorhandene und Zukünftige unheimlich attraktiv.[13] Dieses Laster hat also mit dem unersättlichen menschlichen Begehren zu tun, damit, dass der Mensch nie genug hat. Während Bedürfnisse befriedigt werden können, gibt es bei der Sehnsucht ja immer nur vorübergehende Sättigung. Angesichts dieser immer wieder aufbrechenden Unerfülltheit mischen sich in der Acedia Frustration und Aggressivität. Sie lähmt den Schwung des Menschen, führt zur Erschlaffung und ist Ausdruck einer „tief innerlichen *Desintegration*", so Gabriel Bunge[14]. Die Wüstenväter halten sie deshalb für den „Erzfeind", den gefährlichsten Gegner, bei keinem anderen Laster wird die „absturzgefährdete

---

12 Wulf, 1965: 244 ff.
13 „Der Überdruss ist eine gleichzeitige, lang andauernde Regung von Zornmut und Begehren, wobei der erstere über das Vorhandene wütend ist, das letztere sich aber nach dem nicht Vorhandenen sehnt" (zitiert bei Bunge, 2017: 57).
14 Bunge, 2017: 63.

Schönheit"¹⁵ eines Lebens so greifbar. Denn es handelt sich hier nicht um eine kurzfristige Talphase und ein vorübergehendes Stimmungstief, sondern um eine Art chronisches Leiden, den „Dämon der Leere"¹⁶.

Genau diese Leere scheint in ihrer Freudlosigkeit kaum auszuhalten zu sein. Johannes Cassian, ein Schüler von Evagrius, wählt als lateinische Entsprechung nicht zufällig „anxietas cordis"¹⁷: Die Acedia schnürt das Herz zusammen und macht es eng, so dass es zu Kompensationen kommt, die sich in zwei Gestalten zeigen.¹⁸ Entweder bewirkt die Acedia *regressiv* ein erhöhtes Schlafbedürfnis und den Rückzug ins Bett. Da emigriert jemand innerlich, um sich vor den in der Krise anklopfenden Impulsen zum existentiellen Neuaufbruch zu schützen.¹⁹ *Progressiv* kann sie andererseits eine innere Unrast auslösen, verbunden mit der Versuchung, die Johannes Cassian als „horror loci"²⁰ bezeichnet. Man meint, sich unbedingt verändern zu müssen: Wohnort, Arbeit, Berufung ... verbunden mit den bei allen Lastern anzutreffenden Rationalisierungen, man könne Gott doch schließlich überall dienen. Daher sehnt man sich nach einem Tapetenwechsel, nach Ablenkung und Zerstreuung, wird neugierig und schwatzhaft oder stürzt sich hektisch in Aktivitäten – allesamt typische Fluchtphänomene. Vieles davon geschieht aus scheinbar ganz altruistischen Motiven: „Besuche von Kranken schützt der Überdrüssige vor, tatsächlich aber befriedigt er nur seinen eigenen Zweck. Ein überdrüssiger Mönch ist flink zu Diensten, und hält für ein Gebot seine eigene Befriedigung."²¹ Die gesamte Wahrnehmung der Wirklichkeit hat sich verzerrt: Die Arbeit, das Körbeflechten, erscheint nur noch monoton, man sieht nicht mehr, dass sie helfen soll, den Geist auf Gott hin frei zu halten. Auch die Umgebung der Mitmenschen wird nur noch als nicht lebensförderlich wahrgenommen: Niemand

---

15 Schleske, 2014: 79.
16 Schneider, 2010: 9.
17 Johannes Cassian, 1993: 82.
18 vgl. Johannes Cassian, 2011: 173.
19 Diese Spielart der Acedia hat Simon Strauss im Acedia-Kapitel seines zeitgenössischen Romans „Sieben Nächte" (Aufbau-Verlag Berlin 1. Aufl. 2017) zu den sieben (!) Todsünden (!) literarisch treffend umgesetzt, indem er es unter die Überschrift stellt: Heute bleibe ich zu Hause (S. 55 ff.).
20 Johannes Cassian, 2011: 82.
21 Evagrios Pontikos, 1992: 68.

liebt mich! Beim Beten stellt sich Unlust ein, es wird zäh, trocken und zur mühsamen Pflicht, der man sich gerne durch Nachlässigkeit und Minimalismus entzieht. All das also, was dem Alltag bis dato einen Rahmen und eine Form gegeben hat, fällt immer mehr in sich zusammen. Dadurch setzt sich unbemerkt ein innerer Erosionsprozess in Gang, der zunächst dazu führen kann, dass es kaum noch zumutbar erscheint, den eigenen Lebensentwurf bis ins hohe Alter durchzuhalten[22] und schließlich Zweifel schürt an der Aufrichtigkeit und der Lebbarkeit der eigenen Berufung. Man sieht in der eigenen Motivschicht nur noch Menschliches-Allzumenschliches am Werk und hat keinen sensus mehr dafür, dass Gott Menschen beruft, auf deren Weizenfeld auch Unkraut wächst (vgl. Mt 13,24–30). Die Wüstenväter halten es sogar für möglich, dass die Acedia den Menschen in eine solche innere Enge führt, dass der Suizid der einzig mögliche Ausweg erscheint.[23]

Evagrius war nicht nur ein brillanter Psychologe, er zeigt sich inmitten der ernsten Thematik immer wieder mit einer karikaturistischen Begabung und damit als äußerst humorvoll. Vermutlich weiß er um die mögliche therapeutische Wirkung. Die Lesenden sollen sich nicht von einem diagnostisch kühlen Auge ertappt fühlen, sondern mit einem Schmunzeln auch schon einen kleinen Schritt aus der bedrückend ernsten Situation herausgeführt werden. An seiner Karikatur eines Menschen, der von der Acedia befallen ist, wird das exemplarisch deutlich:

> *„Das Auge des Überdrüssigen starrt dauernd die Fenster an, und sein Geist stellt sich die Besucher vor. Die Tür knarrt, und jener springt auf. Er hört eine Stimme und späht aus dem Fenster, und er geht von dort nicht weg, bis er, lahm geworden, sich setzt. Liest der Überdrüssige, dann gähnt er viel, und leicht versinkt er in Schlaf. Er reibt sich die Augen und streckt sich die Hände aus, und indem der die Augen vom Buch abwendet, starrt er an die Wand. Dann wendet er sie wieder*

---

22 vgl. Bunge, 2017: 74. Hier wäre zu diskutieren, inwieweit die beiden Spielarten dem nahekommen, was die Psychoanalyse als aktive bzw. passive Abwehrmechanismen beschreibt, eine unbewusste Form der Konfliktbewältigung. Der eigentliche Konflikt wird nicht wahrgenommen, angeschaut und ausgefochten, sondern man weicht ihm aus, mal mehr aktiv, mal mehr passiv.
23 vgl. Bunge, 2017: 92.

ab und liest ein wenig, und indem er [das Buch] durchblättert, forscht er nach dem Schluss der Ausführungen. Er zählt die Blätter und bestimmt [die Zahl] der Hefte, bemäkelt die Schrift und die Ausstattung und zuletzt klappt er das Buch zu und legt den Kopf darauf und fällt in einen nicht allzu tiefen Schlaf, denn der Hunger weckt schließlich seine Seele wieder auf, und sie geht [dann erneut] ihren eigenen Sorgen nach."[24]

Der Endpunkt dieser innerlich-äußerlichen Apathie ist erreicht mit dem Eindruck, dass einem diese „Krankheit" als unheilbar vorkommt. Es scheint kein Kraut dagegen gewachsen zu sein und man lässt sich von daher passiv weitertreiben. Genau hier greifen die therapeutischen Konzepte. Denn schon dieser Eindruck wird von Evagrius durchschaut als falsche Vorspiegelung und damit als Höhepunkt der verzerrten Wahrnehmung. Gemäß einem Spruch aus den Apophthegmata gilt: „Aber wenn der Mensch erkennt, dass sie [die Acedia; MH] es ist, dann kommt er zur Ruhe."[25] Schon die Diagnose der Acedia, sprich ihre Hebung ins Bewusstsein, ist also der erste und entscheidende Schritt zur Heilung.

Die weiteren Heilmittel wirken teils zunächst kontraintuitiv, insofern sie genau in die Gegenrichtung dessen zielen, wohin es einen zieht. Vor allem aber sind sie überraschend simpel. Sie bewegen sich auf zwei Ebenen, einer mehr äußerlichen und einer mehr innerlichen. Die mehr äußerliche Therapie lässt sich durch das Wort „stabilitas"[26] zusammenfassen. Es gilt, den Fluchtimpulsen ein „agere contra" entgegen zu setzen, durch „Geduld angenagelt"[27] zu bleiben, d. h. äußerlich die Zelle nicht zu verlassen (außer um sein Herz einem Erfahrenen zu öffnen), sich nicht zu verändern, beim Beten entschieden und treu zu bleiben sowie maßvoll und sorgfältig die eigene Arbeit zu tun. „Den Überdruss heilen Standfestigkeit und dass man alles mit großer Sorgfalt, Gottesfurcht und Ausdauer tut."[28] Zur mehr innerlichen Therapie gehört, die eigene Seele zu teilen in einen Teil, der tröstet und einen, der getröstet wird, also mit sich selbst gut zuredend ins

24 Evagrios Pontikos, 1992: 69f.
25 Miller, 1965: 240; Spruch 149 (723).
26 Evagrios Pontikos, 2008: 140.
27 vgl. Bunge, 2017: 99.
28 Evagrios Pontikos, 1992: 71.

Gespräch kommen, z.B. durch ein Wort aus Psalm 42: Meine Seele, warum bist du betrübt?²⁹ Daneben empfiehlt Evagrius, die eigene innere Fühllosigkeit und Verhärtung aufweichen zu lassen durch die „Gabe der Tränen"³⁰ und sich so zu öffnen für Gottes Trost. Inspiriert von der Versuchungsgeschichte Jesu, rät Evagrius mit seiner „antirrhetischen Methode" zu heilenden Einreden.³¹ Man soll „kauen" auf ermutigenden Bibelworten und sie dadurch den herabziehenden Gedanken im eigenen Inneren entgegensetzen.

Man sieht an diesen beiden Ebenen, dass es nicht darum geht, einfach die Zähne zusammenzubeißen, sondern um eine äußere Strukturierung des Alltags durch eine maßvolle Disziplin, die auch innerlich stabilisieren soll, verbunden mit einer geistlich-therapeutischen inneren Aufrichtung. Der ganze Mensch ist also in der Heilung angesprochen, und zugleich geschieht die Heilung in Synergie von Gott und Mensch.³² Nur so kann der Mönch den „toten Punkt" überwinden, und ein „friedvoller Zustand und eine unaussprechliche Freude"³³ stellen sich ein, die sog. hesychia. Die Acedia kann also zum Durchgangsstadium werden auf dem Weg einer größeren Verbundenheit mit Gott und dadurch einem mehr integrierten Menschsein.³⁴

3. Trockenheit als therapeutische Läuterung – die „dunkle Nacht" bei Johannes vom Kreuz

Der zweite Deutehorizont geistlicher Trockenheit katapultiert uns ziemlich genau 1200 Jahre in der Spiritualitätsgeschichte weiter nach vorn, zum spanischen Karmelitenmystiker Johannes vom Kreuz (1542–1591). Aus seiner Perspektive ist das Phänomen geistlicher Dürrezeiten vieldeutig. Sie können z.B. herrühren „von Sünden oder Unvollkommenheiten, von Nachlässigkeit und Lauheit, oder einer schlechten Gemütsverfassung oder einem körperlichen

---

29 vgl. Evagrios Pontikos, 2008: 137.
30 vgl. Evagrius Ponticus, 2011: 41.
31 Evagrius Ponticus, 2014: 136–150.
32 vgl. Bunge, 2017: 46.
33 Bunge, 2017: 128.
34 vgl. Plattig, 2010.

Unwohlsein."[35] Mitunter also kann eine geistliche Wüstenerfahrung selbstverursacht sein, weil der Betende der Gottesbeziehung nicht genügend Platz eingeräumt hat. In diesem Fall spricht Johannes vom Kreuz mit Pseudo-Dyonisius Areopagita von *Finsternis* als Folge einer Abkehr von Gott; sie lässt sich überwinden, indem der Glaubende in seiner Freiheit wieder ins Licht der Gottesbegegnung eintritt. Von dieser Finsternis setzt der Mystiker deutlich die *Nachterfahrung* des Glaubens ab. Sie hat für ihn eine völlig andere Qualität, insofern diese Nacht nicht selbst verursacht, sondern ein Wirken Gottes ist.[36] Gott mutet sich mit einer so intensiven Lichtwucht zu, dass es das Sehvermögen des Menschen überfordert und, ähnlich dem Blick in der Sonne, alles dunkel werden lässt. Diese Dunkelheit soll man gerade nicht vermeiden, sondern durch sie hindurchgehen. Sie gehört zum menschlichen Leben als „transformacion en dios"[37], als Umformung in Gott hinein. Für Johannes ist die Erschaffung des Menschen noch nicht abgeschlossen, er ist sozusagen „work in progress". Gott wirkt am und mit dem Menschen eine Verwandlung, in der der Mensch sich dem Bild nähert, das Gott sich von ihm gemacht hat, und durch die der Mensch zum Partner wird für das, was Johannes die „geistliche Vermählung" nennt. Für diesen Weg bietet Johannes mit seinen Schriften eine Art Kompass zur Orientierung an. In diesem Zusammenhang greift Johannes vom Kreuz das Bild der dunklen Nacht auf, das in der Mystik immer schon eine wichtige Rolle spielt, und dann gut 200 Jahre vor ihm vor allem bei den rheinischen Mystikern zum Durchbruch kommt, namentlich bei Johannes Tauler (1300–1361). Alois Haas, der schweizerische Literaturhistoriker und Mystikexperte, hat eindrücklich herausgearbeitet, dass die Nacht für Johannes vom Kreuz auch biographisch hoch entscheidend war.[38] Trotz seiner ausgeprägten Absage an alles Geschöpfliche übte die Nacht für ihn einen starken Zauber aus, er liebte ihre Stimmung, verweilte oft nachts draußen und bevorzugte die Dunkelheit als Gebetszeit. Und zugleich markiert die Nacht den Zeitpunkt seiner waghalsigen Flucht aus der neunmonatigen Haft in Toledo im August

---

35 Johannes vom Kreuz, 2007: 61.
36 vgl. hierzu Körner, 2005: 6 ff.
37 vgl. Johannes vom Kreuz, 1999: 67.
38 Haas, 2007: 513 ff.

1578. Genau dieser nächtliche Sprung in Tiefe und Freiheit steht im Hintergrund seines Gedichtes „En una noche oscura", das er dann in den Prosawerken „Aufstieg auf den Berg Karmel" und „Die dunkle Nacht" (unvollständig) kommentiert.[39] Auch wenn sich noch zeigen wird, dass die Nacht sich mit dem schmerzlichen Eindruck des Gottesentzugs verbindet, bleibt zunächst festzuhalten, dass die Nacht biographisch für Johannes vor allem positiv konnotiert war. Was heißt nun „Dunkle Nacht" konkret im Rahmen des angedeuteten Transformationsweges?

In diese Phase geraten diejenigen, die eine anfängliche förderliche geistliche Erfahrung gemacht haben und dabei zumindest eine Ahnung der beglückenden Nähe des Gottesgeheimnisses gewinnen konnten. Sie werden hineingeführt in die kontemplative Gotteserfahrung der Nacht, die sich für Johannes in drei Phasen bzw. treffender: Erfahrungsweisen[40] gliedert. Den ersten Teil, die Dämmerung, den Anbruch der Nacht, bezeichnet er als die Nacht des Sinnenbereichs (noche del sentido), in der die Beziehung zu all dem gereinigt wird, woraufhin der Mensch sich mit der Gesamtheit seiner Sinne ausstreckt, der menschlichen „Fenster"[41] zur Welt. Im überhellen Licht Gottes verdunkelt sich die bisherige Faszination von der geschöpflichen Wirklichkeit, ja erscheint, mit dem Pathos des Johannes gesprochen, im Vergleich mit der Herrlichkeit Gottes sogar als „nada" (so gut wie nichts), insofern sich klärt, dass alles Geschöpfliche den unstillbaren Durst des Menschen nie letztlich befriedigen kann. Die Prioritäten in der menschlichen Werteskala werden verschoben, Vergötzungen des Endlichen werden gelassen. Diese Phase ist vor allem die der Anfänger, auch wenn sie nie gänzlich abgeschlossen ist und auf dem geistlichen Weg auf anderen Ebenen immer wieder auftaucht. Darauf folgt[42] die sog. Nacht des Geistes. „In der Nacht des Sinn-

---

39 Dabei beschreibt die „Dunkle Nacht" vornehmlich die Nacht als Passio, als von Gott her kommendes Widerfahrnis, während der „Aufstieg" mehr die menschliche Synergie im Blick hat, also die aktive Lösung bzw. Relativierung, wobei der Mensch auch in seinen Tugenden schon auf Gottes Wirken antwortet.
40 Körner, 2006: 51.
41 Johannes vom Kreuz, 1999: 63.
42 Das Aufstiegsschema bei Johannes vom Kreuz bzw. die Linearität des mystischen Weges, in der der Mensch zunächst alles Sinnliche hinter sich lassen muss, um dann geistlich geläutert zu werden und schließlich zur liebenden Einung mit Gott zu gelangen, ist von verschiedener Seite kritisch angefragt

bereiches entgleiten die Dinge, die Werte und die Menschen, in der Nacht des Geistes entgleitet Gott."[43] Auch Gott bzw. eine bestimmte Weise, ihn für sich in Dienst zu nehmen, soll losgelassen werden. Dieses Entgleiten Gottes geschieht in zwei Phasen. In der dritten, der passiven Phase, die er mit dem Morgengrauen versinnbildlicht sieht, überholt Gott sozusagen alle Aktivität des Menschen und teilt sich der Seele auf neue Weise mit. Dem menschlichen Zugreifen auf Gott, dem geistlichen Machenwollen, wird hier durch das freie Sichgeben Gottes der Boden entzogen. Das Phänomen der geistlichen Trockenheit findet sich konzentriert in der zweiten Phase, der sog. aktiven Nacht des Geistes, die Johannes der dunklen Mitternacht gleichsetzt. Auch sie ist also, ähnlich der Acedia, ein Kennzeichen der Fortgeschrittenen. Sie setzt die existentielle Einsicht voraus, dass Besitz und Lebensstandard, Beruf und Karriere für den Menschen immer Vorletztes bleiben und nie zum Letzten werden können. Johannes geht also von Menschen aus, die begonnen haben, sich davon zu lösen, die schon einen gewissen Geschmack am geistlichen Leben gefunden haben und auch ein ehrliches Interesse aufbringen, auf diesem Weg voranzugehen. Und macht dabei ernüchternd deutlich, dass die alten Vorzeichen oft bleiben. Ähnliche Grundhaltungen wie zum „Natürlichen" können sich auch in Bezug auf das „Übernatürliche" äußern. Das Geltungsbedürfnis strebt zwar nicht mehr nach Karriere, aber z. B. danach, vor anderen als besonders tiefsinniger geistlicher Mensch zu wirken. Die Genuss- oder Naschsucht richtet sich nicht mehr auf Delikatessen oder Süßwaren, sondern man giert nach erfüllenden und erhebenden Gebetserfahrungen. Für Johannes sind das Formen geistlicher Habgier. Man sucht nicht zuerst bzw. je mehr Gott um Gottes willen, sondern Gott um des eigenen selbst willen bzw. des Selbstbildes wegen. An dieser Stelle greift die dunkle Nacht des Geistes an. Gott stellt mit seinem überhellen Licht diese Weise der Gottesbeziehung in den Schatten, indem er den Menschen für eine Zeit auf Entzug setzt. Er mutet ihm eine Verdunkelung zu,

---

worden, angefangen von seiner Zeitgenossin Teresa von Avila bis hin zu Hans-Urs von Balthasar – wohl nicht zu Unrecht. In der Tat ist eher davon auszugehen, dass es ein Ineinander der verschiedenen „Phasen" und ein Hin und Her zwischen ihnen gibt. Vgl. dazu kurz und prägnant die Einführung zu Johannes vom Kreuz in: Greshake & Weismayer, 1990: 92 f.

43 Körner, 2005: 17.

d. h. eine schmerzliche Lebensphase, in der er Gott scheinbar überhaupt nicht mehr erfährt – was aber in der Optik des Johannes nicht als Symptom der Abwesenheit, sondern der intensivierten Zuwendung Gottes zu deuten ist. Diese „Pädagogik" wird im 8. Kapitel der „dunklen Nacht" sehr eindrücklich beschrieben:

„Die Umgangsform der Anfänger auf dem Weg zu Gott ist noch sehr von Unzulänglichkeit, Eigenliebe und Wohlgeschmack durchsetzt. Gott aber will sie weiterführen und aus dieser unzulänglichen Liebe zu einer höheren Stufe der Gottesliebe heraufholen und sie von der unzulänglichen Übungsweise im Sinnenbereich und den Gedankengängen befreien, womit sie so berechnend und unangebracht Gott suchten, wie wir sagten. Er möchte sie in die Übung des Geistes stellen, wo sie sich ausgiebiger und schon mehr befreit von Unvollkommenheiten mit Gott austauschen können. Da sie sich bereits eine Zeitlang in den Weg der Tugend eingeübt haben, indem sie in Gebet und Meditation ausharrten, haben sie sich mit Hilfe des köstlichen Wohlgeschmacks, den sie dabei empfunden haben, von den Dingen dieser Welt abgeneigt und einige geistliche Kräfte in Gott erworben. Jetzt aber lässt Gott sie so sehr im Dunkeln, dass sie nicht wissen, wohin sie mit ihren Vorstellungen und Gedankengängen gehen sollen. In der Meditation gehen sie keinen Schritt voran, wie sie es früher gewohnt waren, denn ihr innerer Sinn ist in diesen Nächten schon untergegangen. Gott lässt sie in solcher Trockenheit zurück, dass sie in geistlichen Dingen und Übungen, in denen sie früher wonniglichen Geschmack zu finden pflegten, nicht nur keinen Saft und Geschmack mehr finden, sondern im Gegenteil in diesen Dingen Unbehagen und Bitterkeit empfinden. Da Gott spürt, dass sie bereits ein klein bisschen gewachsen sind, nimmt er sie von der süßen Brust weg, damit sie nun erstarken und aus den Windeln herauskommen, lässt sie von seinen Armen herab und gewöhnt sie daran, auf eigenen Füßen zu gehen. Dabei verspüren sie etwas ganz Neues, denn für sie hat sich alles auf den Kopf gestellt."[44]

Tatsächlich lässt sich die dunkle Nacht bei Johannes von Kreuz also als pädagogische Intervention interpretieren. Die dunkle Nacht kommt entwicklungspsychologisch der Entwöhnung gleich und steht für das geistliche Erwachsenwerden. Es gibt keine „Zückerli"

---

44 Johannes vom Kreuz, 2007: 59.

im Gebet, das Beten bleibt für eine Zeit zäh und trocken, man kann dabei nicht aufmerksam sein, sich kaum sammeln. Aber diesem Negativsaldo steht ein Gewinn gegenüber. Es geht, mit den Worten von Mariano Delgado, um „einen geistlichen Exodus aus dem eigenen Ich zur Begegnung mit Gott im Licht des Glaubens"[45]. Die dunkle Nacht will den Menschen nicht quälen, die Nacht ist ein „Fegfeuer"[46], das reinigt und hilft, die eigene Fixierung auf den Trost im Beten bzw. die Sorge um das Selbstbild loszulassen und „um alle Dinge von oben und alle Dinge von unten zu genießen und zu schmecken; denn nun eignet ihm in allem eine umfassende Freiheit des Geistes".[47] Derjenige, der die Nachtphasen durchschritten hat, empfängt alles Gelassene verwandelt wieder, weil jetzt alles in ein neues Licht getaucht ist. „Man „erfährt neu die Dinge durch Gott (und nicht Gott durch die Dinge)."[48] Ein neuer Umgang mit der Wirklichkeit hat den früheren abgelöst: „… da meine Seelenvermögen und Leidenschaften, meine Bestrebungen und Neigungen, womit ich Gott auf unzulängliche Weise spürte und schmeckte, nun endgültig zunichte geworden und beruhigt waren, trat ich aus meinem Umgang und Wirken nach menschlicher Art heraus, hin zu einem Wirken und Umgang nach der Art Gottes."[49] Dieser aus dem Prozess des Erwachsenwerdens hervorgegangene Umgang atmet Freiheit – im Spanischen verwendet Johannes die Worte „librar" und „más libres". Der Glaubende ist freier, sich der Freiheit und Andersheit Gottes auszusetzen und Gott an sich geschehen zu lassen. Er gesteht ihm die Regie zu:

> „Gott, du darfst der sein, der du bist – der nahe Gott, wenn du nahe sein willst, und der ferne Gott, wenn du ferne sein willst, der immer Größere, der es wert ist, um seiner selbst willen und als der, der er ist, gesucht und geliebt zu werden."[50]

---

45 Delgado: „… reiß ab den Schleier dieser holden Einung" – Johannes vom Kreuz: Seine Gedichte als Ausdruck seines mystischen Weges. In: http://downloads. akademie-rs.de/religion-oeffentlichkeit/150314_delgado_johannes-vom-kreuz. pdf, 12.
46 Johannes vom Kreuz, 2007: 140 ff.
47 Ebd.: 123.
48 Greshake & Weismayer, 1990: 92.
49 Johannes vom Kreuz, 2007: 102.
50 Dobhan & Körner, in ihrer Einführung zur „Dunklen Nacht", Johannes vom Kreuz, 2007: 15.

Johannes unterscheidet, wie oben kurz angedeutet, bei der Nachterfahrung einen passiven und einen aktiven Aspekt. In diese Nacht hinein geführt zu werden, ist Passion, Widerfahrnis, zugemutete Erziehungsmaßnahme. Anders als bei der Finsternis, der selbstverschuldeten Dunkelheit, die der Mensch aktiv beenden soll, indem er wieder ins Licht der Gottesbegegnung tritt, geht es hier deshalb nicht darum, die Nacht sozusagen aktiv zu verscheuchen oder zu verkürzen, sondern die passive Nacht aktiv zu bejahen und sich hindurchführen zu lassen. Die hier gemeinte menschliche Synergie bedeutet vor allem, sich dem Gnadenwirken Gottes nicht in den Weg zu stellen und alles zu lassen oder zu relativieren, „was dem Wollen und Empfinden Gottes widerstrebt."[51] Um noch einmal die Formulierungen aus dem Roman von Benedikt Wells aufzugreifen: Es gilt zu lernen, die eigene Leere, das Loch in der Mitte des Daseins offen zu halten für eine Erfüllung jenseits menschlicher Erfüllbarkeit und Gott nicht zu hindern, der allein diese Leere mit seiner Liebe füllen kann.

4. Trockenheit als Antrieb, nicht stehen bleiben zu können: Das „Wandern" der Mystiker bei Michel de Certeau

Die beiden präsentierten Deutehorizonte von Evagrius und Johannes vom Kreuz sehen die Trockenheit also als Krisen, aber nicht im Sinne von „Betriebsunfällen", die man vermeiden muss, sondern als normale, ja notwendige Passagen eines geistlichen Weges und Entwicklungsprozesses.[52] Dazu sehr passend hat der französische Jesuit, Historiker und Mystikforscher Michel de Certeau, inspiriert von Angelus Silesius, die Mystiker immer wieder als Wandernde beschrieben – in der Spur des Wanderers Jesus von Nazareth:

> „Mystiker ist, wer nicht aufhören kann zu wandern und wer in der Gewissheit dessen, was ihm fehlt, von jedem Ort und jedem Objekt weiß: Das ist es nicht. Er kann nicht hier stehen bleiben und sich nicht mit diesem da zufrieden geben. Das Verlangen schafft einen Exzess.

---

51 Johannes vom Kreuz, 1999: 140.
52 vgl. Plattig, 2005: 5.

Es exzediert, tritt über und lässt die Orte hinter sich. Es drängt voran, weiter, anderswohin."[53]

An anderer Stelle meint er pointiert: „Doch mit Gott ist man nie fertig."[54] Die beiden aus sehr unterschiedlichen historischen Epochen haben zu erkennen gegeben, dass Phasen geistlicher Trockenheit ein Motor sein können, unterwegs zu bleiben und mit Gott – im guten Sinne – nicht fertig zu werden. Auch wenn die Acedia eher den Charakter einer Versuchung hat, die nach dem Anfangselan einer Gottsuche in den „Mühen der Ebene" durch gewisse Gewöhnungserscheinungen bzw. Langeweile eintritt und die Dunkle Nacht für eine pädagogisch-therapeutische Intervention Gottes steht, die den Menschen mehr zum liebend-freien Partner für den liebend-freien Gott formt (bei der der Mensch allerdings zum Mitwirken aufgerufen ist), haben beide Deutungen gemeinsam, dass sie die Gottsuchenden nach der Anfangsphase zum Fortschreiten bewegen können. Gerade in Dürrezeiten als einer Erfahrung von Zerbrechlichkeit kann man neu zum „Gast eines anderen werden, der beunruhigt und leben macht."[55]

---

53 De Certeau, 2010: 487.
54 Zitiert im Vorwort von De Certeau, 2009: 16.
55 De Certeau, 2009, 249. Im Rahmen dieses kurzen Artikels konnte nicht in Blick genommen werden, dass, wenn wir das Risiko eingehen, im Heute zu existieren, wir immer, mit Michel de Certeau gesprochen, „Häretiker" gegenüber der Vergangenheit sind, also nie alles ungebrochen übernehmen können (vgl. De Certeau, 2009, 74) Es geht darum, mit der geistlichen Tradition einen neuen Weg zu gehen – als entscheidendes Moment der Treue (ebd., 76)! In einem zeitgenössischen Dialog mit den beiden präsentierten Deutehorizonten wäre etwa die bei Evagrius zugrunde liegende Dämonologie als Ursache der „Acedia" anzufragen und bei Johannes vom Kreuz die Linearität des mystischen Weges und der Topos der Pädagogik Gottes hinsichtlich seiner systematisch-theologischen Denkbarkeit. Ebenso wäre einschränkend zu berücksichtigen, dass Evagrius lediglich die subjektiven Anteile einer geistlichen Trockenheit in Blick nimmt, aber die Trockenheit zumindest möglicherweise auch eine Resonanz auf erdrückende, einengende und entmutigende „objektive Gegebenheiten" im Mikro- und/oder Makrokosmos der Kirche sein kann.

Literatur

Bunge G: *Akedia – Die geistliche Lehre des Evagrios Pontikos vom Überdruss.* Beuron: Beuroner Kunstverlag, 7. Aufl., 2017.

Cassian J: *Gott suchen – sich selbst erkennen – Einweisung in das christliche Leben,* ausgewählt, übertragen von Gertrude und Thomas Sartory. Freiburg; Herder-Verlag, 1993.

Cassian J: *Unterredungen mit den Vätern – Collationes Patrum Teil 1: Collationes 1–10* (= Quellen der Spiritualität Band 5), übersetzt und erläutert von Gabriele Ziegler. Münsterschwarzach: Vier-Türme-Verlag, 2011.

De Certeau M: *Mystische Fabel – 16. bis 17. Jahrhundert.* Aus dem Französischen von Michael Lauble. Mit einem Nachwort von Daniel Bogner, Berlin: Suhrkamp-Verlag, 2010.

De Certeau M: *GlaubensSchwachheit.* Herausgegeben von Luce Giard, Stuttgart: Kohlhammer, 2009.

Evagrios Pontikos: *Über die acht Gedanken* – eingeleitet und übersetzt von Gabriel Bunge. Würzburg: Echter-Verlag, 1992.

Evagrios Pontikos: *Der Praktikos – der Mönch* (= Weisungen der Väter Band 6), eingeleitet und kommentiert von Gabriel Bunge. Beuron: Beuroner Kunstverlag, 2008.

Evagrius Ponticus: *Über das Gebet – Tractatus de oratione* (= Quellen der Spiritualität Band 4), eingeleitet und übersetzt von John Eudes Bamberger. Münsterschwarzach; Vier-Türme-Verlag, 2011.

Evagrius Ponticus: *Die große Widerrede – Antirrhetikos* (= Quellen der Spiritualität Band 1), übersetzt von Leo Trunk. Münsterschwarzach: Vier-Türme-Verlag, 4. Aufl., 2014.

Greshake G, Weismayer J: *Quellen geistlichen Lebens III: Die Neuzeit.* Mainz: Matthias-Grünewald-Verlag, 1990.

Haas A: *Mystik als Aussage – Erfahrungs-, Denk- und Redeformen christlicher Mystik.* Frankfurt am Main und Leipzig: Verlag der Weltreligionen, 2007.

Johannes vom Kreuz: *Die dunkle Nacht – vollständige Neuübersetzung* (= Sämtliche Werke Band 1). Freiburg: Herder-Verlag, 8. Aufl., 2007.

Johannes vom Kreuz: *Aufstieg auf den Berg Karmel – vollständige Neuübersetzung* (= Sämtliche Werke Band 4). Freiburg: Herder-Verlag, 1999.

Körner R: *Dunkle Nacht – Mystische Glaubenserfahrung nach Johannes vom Kreuz.* (Münsterschwarzacher Kleinschriften Band 154), Münsterschwarzach: Vier-Türme-Verlag, 2006.

Körner R: Diagnose „dunkle Nacht". *Karmelimpulse* 2005; 15: 5–9.

Körner R: Die dreigestaltige dunkle Nacht. *Karmelimpulse* 2005; 15: 16–21.

Louf A: *Die Acedia bei Evagrius Ponticus. Concilium* 1974; 10: 682–685.

Miller B (Hrsg.): *Weisung der Väter – Apophthegmata patrum.* Freiburg: Lambertus-Verlag, 1965.

Peng-Keller S: *Einführung in die Theologie der Spiritualität*. Darmstadt: Wissenschaftliche Buchgesellschaft, 2010.

Plattig M: Lustlosigkeit und Langeweile als Entwicklungsindikator – Überlegungen zur Praxis der geistlichen Begleitung. Meditation 2010; 36: 34–36.

Plattig M: Geistlicher Umgang mit Krisen. Dunkle Nacht und Depression. *geistlich. Speyerer Hefte für Spiritualität* 2005; 11: 3–23.

Schleske M: *Der Klang – vom unerhörten Sinn des Lebens*. München: Goldmann-Verlag, 3. Aufl. 2014.

Schneider M: *Der Dämon der leeren Zeit – Die Akedia als Werdeangst und Werdescheu*. Meditation 2010: 36: 8–13.

Wells B: *Becks letzter Sommer*. Zürich: Diogenes, 2009.

Josef Weismayer

Geistliche Trockenheit in den Erfahrungen Heiliger: Wilhelm von Saint-Thierry, Therese von Lisieux und Mutter Teresa

Im Rahmen des Symposiums über „Geistliche Trockenheit" fiel mir die Aufgabe zu, dieses Phänomen durch Erfahrungen von Heiligen des 20. Jahrhunderts zu beleuchten. Konkret wurde mir die Darstellung geistlicher Trockenheit bei Therese von Lisieux und bei Mutter Teresa von Kalkutta anvertraut. Für die Bewertung und Einordnung dieser Erfahrung in die spirituelle Tradition scheint mir ein Blick in das Exerzitienbuch des hl. Ignatius von Loyola von Bedeutung. Da begegnen wir nicht einem autobiographischen Erfahrungsbericht, sondern einer auf Erfahrung basierenden Reflexion über „geistlichen Trost" und „Trostlosigkeit". Das Exerzitienbuch ist ja kein Lesebuch, sondern eine Handlungsanweisung für den Begleiter der „Geistlichen Übungen". Damit ist auch ein Rahmen für die Bewertung des Phänomens Geistlicher Trockenheit gegeben.

1. Ignatius von Loyola († 1556)

Im Prozess der „Geistlichen Übungen" des hl. Ignatius von Loyola spielten die Erfahrung des geistlichen Trostes und der geistlichen Trostlosigkeit eine entscheidende Rolle. Ignatius geht davon aus, dass der Exerzitant – wenn er den Weg getreu geht, den die vorgegebenen Übungen markieren – von verschiedenen „Geistern" bewegt wird, von geistlichen Regungen, von Tröstungen und Trostlosigkeiten. Im spanischen Autograph des Exerzitienbuches spricht Ignatius von „desolación espiritual", in der lateinischen Versio prima (1541) ist die Rede von der „desolatio spiritualis". Dem entspricht im Autograph des Exerzitienbuches „consolación espiritual", in der Versio prima (1541) „spiritualis consolatio".

Sollte der Exerzitant nichts von diesen Bewegungen verspüren, dann muss ihn der Exerzitienbegleiter bezüglich der rechten Durchführung der Übungen genau befragen[1]. Darauf kommt Ignatius schon in den einleitenden „Annotationes" des Exerzitienbuches zu sprechen[2]. Dabei verweist er weiter auf die Regeln zur „Unterscheidung der Geister" im Anhang des Buches, die für die 1. und die 2. Woche des Exerzitienprozesses bestimmt sind[3].

Ignatius beschreibt sehr genau, was er unter den beiden Erfahrungen des „Trostes" und der „Trostlosigkeit" versteht. Er bezeichnet mit der geistlichen Tröstung der Seele: *„alle Zunahme an Hoffnung, Glaube und Liebe und alle innere Freudigkeit, die zu den himmlischen Dingen ruft und hinzieht und zum eigenen Heil seiner Seele, indem sie ihr Ruhe und Frieden in ihrem Schöpfer und Herrn gibt."*[4] Mit geistlicher „Trostlosigkeit" meint Ignatius *„die Dunkelheit der Seele, Verwirrung in ihr, Regung zu den niederen und irdischen Dingen, Unruhe von verschiedenen Bewegungen und Versuchungen, die zu Unglauben bewegen, ohne Hoffnung, ohne Liebe, wobei sich die Seele ganz träge, lau, traurig und wie von ihrem Schöpfer und Herrn getrennt findet."*[5]

Für den Fortgang des Exerzitienprozesses gibt Ignatius wichtige Weisungen, wie mit dem Phänomen der „Trostlosigkeit" umgegangen werden soll. Wenn der Exerzitant träge und nachlässig in den geistlichen Übungen ist, dann ist er selbst dadurch die Ursache dieser „Trostlosigkeit". Aber geistliche Trockenheit kann auch bei intensivem Bemühen des Exerzitanten erfahren werden – als „Erprobung" durch Gott. So kann deutlich werden, wie sich der Einzelne auch ohne Tröstung und besondere Gnaden im Dienst und Lob Gottes engagiert. Wenn wir große Hingabe und intensive Liebe erfahren, ist es Gottes Geschenk und Gnade. Der zeitweise Entzug all dessen soll uns zeigen, dass der Trost nicht uns selbst zuzuschreiben ist, so Ignatius im Exerzitienbuch.[6]

Entscheidend ist die dieser Situation entsprechende Wegweisung des hl. Ignatius: Wenn die Trostlosigkeit eine solche „Erziehungs-

---

1 Ignatius von Loyola, 1998, EB (= Exerzitienbuch) Nr. 6.
2 EB Nr. 6–16.
3 EB Nr. 313–327; 328–336.
4 EB Nr. 316.
5 EB Nr. 317.
6 EB Nr. 322.

maßnahme" Gottes ist[7], soll der Übende keine Änderung seines geistlichen Weges vornehmen, vielmehr soll er fest und beständig in den Vorsätzen und dem Entschluss stehen, in dem er in der vorangehenden Tröstung stand[8]. *„Wer in Trostlosigkeit ist, mühe sich, in Geduld auszuharren."*[9]

Auch wenn diese Darlegungen des hl. Ignatius sich speziell auf den Exerzitienprozess beziehen, geben sie doch Orientierung grundsätzlicher Art für die Erfahrung der „geistlichen Trockenheit", einer Facette der geistlichen Trostlosigkeit.

2. Wilhelm von Saint-Thierry († 1148)

In der Geschichte der christlichen Spiritualität finden sich viele eindrucksvolle Zeugnisse von Erfahrungen der Trockenheit. Die Erfahrungen von „Hoch" und „Tief" gehören in einer gewissen Weise zum Alltag spirituellen Lebens. Ein sehr eindrucksvolles Zeugnis für das Leiden unter geistlicher Trockenheit fand ich vor Jahren in den „Meditativae Orationes" des Abtes Wilhelm von Saint-Thierry[10].

Kurz zur Person dieses Abtes, der im Zisterzienserorden und in der Diözese Reims als Seliger verehrt wird:

Wilhelm wurde um 1075 in einer adeligen Familie in Lüttich geboren. Als Studierender kam er nach Reims und schließlich nach Laôn, wo er Schüler des bedeutenden Anselm von Laôn († 1117) wurde. In diesem Kreis stieß er auch auf Petrus Abaelard († 1142), dem er zu dieser Zeit freundschaftlich verbunden war. 1113 trat Wilhelm in die Abtei Saint-Nicaise in Reims ein, doch schon 1119 wurde er zum Abt des Klosters Saint-Thierry, gleichfalls in der Diözese Reims gewählt. Die ersten geistlichen Schriften Wilhelms zeugen von der Bemühung des Abtes um die geistliche Formung seiner Mönche. Zu den frühen Werken gehören „De natura et dignitate amoris" und „De contemplando Deo"[11].

---

7 EB Nr. 320.
8 EB Nr. 318.
9 EB Nr. 321.
10 de Saint-Thierry, 1985; von Saint-Thierry, 1993; von Saint-Thierry, 2001.
11 von Saint-Thierry, 1961.

Zwischen 1118 und 1120 erfolgte die bedeutsame Begegnung Wilhelms mit Bernhard von Clairvaux († 1153). Wilhelm betrachtete diese Begegnung als Stunde seiner Bekehrung und wollte 1124 seine Abtwürde niederlegen und Zisterzienser in Clairvaux werden. Bernhard wehrte dieses Ansuchen ab mit dem Hinweis, dass Wilhelm berufen sei, als Vorsteher für seine Mönche zu wirken. Doch schließlich trat Wilhelm 1135, entgegen der Weisung Bernhards, in die neu gegründete Zisterzienserabtei Signy in den Ardennen ein. Damit begann für Wilhelm auch eine Phase reicher und fruchtbarer literarischer Tätigkeit. So begann er 1138 mit der Kommentierung des Hohenliedes; gleichzeitig setzte er sich nun kritisch mit den Werken Abaelards auseinander. Aus einem gegen 1144 erfolgten Besuch in der neugegründeten Kartause am Mont-Dieu (in der Diözese Reims) entstand die wohl bekannteste Schrift Wilhelms: der „Goldene Brief", die „Epistola ad Fratres de Monte Dei"[12]. Aus seinem letzten Lebensabschnitt stammen die 12 Meditativae Orationes. Wilhelm starb im Kloster Signy am 8. September 1148.

In der zweiten Meditation[13] der Meditativae Orationes schildert der Abt das Leid der erfahrenen Finsternis. Er greift zu drastischen biblischen Bildern, mit denen er seine innere Leere, seine Trockenheit zum Ausdruck bringt:

„Jedesmal, wenn ich mich dir nähere, um dich zu schauen, ist die Tür für mich geschlossen und mir ist beinahe, als hörte ich die furchtbaren Worte: ‚Amen, ich sage euch: Ich kenne euch nicht' (Mt 25,12). Ich verlangte voll Sehnsucht danach, von dir erleuchtet zu werden, und da stehe ich nun mit Schmerz im Herzen und in der Verwirrung meiner Gefühle ganz in Finsternis."[14]

Die verschlossene Tür ist ein drastisches Bild für den beklagten geistlichen Zustand. Im gleichen Zusammenhang beschreibt Wilhelm diese Situation mit den Worten der Perikope von der Syrophönizierin, die Jesus um die Heilung ihrer Tochter bittet (Mt 15,21–28; Mk 7,24–30):

---

12 von Saint-Thierry, 1992.
13 Ebd., 18–24.
14 Ebd., 18.

"Zuweilen spüre ich, wie du vorbeigehst. Du bleibst nicht stehen, sondern gehst weiter. Und ich schreie hinter dir her gleich der Kanaanäerin. Wenn du dann überdrüssig wirst, meine lästigen, aufdringlichen Schreie zu hören, so wirfst du meinem mit Schande beladenen Gewissen seine vergangene Unreinheit und seine gegenwärtige Unverschämtheit vor. Du vertreibst deinen Hund (vgl. Mk 7,27f) von deinem Tisch, hungrig und mit knurrendem Magen, gequält durch die Peitschenhiebe seines Gewissens; so lässt du ihn laufen. Soll ich da überhaupt noch einmal wagen, mich dir zu nähern? – Durchaus, mein Herr! Denn auch die kleinen Hunde, die durch Schläge vom Haus ihres Herrn verjagt wurden, kommen gleich wieder zurück; und da sie ihre Aufgabe als Hüter des Hauses wachsam erfüllen, so erhalten sie auch ihr tägliches Brot. Weggejagt, komme ich zurück. Vor die Tür gesetzt, belle ich; geschlagen, heule ich. Von der menschlichen Gemeinschaft getrennt, kann kein Hund leben; noch weniger meine Seele, getrennt von ihrem Herrn und Gott."[15]

Geistliche Trockenheit scheint mir durch diese beiden biblischen Bilder sehr anschaulich dargestellt. Der Beter erfährt die verschlossene Tür, aber er lässt sich nicht abweisen. Der Beter hat den Eindruck, der Herr geht vorbei, ohne von ihm Notiz zu nehmen, er wird weggejagt, wie ein kleiner Hund. Aber die Hoffnung auf Zuwendung stirbt nicht.

3. Therese von Lisieux (1873–1897)

3.1. Ein kurzer Blick auf die Biographie

Marie-Françoise-Thérèse Martin wurde am 2. Jänner 1873 als neuntes Kind des Ehepaares *Louis Martin* (1823–1894) und *Zélie Martin*, geb. *Guérin* (1831–1877) in Alençon, in der Normandie geboren. Zum Zeitpunkt ihrer Geburt waren aber nur mehr vier ihrer Geschwister am Leben – vier Mädchen, von denen drei später in den Karmel von

---

15 Ebd., 19 ff.

Lisieux eintraten, die vierte nahm den Weg zu den Schwestern der Heimsuchung[16].

In den Familien beider Eltern von Therese war die christliche Tradition bestimmend, beide Eltern wollten ursprünglich einem Ordensberuf folgen. Die Grundstimmung der Erziehung in der Familie Martin war eine Spiritualität der „Weltflucht"; der Geist des Opfers und des Strebens nach dem Vollkommenen bestimmte das Leben. Papst Franziskus hat das Ehe- und Elternpaar Louis und Zélie Martin am 18. Oktober 2015 heiliggesprochen.

Jean-François Six[17] markiert den geistlichen Weg der Heiligen Therese durch drei entscheidende Erfahrungen[18]: die „Weihnachtsbekehrung" 1886, die Hingabe an die barmherzige Liebe Gottes am Dreifaltigkeitssonntag 1895 und die Erfahrung der Osternacht 1896.

Schon früh bemühte sich Therese um den Eintritt in den Karmel von Lisieux. Aus ihren noch sehr kindlichen Gedanken und Vorstellungen wurde sie zu Weihnachten 1886 herausgerissen: Ihr Vater hatte nach der Mitternachtsmesse ihre Schuhe nicht mehr mit Geschenken gefüllt, wie es für Kinder Brauch war. Therese verstand diese Erfahrung in der späteren Reflexion als *„Gnade, der Kindheit zu entwachsen"*, sie bezeichnete dieses Geschehen als Gnade ihrer vollständigen Bekehrung[19]

Im Rahmen einer Italienreise mit ihrem Vater konnte Therese ihren Wunsch, in den Karmel einzutreten, bei einer Audienz am 20. November 1887 Papst Leo XIII. persönlich vorgetragen. Am 28. Dezember erteilte der zuständige Bischof von Lisieux der Priorin des Klosters die Erlaubnis zum Eintritt der 15 Jährigen. Am 9. April 1888 konnte sie tatsächlich in den Karmel von Lisieux eintreten, am 8. September 1890 legte sie die ewige Profess ab.

Die zweite prägende Erfahrung im geistlichen Leben Thereses war die Hingabe an die barmherzige Liebe Gottes am Dreifaltigkeitssonntag 1895.

---

16 Marie (1860–1940), im Karmel von Lisieux: Sr. Marie du Sacré-Cœur – Pauline (1861–1951), im Karmel von Lisieux: Sr. Agnès de Jésus – Léonie (1863–1941), Schwester in der Visitation in Caen – Céline (1869–1959), im Karmel von Lisieux: Geneviève de Sainte-Thérèse.
17 Six, 1976.
18 Six, 1976, 110–117 (Weihnachtsbekehrung); 245 (drei wichtige Ereignisse).
19 de Sainte-Marie, 1985, 95 ff.

„Ich dachte an die Seelen, die sich der göttlichen Gerechtigkeit als Opfer darbringen, um das Strafgericht von den Sündern abzuwenden ... Diese Aufopferung erschien mir groß und hochherzig, doch fühlte ich keine Neigung, ein Gleiches zu tun."

Sie fühlte sich berufen, sich dem Gott der Güte hinzugeben.[20]

Mit der Osternacht 1896, mit dem akuten Ausbruch ihrer Todeskrankheit beginnt die radikale Nachterfahrung, eine Erfahrung der Gottverlassenheit, die sie bis zu ihrem Tod am 30. September 1897 begleitet.

3.2. Ein Blick auf die Zeugnisse ihres Lebens und ihrer Nachterfahrungen

3.2.1. Selbstbiographische Texte – „Geschichte einer Seele"
Im Auftrag ihrer leiblichen Schwester Pauline, im Karmel Sr. Agnes von Jesus, die damals Priorin war, verfasste sie zwischen Jänner 1895 und Jänner 1896 eine Geschichte ihrer Familie, eine Skizze ihres geistlichen Weges (Manuskript A). Im Juni 1897 erhielt sie von der nachfolgenden Priorin Maria de Gonzaga den Auftrag, diese Erinnerungen fortzusetzen. Geschwächt durch ihre Todeskrankheit konnte sie die letzten Seiten im Juli 1897 nur mehr mit Bleistift schreiben (Manuskript C). Zwischen diesen beiden autobiographischen Texten steht ein Brief an ihre älteste Schwester Marie, die ihre Taufpatin war, im Karmel Sr. Marie de Sacré-Cœur. Dieser Brief vom 13. und 16. September 1896 gibt bedeutende Einsichten Thereses zu ihrer Berufung wieder (Manuskript B).

Diese drei Manuskripte wurden 1898 erstmals unter dem Titel „Geschichte einer Seele" vom Karmel in Lisieux veröffentlicht, allerdings redigiert und auch inhaltlich im Sinn der Frömmigkeit des ausgehenden 19. Jahrhunderts leicht verändert. Im September erschien die erste Auflage mit 2.000 Exemplaren; zu Anfang des Jahres 1899 war die Auflage schon vergriffen. Zu Ostern 1899 bereitete man eine 2. Auflage mit 4.000 Exemplaren vor, die gleichfalls in wenigen Monaten vergriffen war. Es war aber Jahrzehnte hindurch für

---

20 de Sainte-Marie, 1985, 185 ff.

interessierte Forscher nicht möglich, an die Manuskripte heranzukommen und sie einzusehen. Der Karmel wollte nur das Bild der Heiligen in der Gestalt der „Geschichte einer Seele" vermitteln. Erst nach dem Tod von Sr. Agnes von Jesus[21] 1951 konnte an eine authentische Ausgabe herangegangen werden, 1956 erschienen diese autobiographischen Manuskripte in Faksimile-Ausgabe. Eine deutsche Übersetzung dieser authentischen Edition erschien 1958 im Johannes Verlag Einsiedeln mit einem Geleitwort (und wohl auch auf Initiative) von Hans Urs von Balthasar[22].

Erst nach der Veröffentlichung der authentischen Texte konnte man sehen, dass der herausgebende Karmel bzw. die genannten Priorinnen redaktionell in die ursprünglichen Texte eingegriffen hatten. P. Ulrich Dobhan OCD, einer der bedeutendsten Interpreten der Karmeltradition in der Gegenwart, spricht sogar von einer tiefgreifenden Entstellung der Person Thereses: Die leibliche Schwester Theresas, Sr. Agnes von Jesus, die von 1893 bis 1896 ihre Priorin war, habe Theresa auch „benutzt", um das Ansehen der Familie Martin zu erhöhen. Ihre langjährige Priorin Maria von Gonzaga, die Theresia mit der Fortsetzung ihrer Aufzeichnungen beauftragte, „benutzte" sie, um den Karmel von Lisieux herauszuheben und bekannt zu machen.[23] Die Bewertung dieser Differenzen bzw. der Bearbeitung der authentischen Texte in der „Geschichte einer Seele" ist schon Jahrzehnte hindurch kontrovers. Jean-François Six erklärt: *„Es gibt zwei Texte: die handschriftlichen Texte Thereses als der Urfassung, und den Text, in den durch Pauline, Mutter Agnes im Karmel von Lisieux, Verbesserungen, Ergänzungen und Kürzungen eingearbeitet worden sind ... Der endgültige Text ist nicht der von Mutter Agnes, sondern der von Therese!"*[24]

3.2.2. „Novissima verba" – Dernièrs Entretiens
Nach der Herausgabe der „Geschichte einer Seele" durch den Karmel von Lisieux sind in den folgenden Jahren „Letzte Gespräche"

---

21 1902 wurde Sr. Agnes von Jesus wieder zur Priorin gewählt. Sie verblieb in dieser Funktion – mit Ausnahme einer Unterbrechung von 18 Monaten (1908/09) bis zu ihrem Tod 1951. Pius XI. hatte diese Ausnahme 1923 verfügt.
22 de Sainte-Marie, 1958.
23 Dobhan in Six, 1997: 7–10 (Zitat: 7).
24 Six 1997: 201.

(Novissima verba) in mehreren Teilen publiziert worden. Sr. Agnes von Jesus hatte mit der Todkranken in der Infirmerie des Klosters zu verschiedenen Themen von Juli 1897 an Gespräche geführt und aufgezeichnet. Die Bewertung dieser „Novissima Verba" ist in der Literatur sehr unterschiedlich. Die Vermutung, dass gerade bei der schriftlichen Niederlegung der Gespräche mit einer Schwerkranken, die dem Sterben entgegengeht, auch einiges an „Redaktion" geschehen ist, liegt nahe. Dass Jean-François Six in seinem Buch, das dem spirituellen Werdegang Thereses gewidmet ist, auf jegliches Zitat aus den Derniers Entretiens verzichtet hat, bezeichnet Ulrich Dobhan als eine nicht unberechtigte Sicherheitsmaßnahme.[25]

3.3. Die Erfahrung der Nacht

Im Manuskript A spricht Therese von den Erleuchtungen, die sie aus den Schriften des hl. Johannes vom Kreuz erfahren hat:

„Im Alter von 17 und 18 Jahren bildeten sie meine einzige geistige Nahrung, später aber ließen mich alle Bücher in der Dürre, und in diesem Zustand bin ich heute noch ... In diesem Unvermögen kommen mir die Heilige Schrift und die Nachfolge Christi zu Hilfe."[26]

Diese Erfahrung der Nacht und der Dunkelheit verschärft sich ab Ostern 1896. Davon berichtet Theresia erst 14 Monate später im Juni 1897 im Manuskript C ihrer Priorin Maria de Gonzaga. Sie spricht von einer „Prüfung", von der sie aber überzeugt ist, dass sie „Gnade" bedeutet. Die Mitschwestern haben wohl nichts von dieser Nacht, die mit geringen Unterbrechungen bis zum Ende ihres Lebens andauerte, geahnt.

Im August 1897 deutet Therese diese Prüfung des Glaubens ihrer leiblichen Schwester Agnes von Jesus gegenüber in einem geistesgeschichtlichen Kontext:

„Wenn Sie wüssten, von was für schrecklichen Gedanken ich besessen bin! Beten Sie für mich, damit ich nicht auf den Teufel höre, der mir so

---

25 Dobhan in Six, 1997: 7.
26 de Sainte-Marie, 1958: 184.

viele Lügen einreden will. Es sind die Überlegungen der schlimmsten Materialisten, die sich meines Geistes bemächtigen: Später wird die Wissenschaft, die beständig Fortschritte macht, alles auf ganz natürliche Weise erklären, man wird ein absolutes Wissen haben von allem, was existiert und gegenwärtig noch ein Problem bildet, denn vieles muss erst noch entdeckt werden ... usw. usw."[27]

Theresia kannte gewiss nicht die die geistesgeschichtlichen Details des ausgehenden 19. Jahrhunderts. Gewiss hat sie einiges von den Auseinandersetzungen des laizistischen und antiklerikalen Staates mit kirchlichen Institutionen über ihre Umgebung und ihre Verwandten mitbekommen. Dass es Ungläubige gibt, geben kann, war für Theresia bis zu diesem Zeitpunkt unvorstellbar. Das Dunkel, in das sie nun geführt wird, lässt sie erfahren, dass es Menschen gibt, „die den Glauben nicht haben". Sie weiß sich solidarisch mit jenen, die sich in dieser Nacht des Glaubens befinden; sie sitzt selbst am Tisch der Sünder. Die Nacht des Nichts durchdringt sie bis ins Innerste.

„Ich erfreute mich eines so lebendigen, so klaren Glaubens, dass der Gedanke an den Himmel mein ganzes Glück ausmachte, ich konnte mir nicht vorstellen, dass es Gottlose gäbe, die keinen Glauben haben ... In den so fröhlichen Tagen der Osterzeit ließ Jesus mich fühlen, dass es tatsächlich Seelen gibt, die den Glauben nicht haben, die durch den Missbrauch der Gnaden diesen kostbaren Schatz verlieren, Quell der einzig reinen und wahren Freuden. Er ließ zu, dass dichteste Finsternisse in meine Seele eindrangen und der mir so süße Gedanke an den Himmel bloß noch ein Anlass zu Kampf und Qual war ... Diese Prüfung sollte nicht nur ein paar Tage, ein paar Wochen dauern, sie sollte erst zu der vom lieben Gott bestimmten Stunde erlöschen und ... diese Stunde ist noch nicht gekommen ... Gerne wollte ich ausdrücken, was ich fühle, aber ach! es scheint mir unmöglich. Man muss durch diesen dunklen Tunnel gewandert sein, um zu wissen, wie finster er ist ... Dein Kind aber, o Herr, hat dein göttliches Licht erkannt, es bittet dich um Verzeihung für seine Brüder, es ist bereit, das Brot der Schmerzen zu essen, solange du es willst, und es will sich von diesem mit Bitternis

---

27 Martin, 1979: 274. Vgl. dazu auch de Sainte-Marie, 1958: 221, Anm. 2.

beladenen Tisch, an dem die armen Sünder essen, nicht mehr erheben vor dem durch dich bezeichneten Tag … Darf es daher nicht auch in seinem Namen, im Namen seiner Brüder sprechen: ‚Erbarme dich unser, Herr, denn wir sind arme Sünder!' Oh! Herr, entlasse uns gerechtfertigt … Mögen doch alle, die von der Fackel des Glaubens nicht erleuchtet werden, endlich ihren Lichtschein erblicken … o Jesus, wenn es nötig ist, dass der von ihnen besudelte Tisch durch eine dich liebende Seele gereinigt werde, so will ich gern das Brot der Prüfung einsam essen, bis es dir gefällt, mich in dein lichtes Reich einzuführen. Die einzige Gnade, die ich von dir erbitte, ist, dich nie zu beleidigen! … "[28]

Ihrer Priorin Sr. Maria de Gonzaga versichert sie, dass das Bild, das sie von den Finsternissen in ihrer Seele geschildert hat, noch „*unvollkommen ist wie eine mit dem Modell verglichenen Skizze*"[29]

4. Mutter Teresa (1910–1997)

4.1. Zur Biographie[30]

Agnes Gonxha Bojaxhiu wurde am 26. August 1910 in Üsküb geboren, noch im Osmanischen Reich, heute: Skopje (Mazedonien). Sie stammte aus einer wohlhabenden katholischen albanischen Familie. Mit 18 Jahren Eintritt bei den Loreto-Schwestern, den Sisters of the Blessed Virgin Mary. Diese Gemeinschaft stellte einen selbständigen Zweig der Englischen Fräulein dar (heute Congregatio Jesu) mit einem Mutterhaus bei Dublin. Die Gemeinschaft hatte einen Schwerpunkt in Ostindien (Bengalen) und war besonders im Unterrichtswesen tätig. Das Noviziat absolvierte die spätere Sr. Teresa in Darjeeling, ihre Profess legte sie in Kalkutta ab. Nach einer Lehrerausbildung war sie 17 Jahre lang in der ordenseigenen St. Mary's School tätig, zuletzt als Schulleiterin.

---

28 de Sainte-Marie, 1958: 219 ff.
29 de Sainte-Marie, 1958: 221 ff.
30 Kolodiejchuk, 2007.

Im April 1942 legte sie ein Privatgelübde ab: „*Ich legte ein Gelübde ab, das mich bei Strafe einer Todsünde verpflichtete, Gott alles zu geben, was er verlangen sollte: Ihm gar nichts zu verweigern.*"[31] Am 10. September 1946 erfuhr sie während der Fahrt zu den jährlichen Exerzitien in Darjeeling eine Christusbegegnung, die sie als besondere „Berufung" qualifizierte. An diesem „Inspiration Day", wie sie diese Erfahrung später nannte, wurde ihr klar: Sie sollte die Loreto-Gemeinschaft verlassen, wo sie sehr glücklich war, und auf die Straßen hinausgehen, um den Ärmsten der Armen zu dienen[32]. Das war faktisch die Idee für die Gründung der Missionaries of Charity, der Missionarinnen der Nächstenliebe. Die rechtliche Lösung von der bisherigen Ordensgemeinschaft und die kirchenrechtliche Errichtung der neuen Gemeinschaft nahmen einige Jahre in Anspruch. Geistliche Begleiter konnten – auch hinter den Kulissen – einiges möglich machen. Am 8. August 1948 erhielt sie die Nachricht: Papst Pius XII. habe ihr durch die Kongregation für die Ordensleute die Erlaubnis gewährt, die Loreto-Gemeinschaft zu verlassen und ihre neue Mission anzufangen.[33] Aber erst am 7. Oktober 1950 konnte Erzbischof Ferdinand Périer SJ[34], einer ihrer geistlichen Begleiter, mit Erlaubnis des Apostolischen Stuhls offiziell die Gemeinschaft der Missionarinnen der Nächstenliebe (Missionaries of Charity) in der Erzdiözese Kalkutta errichten. Die päpstliche Anerkennung, das „Decretum laudis", erhielt das Institut am 1. Februar 1965. Im Jahr 1963 war schon ein männlicher Zweig der Missionaries of Charity-Familie errichtet worden. Die Statuten der Gemeinschaft sahen ein viertes Gelübde vor: „*sich durch Selbstverleugnung der Pflege der Armen und Bedürftigen hinzugeben, die von Not und Entbehrung erdrückt, unter menschlich unwürdigen Bedingungen leben.*"[35]

Heute gehören dem Institut etwa 3.000 Ordensschwestern und mehr als 500 Ordensbrüder in 133 Ländern an.

---

31 Ebd.: 45.
32 Ebd.: 55.
33 Ebd.: 145.
34 Ferdinand Périer SJ (1875–1968), in Belgien geboren, von 1906 in Indien tätig, 1921 zum Bischof-Koadjutor in Kalkutta ernannt, 1924 bis 1960 Erzbischof von Kalkutta.
35 Kolodiejchuk, 2007: 166 ff.

Die Arbeit und der Einsatz von Mutter Teresa wurde 1978 durch die Verleihung des Balzan-Preises für Humanität, Frieden und Brüderlichkeit und schließlich 1979 durch die Zuerkennung des Friedensnobelpreises gewürdigt. Mutter Teresa verstarb am 5. September 1997 in Kalkutta.

Die Katholische Kirche hat Mutter Teresa am 19. September 2003 durch Papst Johannes Paul II. als Selige proklamiert, Papst Franziskus hat sie am 4. September 2016 heiliggesprochen.

Das Wirken von Mutter Teresa und ihrer Schwestern erfuhr auch Kritik von verschiedenen Seiten. Man betonte, dass es den Mitarbeitern und Mitarbeiterinnen an medizinischer Ausbildung mangle. Auch ihre der Lehre der Katholischen Kirche entsprechende Einstellung zu Verhütungsmittel und Abtreibung wurde kritisch betrachtet.

4.2. Erfahrung der Dunkelheit/Trockenheit

Viele Jahre standen der humanitäre Einsatz und die caritative Wirksamkeit von Mutter Teresa und ihrer Gemeinschaft im Vordergrund des allgemeinen Interesses. Ihre geistlichen Erfahrungen, ihre lichten Inspirationen und ihre Dunkelheit kamen erst im Zug der Aufarbeitung ihrer Korrespondenz im Vorverfahren ihres Seligsprechungsprozesses zum Vorschein. Eine wichtige Quelle für die geistlichen Erfahrungen von Mutter Teresa stellt die Publikation des Postulators des Seligsprechungsverfahrens P. Brian Kolodiejchuk MC dar[36].

In einem Brief an Erzbischof Périer[37] vom 18. März 1953 spricht Mutter Teresa zum ersten Mal von einer solchen Dunkelheit, *„als ob alles tot wäre. Dieser Zustand besteht mehr oder weniger seit dem Zeitpunkt, als ich mit dem ‚Werk' anfing."*[38]

In der Folge spricht sie in der Korrespondenz mit ihren geistlichen Begleitern davon, dass einzig der blinde Glaube sie trägt, *„denn in Wirklichkeit ist für mich alles nur Dunkelheit."* So in einem Brief an

---

36 Kolodiejchuk, 2007.
37 Ferdinand Périer SJ (1875–1968) war ein belgischer Jesuit, in Indien pastoral eingesetzt. 1921 wurde er zum Bischof-Koadjutor mit dem Recht der Nachfolge ernannt, von 1924 bis zu seiner Resignation 1960 war er der dritte Erzbischof von Kalkutta.
38 Kolodiejchuk, 2007: 179.

Erzbischof Périer vom 15. Dezember 1955[39]. Sie erfährt einen tiefen Widerspruch in ihrer geistlichen Befindlichkeit: Sie empfindet ein so tiefes Verlangen nach Gott, so tief, dass es wehtut. Und trotzdem sieht sie sich als „*nicht gewollt von Gott – abgewiesen – leer – kein Glaube – keine Liebe – kein Eifer.*"[40] Mutter Teresa erinnert sich an den Höhepunkt ihres Trostes in der Eingebung von 1946[41], auch später gab es noch kurze Oasen in der Wüste[42].

Am ausführlichsten und umfangreichsten ist die Schilderung der Dunkelheit in einem Gebet, das sie einem Brief, den sie am 3. Juli 1959 an P. Picachy SJ[43] sandte[44]:

Herr, mein Gott, wer bin ich, dass Du mich im Stich lassen solltest? Das Kind Deiner Liebe – das nun meistgehasste – dasjenige, das Du weggeworfen hast als unerwünscht – ungeliebt. Ich rufe, ich klammere [mich an Dich], ich will – und da ist Niemand, der mir antwortet – Niemand, an den ich mich klammern kann – nein, Niemand. – Allein. Die Dunkelheit ist so dunkel – und ich bin allein. – Unerwünscht, im Stich gelassen. – Die Einsamkeit des Herzens, das nach Liebe verlangt, ist unerträglich. – Wo ist mein Glaube? – Selbst tief drinnen in meinem Innersten ist nichts als Leere & Dunkelheit. – Mein Gott – wie schmerzhaft ist dieser unbekannte Schmerz. Es schmerzt ohne Unterlass. – Ich habe keinen Glauben. – Ich wage nicht, die Worte & Gedanken auszusprechen, die mein Herz bedrängen – & die mich unsagbare Agonie erleiden lassen. So viele unbeantwortete Fragen leben in mir – Ich habe Angst davor, sie zu enthüllen – wegen der Gotteslästerung. -Wenn es einen Gott gibt, verzeih mir bitte. – Vertraue, dass alles im Himmel mit Jesus enden wird. – Wenn ich versuche, meine Gedanken zum Himmel zu erheben – erlebe ich eine solch überzeugende Leere, dass diese Gedanken wie scharfe Messer zurückkehren & meine innerste Seele verletzen. – Liebe – das Wort – es bringt nichts. – Man erzählt mir, dass Gott mich liebt – jedoch ist die Realität von Dunkelheit & Kälte & Leere so überwältigend, dass nichts meine Seele

---

39 Ebd.: 194.
40 Ebd.: 201.
41 Ebd.: 207.
42 Ebd.: 209 ff.
43 Zur Biographie von P. Lawrence Trevor Picachy SJ (1916–1992) vgl. Kolodiejchuk, 2007: 197, Fußnote*.
44 Kolodiejchuk, 2007: 220–222.

berührt. Bevor das Werk anfing, gab es so viel Einheit – Liebe – Glaube – Vertrauen – Gebet – Opfer. – Habe ich den Fehler gemacht, mich blind dem Ruf des Heiligsten Herzens hinzugeben? Am Werk ist kein Zweifel – weil ich davon überzeugt bin, dass es Sein und nicht mein ist. – Ich fühle nichts – nicht ein einziger einfacher Gedanke oder eine Versuchung befällt mein Herz, auf irgendetwas im Werk Anspruch zu erheben.

Die ganze Zeit lächeln. – Die Schwestern & die Leute machen solche Bemerkungen. – Sie glauben, dass mein ganzes Wesen von Glaube, Vertrauen & Liebe erfüllt ist & dass die Vertrautheit mit Gott und das Einssein mit Seinem Willen mein ganzes Herz durchdringen müsste. – Wenn sie nur wüssten – und wie meine Fröhlichkeit nur der Deckmantel ist, unter dem ich die Leere & das Elend verberge.

Trotz allem – diese Dunkelheit & Leere sind nicht so schmerzvoll wie die Sehnsucht nach Gott. – Der Widerspruch, fürchte ich, wird mich aus dem Gleichgewicht bringen. – Was tust Du, Mein Gott, jemand so Kleinem an? Als Du mich batest, Deine Passion in meinem Herzen einzuprägen – Ist dies die Antwort darauf?

Wenn es Dir Ruhm bringt, wenn Du davon einen Tropfen Freude bekommst – wenn Seelen dadurch zu Dir gebracht werden – wenn mein Leiden Dein Dürsten stillt – dann bin ich bereit, Herr, mit Freuden all das anzunehmen bis zum Ende meines Lebens – & ich werde Dein verborgenes Angesicht anlächeln – immer.

Der Kontakt mit P. Josef Neuner SJ[45] gab Mutter Teresa eine Deutung ihrer Situation, ihres Leidens: „*Sie fing an zu erkennen, dass ihre Dunkelheit die spirituelle Seite ihres Werks war, eine Teilhabe am erlösenden Leiden Christi.*" So konnte sie diese Dunkelheit anfangen zu lieben[46]. Mutter Teresa hatte durch P. Neuner einen Sinn für die erlittene Dunkelheit erfahren, aber auch nach 15 Jahren dieser erfahrenen

---

45 Zur Biographie von P. Josef Neuner SJ (1908–2009) vgl. Kolodiejchuk, 2007: 245, Fußnote*.
46 Kolodiejchuk, 2007: 252 ff.

Trostlosigkeit konnte sie im Schreiben an P. Neuner diese Dunkelheit nur mit der Hölle vergleichen[47]:

„*Wie furchtbar ist es, ohne Gott zu sein – kein Gebet – kein Glaube – keine Liebe. Das Einzige, was noch bleibt, ist die Überzeugung, dass das Werk sein ist, dass die Schwestern und die Brüder sein sind.*"

Die beiden letzten Jahrzehnte im Leben von Mutter Teresa waren eine Zeit intensiver Aktivität.

„*Ihre Liebe und ihr Eifer für Gott und für die Seelen waren unbegrenzt und regten sie dazu an, zahlreiche Niederlassungen auf der ganzen Welt zu gründen ... Trotzdem blieb die furchtbare Dunkelheit weiter bestehen.*"[48]

4. Schlussbetrachtung

Geistliche Trockenheit – Erfahrungen Heiliger. Das sollte an zwei Persönlichkeiten aufgezeigt werden, die als Heilige hochgeehrt und geschätzt sind, die als Vorbild und Orientierung gelten. Es verwundert viele, dass diese beiden Heiligen lange Phasen der Trockenheit und der Dunkelheit erfahren haben. Die „Kleine" Therese hat diese Erfahrung als Solidarität mit den Sündern gedeutet, mit jenen, „die den Glauben nicht haben". Die Heilige von Kalkutta konnte diese dunklen und trostlosen Erfahrungen als Mitleiden mit Christus deuten. Aber diese Deutungshorizonte haben die Not und den Schmerz nicht aufgehoben. Es blieb trotzdem dunkel.

Die Erfahrung der geistlichen Trockenheit koexistierte bei Mutter Teresa mit intensiver Tätigkeit und Aktivität in der Sorge um die Armen und Notleidenden. Die Werke der Liebe waren nicht eingeschränkt durch das Fehlen von fühlbarer Freude. Auch bei Therese von Lisieux hatte die Dunkelheit nicht ein Nachlassen geistlicher Bemühung zur Folge. Ignatius von Loyola zeigt im Exerzitienbuch den Weg: Trostlosigkeit darf nicht zum Aufgeben führen. Gott soll

---

47 Kolodiejchuk, 2007: 291 ff.
48 Kolodiejchuk, 2007: 349.

und will um seiner selbst willen gedient werden, auch ohne fühlbaren Trost.
Wilhelm von Saint-Thierry orientiert sich am Blinden von Jericho. Auch wenn der Herr scheinbar an ihm vorübergeht und nicht auf seine Bitten achtet, er gibt nicht auf. Auch wenn die Syrophönizierin abgewiesen wird, fast wie ein lästiger kleiner Hund: Sie lässt sich nicht abschütteln.

Literatur

Kolodiejchuk B (Hrsg.): *Mutter Teresa, Komm, sei mein Licht*. München: Pattloch Verlag, 2007.
de Loyola I: *Exercitia Spiritualia*. Rom: Institutum Historicum Societatis Jesu, 1969 (Monumenta historica Societatis Jesu vol. 100/Monumenta Ignatiana vol.1).
von Loyola I: *Geistliche Übungen*. Nach dem spanischen Autograph übersetzt von Peter Knauer. Würzburg: Echter Verlag, 1998.
Martin T: *Ich gehe ins Leben ein. Letzte Gespräche der Heiligen von Lisieux.* Leutesdorf: Johannes-Verlag, 1979.
de Saint-Thierry G: *Oraisons Méditatives*. Paris: Éd. du Cerf, 1985 (Sources Chrétiennes N° 324).
von Saint-Thierry W: *Gott schauen – Gott lieben. De contemplando Deo – De natura et dignitate amoris*. Einsiedeln: Johannes Verlag, 1961.
von Saint-Thierry W: *Meditative Gebete*. Eschenbach: Zisterzienserinnen Abtei, 1993 (Texte der Zisterzienser-Väter Bd.1).
von Saint-Thierry W: *Meditationen und Gebete*. Lateinisch-deutsch. Herausgegeben übersetzt und kommentiert von Klaus Berger und Christiane Nord. Frankfurt und Leipzig: Insel Verlag, 2001.
de Sainte-Marie F (Hrsg.): *Therese vom Kinde Jesu: Selbstbiographische Schriften. Authentischer Text*. Einsiedeln: Johannes Verlag, 1958.
Six JF: *Theresia von Lisieux. Ihr Leben, wie es wirklich war*. Freiburg: Verlag Herder, 1976.
Six JF: *Licht in der Nacht. Die (18) letzten Monate im Leben der Therese von Lisieux*. Würzburg: Echter, 1997.

Ralf Stolina

„Selig sind, die nicht sehen – und glauben." – Anfechtung im Lebens-Gespräch mit Gott

1. Sehen und Nichtsehen des Glaubens

Das Johannesevangelium entfaltet eine Wahrnehmungs- und Erkenntnislehre des Glaubens, die besonders auch in der differenzierten Rede vom Nichtsehen und Sehen des Glaubens deutlich wird[1]: wir sahen seine Herrlichkeit (Joh 1,14); niemand hat Gott je gesehen (Joh 1,18); wer mich sieht, sieht den Vater (Joh 14,9); selig sind, die nicht sehen und glauben (Joh 20,29).

Dies sind keine paradoxen Sätze, sondern die präzise Beschreibung der Wahrnehmung und Erkenntnis des Glaubens, die bleibend ein Sehen, ein Gewahr- und Innewerden im Raum des Nichtsehens sind. Wir können Gott nicht mit unseren leiblichen Sinnen erfassen, können ihn weder uns noch anderen demonstrieren, können uns seiner nicht einfach durch ein Nachsehen vergewissern – und doch ist der Glaube, die Beziehung zu Gott nicht erfahrungslos; es ist eine Erfahrung, ein Gewahr- und Innewerden ganz eigener Art. In besonderer Weise zeigt sich dies in der Begegnung zwischen dem Auferstandenen und Thomas (Joh 20,19–23.24-29), die zu der abschließenden Seligpreisung führt: Selig sind, die nicht sehen und glauben.

Im Bericht der Evangelien ist dies die einzige Seligpreisung aus dem Mund des Auferstandenen – ein sehr besonderes Wort! In der Regel kennen wir es in einer anderen Übersetzung: „Selig sind, die nicht sehen und doch glauben." – Die Begegnung zwischen Thomas und dem auferstandenen Jesus legt eine andere Übersetzung nahe.

Diese Seligpreisung gilt Thomas, der oft der zweifelnde Thomas genannt wird, und mit ihm allen Gott suchenden und auf Gott vertrauenden Menschen, die glauben unter der Bedingung des

---

1 vgl. Ralf Stolina, 2000: 111–123.

Nichtsehens: Wir sehen Gott nicht. Das hört sich ganz selbstverständlich an und ist doch höchst folgenreich. Thomas hatte von einer Erfahrung der anderen Jünger gehört: „Wir haben den Herrn gesehen!", und reagiert unmittelbar: Er will selbst erfahren, und zwar so unmittelbar, dass jeder Zweifel ausgeschlossen ist. Er ringt um Gewissheit: Er will sehen *und* berühren, sehen *und* tasten – zwei starke Sinne, die im Miteinander Irrtum weitestgehend ausschließen. Als wahrhaftig und wirklich gilt ihm – und in unserer gegenwärtigen Kultur noch viel mehr – das Sichtbare, im wahrsten Sinne Begreifbare, Demonstrierbare.

Der Bericht der Jünger allein reicht nicht, kann die Zweifel des Thomas nicht ausräumen. Er will als jemand davon sprechen können, der selbst dabei gewesen ist.[2] Vertrauen auf den lebendigen Gott braucht die Verbindung mit der eigenen innersten Existenzerfahrung. In diesem Sinne hat Ludwig Wittgenstein auf den letzten seiner „Zettel" geschrieben: „Gott kannst du nicht mit einem anderen reden hören, sondern nur, wenn du der Angeredete bist."[3]

Genau das ersehnt Thomas: er will von Christus angeredet werden. Der *„zweifelnde Thomas"* ist vor allem Thomas mit einer starken und treuen Sehnsucht, die sich mit nichts anderem und mit nichts weniger zufrieden gibt, und darin wird er vom Auferstandenen nicht getadelt, vielmehr bestätigt und gewürdigt – Thomas wird ein Sehen geschenkt!

Allerdings muss Thomas auch etwas lernen, eine Umkehr vollziehen. Er hat nicht nur die Sehnsucht, ein von Christus Angesprochener zu sein, er erklärt sein Sehen- und Berührenwollen zur unbedingten Bedingung für sein Vertrauen. In der stärker kaum zu formulierenden Verneinung kommt das Bestehen auf der eigenen Erfahrungserwartung auch mit trotzig-kämpferischem Ton zum Ausdruck: „Wenn ich nicht sehe und berühre, werde ich nie und nimmer glauben!" (Joh 20,25)

Gott unterwirft sich aber nicht unseren Bedingungen von sehen, fühlen, begreifen. Sie führen nicht zu dem, was glauben und

---

2 vgl. Martin Luthers Beschreibung von Erfahrung in einer Randglosse zu Röm 5,4, auf die Gerhard Ebeling aufmerksam gemacht hat: „Erfahrung ist, wenn einer wol versucht ist, und kann davon reden als einer der da bey gewesen ist". (WA DB 7, 43). Vgl. Ebeling, 1975: 6.
3 Wittgenstein, 1984: 443.

vertrauen heißen. Und so führt der Auferstandene Finger und Hand des Thomas – aber anstatt von einer Berührung hören wir das Wort Jesu: Sei nicht ungläubig, sei gläubig, sei nicht ohne Vertrauen, vertraue mir! Das, was zuvor im Mittelpunkt stand, das Berührenwollen, wird noch nicht einmal mehr erwähnt. Thomas reagiert auf das Wort Jesu mit dem entschiedensten Bekenntnis im ganzen Evangelium: Mein Herr und mein Gott! Wichtig ist dabei das Wort „mein" – es drückt die allerpersönlichste Beziehung aus. Es gibt hier keine allgemeinen Stellungnahmen. Unter Absehung von der eigenen Person und Existenz kann man vielleicht über Gottesbegriffe spekulieren und diskutieren, aber nicht vom lebendigen Gott sprechen.

Alles hängt daran, dass wir das Wort Jesu „Sei nicht ungläubig, sei gläubig" nicht als Aufforderung zu etwas verstehen, was wir tun könnten, oder gar als Vorwurf. Es liegt nicht in unserer Macht, den Zweifel, das Nicht-Vertrauen-Können zu überwinden. Der Auferstandene bejaht, bestärkt die Sehnsucht nach Begegnung, er lässt sich von der Glaubensnot berühren und weist mit seiner Frage an Thomas einen Weg, das Sehen nicht zur Bedingung des Glaubens und Vertrauens zu machen: „Weil du mich gesehen hast, glaubst du?"

Wir kennen die Frage in der Regel als Aussagesatz[4]: Weil du mich gesehen hast, glaubst du.

Diese Formulierung im Aussagesatz hört sich wie ein Vorwurf an; die Frage aber eröffnet ein Lebensangebot an Thomas, zu glauben ohne ein Sehen-Wollen, das Beweise haben will, Forderungen und Bedingungen stellt.

Die Begegnung zwischen Thomas und dem Auferstandenen ist auch deshalb so kostbar, weil sie verdeutlicht: Unter der Bedingung des Nichtsehens können Zweifel, Anfechtung, Glaubensnot immer neu widerfahren! Und ihm ist in allem eine Gemeinschaft zugesprochen, die trägt und bleibt. Selig sind, die nicht sehen – und glauben. Selig sind, die nicht sehen – und vertrauen! – ohne „doch": das Nichtsehen ist ja gerade *kein* Gegensatz zum Glauben!

---

4 Der Aussagesatz steht in der Einheitsübersetzung und stand auch in der Lutherübersetzung 1984; die aktuelle Übersetzung 2017 folgt mit der Frageform dem griechischen Urtext.

Selig heißt: Gott hält mich in Beziehung zu sich und mit sich, in einer Lebensbeziehung, die jetzt schon gilt, auch gegen allen Augenschein, die bleibt und auch im Tod nicht zerbricht.

Vertrauen im Nicht-Sehen, sich überlassen im Nichtberühren, Gewahr- und Innewerden einer Beziehung im Glauben – das eröffnet der Auferstandene Thomas und allen Menschen, die glauben und Gott suchen und ist zum Aushalten und zur Bewältigung der Anfechtung wegweisend.

2. Die Faktizität der Anfechtung

In Vorrede zur Ausgabe seiner deutschen Schriften (1539)[5] weist Martin Luther auf „eine rechte Weise, in der Theologie zu studieren"[6] hin – und nennt dafür drei Regeln, die er in jeweils einem Wort zusammenfasst: Oratio, meditatio, tentatio – Gebet, Meditation, Anfechtung.

Damit bezieht er sich in Anknüpfung und Widerspruch auf die Vollzugsformen geistlichen Lebens, die seit Guigo II. in der monastischen Welt des Mittelalters Allgemeingut geworden waren: Lesung-Meditation-Gebet-Kontemplation (lectio, meditatio, oratio, contemplatio). Luther fasst Lesung und Meditation der Schrift zusammen und versteht sie als Weise des Gebetes, deshalb die Umstellung, und ersetzt vielsagend die contemplatio durch die tentatio!

Zur Anfechtung heißt es:

„Zum dritten ist da Tentatio, Anfechtung. Die ist der Prüfstein, die lehret dich nicht allein wissen und verstehen, sondern auch erfahren, wie recht, wie wahrhaftig, wie süß, wie lieblich, wie mächtig, wie tröstlich Gottes Wort sei, Weisheit über alle Weisheit."[7]

---

5 WA 50: 657–661; Übertragung ins Neuhochdeutsche in: Martin Luther: Ausgewählte Schriften, hrsg. von Karin Bornkamm und Gerhard Ebeling, Bd. 1, Aufbruch zur Reformation, S. 6–11. Aus dieser Ausgabe wird im Folgenden zitiert. Luther entfaltet in der Vorrede das Programm einer theologia experimentalis; vgl. dazu Stolina, 2001.
6 AaO: 8.
7 AaO: 9.

Wichtig zu sehen ist: Die Anfechtung ist nicht etwa Prüfstein für die Standhaftigkeit des Menschen, sondern wie tröstlich Gottes Wort ist! Lapis lydeus – Prüfstein: In der damaligen Alchemie, die versuchte Gold herzustellen, diente der Prüfstein zur Überprüfung einer Metalllegierung, ob es sich tatsächlich um Gold handelte oder nicht. Das Gold, um das es hier geht: Das Feuer der Anfechtung läutert das Wissen und Erkennen von Gott zu Erfahrungswissen oder verbrennt es. Gerade das Widerfahrnis der Anfechtung, in der der Mensch seine Glaubensnot erfährt, ist der Raum, in dem sich Gott dem Menschen trostvoll mitteilt.

Auffällig ist, dass das unverfügbare Widerfahrnis der Anfechtung in indikativischer Formulierung gleichwohl als Regel vorgestellt wird. Luther gibt damit zu verstehen, dass die Anfechtung kein Unfall oder Scheitern des Glaubens ist; es ist vielmehr mit der Ordnung einer Regel damit zu rechnen, dass der Mensch in seinem Lebens-Gespräch mit Gott in Anfechtung gerät. Es gibt keinen Schritt über die Anfechtung hinaus in Richtung auf einen bleibend und letztlich unangefochtenen Glauben. Sie ist eine Dimension des Glaubens, des Lebens-Gespräches mit Gott selbst.

Gerade diese Zuordnung von Glaube und Anfechtung befreit von dem trügerischen Ideal eines bleibend unangefochtenen Glaubens und bewahrt davor, dass der Glaube subtil zu einer Leistung des Menschen wird bzw. gemessen und beurteilt wird am Vorhanden- oder Abwesendsein von bestimmten Gemütszuständen. Der Glaube ist kein ein für alle Mal erreichter Zustand und kein „Etwas", auch keine Erleuchtung oder Meisterschaft, sondern eine Beziehung, deren Erfahrungsgestalt – beides – freizugeben ist und freigegeben werden kann.

Luthers Satz „nulla tentatio omnis tentatio"[8] – keine Anfechtung (zu haben) ist die größte Versuchung/Anfechtung – stellt manche spirituellen „Ideale" von Ruhe, Gelassenheit, Unangefochtenheit in Frage.

Glaubensgewissheit ist nicht als Abwesenheit von Zweifel und Anfechtung zu verstehen, sondern ist *Beziehungsgewißheit*! Ich stehe in einer Beziehung mit Gott, die sich sehr unterschiedlich gestalten kann; sie unterliegt der Veränderung, ist lebendig.

8 WA 3, 424, 11.

Auch Karl Rahner weist eindringlich darauf hin, die Wirklichkeit der Anfechtung in der Rede von Gott nicht zu überspringen und warnt vor der Gefahr eines falschen Glaubensideals:

„Der Glaube an sich hat ein bleibendes Moment der Angefochtenheit und dies bis zur bleibenden Gefahr des Atheismus. ... Glaube als Aushalten des Schweigens Gottes; die Nacht des Glaubens, die dauernde Auferstehung des Glaubens aus dem Grab des Unglaubens. ... Soll die Predigt der Kirche heute Glauben weckend und fördernd sein, muss sie sich hüten, Evangelium und Glaube ... in einem unechten Optimismus zu einfach als eine das Leben siegreich gestaltende und erhellende Macht darzustellen. ... Der Prediger darf nicht so reden, als ob seine Botschaft die Welt und das Dasein des Einzelnen in eitel Licht und Harmonie verwandeln könne, so man sie nur glaubend annimmt. ... Der Glaube an Gott wird nur dann eine weltverändernde Wirklichkeit, wenn an ihn, so wie er wirklich ist, geglaubt wird ..."[9]

Das ist nun nicht so zu verstehen, dass der glaubende Mensch immer und zu jedem Zeitpunkt angefochten wäre. Der Glaube bleibt mit der Anfechtung verbunden, nicht im Sinne einer ständigen Anfechtung, vielmehr so, dass es immer um eine erneute Überwindung der Anfechtung geht, ohne damit das Auftreten einer neuen Anfechtung vermeiden zu können.

3. Anfechtung und Versuchung

Griechisch *peirasmÒj* (peirasmos) und lateinisch *tentatio* können im Deutschen Anfechtung und Versuchung bedeuten. Auch wenn beide Phänomene eng zusammenrücken können, eine starke Versuchung zur Anfechtung werden kann und eine intensive Anfechtung zur Versuchung öffnet, sind sie doch zu unterscheiden. Exemplarisch und deutlich zeigt sich dies in der Versuchung und Anfechtung Jesu, in die beide Male der Geist Gottes führt:

In der Versuchung in der Wüste verspricht der Diabolos sättigendes Brot, umfassende weltliche Macht und sogar geistliche Vollmacht, die Engel zum Eingreifen und Handeln zu bringen. In der

---

9 Rahner, 1966: 521.

Anfechtung im Garten Gethsemane ringt Jesus mit Gott, den er als Vater anzureden nahegebracht hat, und der ihm nun furchtbar fremd und unzugänglich wird.

Die Anfechtung, das kann als ihr wesentliches Charakteristikum festgehalten werden, ist ein *Leiden an Gott, Ringen mit Gott und Ringen um Gott*. Ein Kampfgeschehen anderer Art ist die Versuchung. Sie ist beherrscht von dem Versprechen einer Macht, die einen Lebensgewinn verspricht und sich zwischen Gott und den Menschen stellt und als Preis dafür die Herrschaft über den Menschen und seine Gefolgschaft beansprucht. Merkmal einer Versuchung ist, dass sie anziehend und verführerisch ist und nicht selten sehr vernünftig auftritt: Brot nach 40 Tagen Fasten, weltliche Macht für einen Menschen, der nur Gutes und Bestes will, was wäre dagegen zu sagen? Die Versuchung kann mit starken Reizen und Affekten aufwarten oder mehr untergründig in einer schleichend sich einstellenden Trägheit des Herzens, die zu Gleichgültigkeit und Leidenschaftslosigkeit Gott gegenüber führt.

Der Weg, den Jesus zeigt, im Widerstehen gegenüber der Versuchung und in der Anfechtung im Ringen mit und um Gott, ist ein und derselbe: das intensive, nicht nachlassende Gebet. In der Wüste in Form des Gegenwortes, im Garten Gethsemane in Bitten und Klagen, eine ganze Nacht lang, bis er sagen kann: Es ist genug, lasst uns gehen.

Das Festhalten am Gebet, auch wenn es angesichts eines scheinbar verschlossenen oder leeren Himmels sinnlos, ja absurd erscheint, oder aber der Blick dahin verstellt ist von einer Macht, die in verlockender Maske auftritt, ist der Weg in Anfechtung und Versuchung die geistig-geistliche Nüchternheit zu bewahren.

4. Bedrängnis – Dunkle Nacht – Anfechtung – Trockenheit

In der geistlichen Tradition finden wir eine Reihe von Beschreibungen und Bezeichnungen für das Erleiden einer Glaubensnot[10]: Bedrängnis, Arbeit der Nacht, Anfechtung, Trostlosigkeit, Dunkle

---

10 vgl. dazu ausführlicher Stolina, 2010: 22–57.

Nacht der Sinne und des Geistes, Trockenheit. Es sind im Erleben durchaus verschiedene Phänomene, die aber darin verbunden sind, dass es sich bei ihnen um ein Ausbleiben oder Schwinden von trostvoller Erfahrung und Glaubensgewissheit handelt, das für den betroffenen Menschen existentiell notvoll und schmerzhaft ist. Nur wenige Beispiele seien genannt:

Johannes Tauler (1300–1361)[11] spricht von Bedrängnis und Arbeit der Nacht: Alles, was dem Menschen bisher sinnvoll erschien und erfüllte, wird allmählich oder mit einem Mal schal, sinnlos, unbedeutend, das ganze Leben erscheint als ein Wandern von Schmerz zu Schmerz, und zugleich versinkt ihm Gott selbst in einem undurchdringlichen Dunkel. Der Mensch „gerät in eine solche Bedrängnis, dass er nicht weiß, ob es je richtig mit ihm stand, und ob er einen Gott habe oder nicht habe, ja, ob er selbst sei oder nicht sei, und da wird ihm so wunderlich weh, so weh, dass ihm die ganze Welt zu eng wird"[12]. In der „Arbeit der Nacht" geraten die Menschen „in Gelassenheit, in Armut und undurchdringliche Finsternis und Trostlosigkeit, so dass sie keinen Halt mehr finden, auch kein Licht und keinen Glanz mehr empfinden und verkosten"[13].

Martin Luther (1483–1546) beschreibt insbesondere, und damit nimmt er die drängenden Fragen und die Gestimmtheit seiner Zeit auf, die Angst und das Grauen, von Gott verworfen, verdammt zu sein, und das heißt: von der heilvollen Gemeinschaft mit Gott ausgeschlossen zu sein.

Luther spricht davon, in der Anfechtung „zerschlagen, zerdrängt und zerängstet"[14] zu sein.

Ein Selbstzeugnis aus dem Jahre 1518:

„Da gibt's keine Flucht, keinen Trost, weder innerlich noch äußerlich, sondern alles klagt an. ... In solchem Augenblick – sonderbar zu sagen – vermag die Seele nicht zu glauben, sie könne je erlöst werden ...

11 Vetter, 1987. Die Predigten Taulers werden im Folgenden nach der Ausgabe von F. Vetter zitiert, mit Predigtnummer, Seiten- und Zeilenangabe, die Übersetzung in Anlehnung an G. Hofmann.
12 Vetter, Predigt 39 (Karissimi, estote unanimes), 161: 16–19; vgl. Hofmann, 1961, Bd. I, Predigt 40: 305.
13 Vetter, Predigt 63 (Duc in altum), 345: 12–15; vgl. Hofmann, 1961, Bd. II, Predigt 42: 321.
14 Luther, 1995: 10.

Es bleibt nur nacktes Verlangen nach Hilfe und grauenhaftes Seufzen, aber sie weiß nicht, woher Hilfe erflehen. ... Es ist kein einziger Winkel in ihr [der Seele], der nicht voll wäre von bitterster Bitterkeit, von Schrecken, Angst und Traurigkeit, doch so, als ob das alles ausschließlich ewig wäre. ... Aber es bleibt nicht, denn es geht wieder vorüber. Wenn also schon Lebende jene Höllenstrafe überkommt, das heißt jene unerträgliche, trostlose Angst, erscheint um so mehr die Strafe im Fegefeuer so, aber anhaltend. Und hier ist jenes innere Feuer viel fürchterlicher als das äußere."[15]

Die Anfechtungserfahrung, die Trostlosigkeit darin und der Trost, der sie überstehen lässt, ist die Ursprungserfahrung für die Rechtfertigungslehre – der Mensch findet keinen Trost in sich und seinem Tun und Wollen, sondern lebt ganz aus dem Empfangen der Gerechtigkeit Gottes!

Die Rede von der Bedrängnis und der Arbeit der Nacht nimmt besonders auch *Johannes vom Kreuz* (1542–1591) auf. Vehement äußert er sich gegenüber den Seelsorgern seiner Zeit, die eine solche Nachterfahrung nur als vom Menschen verschuldete Lauheit oder Glaubensminderung verstehen konnten und die ihnen Anvertrauten mit intensivierten religiösen Übungen, Bußübungen und schlechtem Gewissen belasteten. Demgegenüber versteht Johannes vom Kreuz die Dunkle Nacht der Seele und des Geistes als eine Dimension innerhalb des Lebens-Gespräches mit Gott. Die „dunkle Nacht ist ein Einströmen Gottes in den Menschen, das ihn von seinen gewohnheitsmäßigen natürlichen und geistlichen Unkenntnissen und Unvollkommenheiten läutert"[16].

Franz von Sales (1567–1622) schließlich wählt die Worte, die auch im Titel unseres Symposions vorkommen, Trockenheit und Wüste:

"Es werden Zeiten über dich kommen, wo deine Seele einem einsamen, unfruchtbaren und dürren Land gleicht, in dem es keinen Pfad zu Gott gibt, kein Wasser der Gnade, es zu begießen, wo die Trockenheit

---

15 WA 1, 557, 38–558, 15. Es wird die Übersetzung von Gerhard Ebeling zitiert, in: Ebeling, 1995: Luther. Einführung in sein Denken, 32 ff.
16 Johannes vom Kreuz, 1995: 103.

alles in Wüste verwandelt"[17] *und jede Freude und jeder Geschmack im geistlichen Leben ausbleibt."*[18]

Treffend skizziert *Thomas Merton* (1915–1968) in seinem letzten Buch „Wahrhaftig beten" (Originaltitel „Contemplative Prayer") verschiedene Erfahrungsgestalten der Bedrängnis und Anfechtung, Dunklen Nacht und Trockenheit:

„Der Mensch verliert „die innere Gewissheit ..., dass Gott ihm eine Zuflucht ist oder sein kann. Es scheint ihm, Gott selbst sei ihm feindlich gesinnt oder unerbittlich oder, was noch schlimmer ist, Gott selbst sei zur Leere geworden, und es gebe nichts anderes mehr als Leere, Nichtigkeit, Angst und Nacht."[19]

Die Erfahrungen der Glaubensnot unterliegen auch einem geschichtlichen Wandel. Markant zeigt sich dies im Übergang zur Neuzeit insbesondere darin, dass die für Johannes Tauler, Johannes vom Kreuz und Martin Luther nicht in Frage gestellte Beziehung zu Gott – in Frage stand mit tiefstem Ernst, ob sie heilvoll oder heillos ist – heute selbst unsicher und bezweifelt ist. Die Not unserer Zeit ist mehr der Beziehungsverlust, sei es aufklärerisch begrüßt, existentiell erlitten oder befürchtet.

Gegenwärtig begegnet uns häufig eine andere Gestalt der *Erfahrungslosigkeit*, der keine Erfahrungsfülle in der Glaubensgeschichte vorausgeht (bei Tauler ging der Bedrängnis die *jubilacio* voraus, eine geistliche „Labung mit Süßigkeit"[20], bei Johannes vom Kreuz das Genährtwerden an der warmen Mutterbrust Gottes), vielmehr eine erlittene Nicht-Erfahrung, in die hinein Zweifel und Skepsis ihre Schatten werfen können, und die dennoch in einem schwer zu beschreibenden „Kontakt" mit der Wirklichkeit steht, die wir Gott nennen, eine Ahnung der Präsenz Gottes im Erleben und Erleiden seiner Abwesenheit und Verborgenheit.

Diese Präsenz gibt sich zu erfahren in einer einzigartigen Verbindung von Gegebenheit und Entzogenheit. Die Nicht-Erfahrung

---

17 Franz von Sales, 2007: Philothea, IV, 14: 316.
18 Franz von Sales, vgl. aaO, II, 9: 90.
19 Merton, 1971: 115.
20 Vetter, 1910: Predigt 39 (Karissimi, estote unanimes), 161: 10.

Gottes ist die Nichterfahrung *Gottes*, der noch in der Entzogenheit präsent ist. Das Gewahr- und Innesein dieser sich gebenden und jedem vergewissernden Zugriff sich entziehenden Präsenz entbehrt der Stütze vertrauter Begriffe und Glaubensvorstellungen, es gleicht mitunter im Erleben einem Gehen „über einen dünn verschleierten Abgrund wirrer Nichtigkeit"[21] und ist doch ein Gehaltensein, weisend in die unbedingte Überlassung an Gott.

Auszuhalten ist, dass diese „Präsenz" auch geleugnet werden kann, oder Gleichgültigkeit im Blick auf Gott vorherrscht. Die Gleichgültigkeit Gott gegenüber, der Gottesverlust, der so groß ist, dass er gar nicht empfunden wird, ist eine gegenwärtig dominante „Grundstimmung"; sie versetzt den vom Geheimnis Gottes Berührten und von ihm Sprechenden in existentielle Not und Einsamkeit.

5. Das Wirken Gottes sub contrario

Einmütig betonen die genannten Zeugen von Johannes Tauler bis Thomas Merton die verborgene Nähe Gottes *sub contrario* – unter dem Anschein des Gegenteils, im Erleiden des dunklen Glaubens. Aus dieser Erfahrung erwächst eine für das Bestehen der Dunklen Nacht und Anfechtung wichtige Konsequenz:

Das unmittelbare Erleben ist ein sehr unzuverlässiges und mitunter in die Irre führendes Kriterium für das Wirken und die heilvolle Zuwendung Gottes: Mein Erleben ist nicht das Letzte und Entscheidende; Gott wirkt auch da, wo ich nichts davon erfahre – oder sogar Gott als Feind befürchte. Daraus erwächst die Aufgabe und der Freimut, die Erfahrungsgestalt des Glaubens freigeben zu können – reiner, nackter Glaube auch gegen alles Erleben, unbedingte Überlassung an Gott.

Gegen alle „geistliche Naschsucht" (ein radikales Wort von Johannes vom Kreuz) geht es um den lebendigen Gott selbst. Überfahrt (Tauler), die geschenkte Gerechtigkeit (Luther), Kontemplation (Johannes vom Kreuz) sind reines Empfangen und reine Hingabe unter Absehung von den eigenen Erfahrungserwartungen und das Vertrauen auf eigene Vermögen.

---

21 Merton, 1971: 117.

Die Wüstenerfahrungen sind „der Wüste Fußspur"[22] – so formuliert es ebenso originell wie kühn eine Sequenz aus dem Umfeld von Meister Eckhart: Wüste, der Ort der Gottesbegegnung, wird zum Bild für Gott selbst und seine Wegführung.

So schmerzvoll sie sind: die Krisenerfahrungen der Bedrängnis und Trockenheit sind eine heilvolle Ent-Täuschung und machen deutlich, dass sich Gott nicht unseren Erfahrungserwartungen und -bedürfnissen fügt. Gerade für unsere vom funktionalen Paradigma bestimmte Zeit ist dies eine zurechtbringende Erinnerung:

„*Der gläubige Mensch ist der Gegensatz des religiösen Menschen*"[23]

Dieser Satz stammt von Friedrich Nietzsche, der nicht nur ein scharfer Kritiker des Christentums war, sondern auch das, was Glaube und glauben bedeutet, tief erfasst hat.

Der religiöse Mensch im Sinne Nietzsches ist nicht an Gott interessiert, sondern an den Wirkungen, der Funktion, dem Nutzen der Religion für das eigene Leben und die eigene Lebensbewältigung.

In einer weiteren Notiz nimmt Nietzsche die in unserem Kulturkreis gegenwärtig populäre Orientierung an der Funktion der Religion vorweg – gibt sie allerdings als eine Umdeutung des Glaubens hin zu einem opiatischen Christentum zu verstehen:

„*Man begnügt sich mit einem opiatischen Christenthum, weil man weder zum Suchen, Kämpfen, Wagen, Alleinstehen-wollen die Kraft hat ... Aber ein Christenthum, das vor allem kranke Nerven beruhigen soll, hat jene furchtbare Lösung eines ‚Gottes am Kreuze' überhaupt nicht nöthig.*"[24]

Nietzsche, der ansonsten nicht müde wird, gerade Paulus mit wüster Polemik zu überziehen, markiert hier den grundsätzlichen Abstand zwischen einer funktionalen Sicht auf den Glauben und dem Wort vom Kreuz.

Damit soll natürlich überhaupt nicht geleugnet oder kleingeredet werden, dass die Lebensbeziehung zwischen Gott und Mensch

---

22 Die Sequenz wird nach den Anfangsworten des lateinischen Kommentars „Granum sinapis" genannt; in Ruh, 1990, Bd. III: 283–285; von „der Wüste Fußspur" ist in der VII. Strophe die Rede: 285.
23 Nietzsche, 1999, Bd. 10, Nachlaß 1882–1884: 30.
24 AaO, Bd. 12, Nachlaß 1885–1887: 138.

eminente Folgen hat – aber diese Folgen sind im Unterschied zu Wirkungen als Früchte zu beschreiben.

Diese Unterscheidung von *Früchten und Wirkungen* ist von erheblichem Gewicht: In der Glaubensbeziehung ist der Zusammenhang von Ursache und Wirkung außer Kraft gesetzt – und das ist höchst herausfordernd und befreiend zugleich –, es gibt keine Berechenbarkeit und Verfügbarkeit, es zählt nicht das Gesetz des Tuns, des Werkes, der Leistung!

Zweifellos hat der Glaube Früchte; diese Früchte sind unverfügbar und etwas anderes als durch zielführende Handlungen zu erreichende und zu berechnende Wirkungen.

„Es gibt nicht nur den Nutzen, es gibt auch den Segen!"[25]

6. Lebenskräftige Spiritualität

Grundlegend für eine lebenskräftige Spiritualität ist die ganzheitliche Sicht des Menschen in seiner leiblichen, seelischen und geistigen Existenz, wie sie uns in der Bibel begegnet, in der christlichen Tradition aber durchaus auch vergessen werden konnte.

Leib, Seele und Geist des Menschen sind untrennbar miteinander verbunden, konstituieren den Menschen in seiner Personalität. Es ist immer die eine Person, in deren Erleben leibliche, seelische, geistliche Erfahrungen verbunden sind, sich durchdringen und bedingen. Der seelische Schmerz einer Trauer hat unweigerlich geistig-geistliche Dimensionen wie auch leibliche; eine Lebensverzweiflung am Sinn des Lebens und am Mitsein Gottes, das Leiden an seinem Nichteingreifen, am Nichtsehen des Glaubens und erlittener Erfahrungslosigkeit hat seelische wie leibliche Erfahrungsdimensionen, und eine Krankheit des Leibes drückt sich ebenso im seelischen und geistlichen Erleben des Menschen aus.

Der Zusammenklang des leiblich-seelisch-geistigen Erlebens bestimmt die Erfahrungswelt der einen Person und ist auch in der Begleitung der Erfahrung von Bedrängnis, Anfechtung und geistlicher Trockenheit in den Blick zu nehmen.

25 Piper, 2007: 80.

7. In der Gebetsschule Jesu und der Psalmen

Insbesondere der Evangelist Lukas berichtet davon, dass sich Jesus immer wieder zum Gebet zurückzieht, früh am Morgen, abends, manchmal eine ganze Nacht lang. In der ausdrücklichen Formulierung „im Gebet zu Gott" (Lk 6,12) wird die auch ringende Intensität betont.

Die in der Tradition höchst folgenreiche Aufforderung Jesu an seine Jünger „allezeit zu beten" (Lk 18,1) ist markant verbunden mit dem Gleichnis von der bittenden, genauer: ringenden Witwe (Lk 18, 1–8). Sie lässt nicht locker, bis der Richter endlich Recht spricht, wenn schon nicht aus Einsicht, so aber doch aus Angst vor öffentlicher Beschämung durch die Witwe, die ihn so bestürmt, dass er befürchtet, geohrfeigt zu werden. In dem Gleichnis wird nun nicht Gott zu dem Richter in Beziehung gesetzt, wohl aber die Gebetssituation der Jünger zu der Rechtssituation der Witwe. So kann es den Betenden ergehen: sie fühlen sich ohnmächtig, nicht gehört, als würden sie ins Leere sprechen. Jesus fordert sie auf „dran zu bleiben", sich Tag und Nacht an Gott zu wenden und zu halten, daran festzuhalten, dass Gott mein Gott ist.

Damit stimmt Jesus in die Gebetshaltung der Psalmisten ein: Die Beter wenden sich nicht von Gott ab, sondern bringen auch und gerade das ins Gespräch mit Gott, was ihre Trostbedürftigkeit ausmacht, ihnen weh tut, was Vertrauen und Zuversicht eigentlich hindert und zu zerstören droht:

Wie der Hirsch schreit nach frischem Wasser, so schreit meine Seele Gott zu dir ... Meine Tränen sind meine Speise Tag und Nacht. (Psalm 42,2.4)

Das Wasser geht mir bis an die Kehle, ich versinke in tiefen Schlamm, wo kein Grund ist; ich bin in tiefe Wasser geraten und die Flut will mich ersäufen. (Psalm 69,2–3)

Meine Seele ist übervoll an Leiden und mein Leben ist nahe dem Tode. (Psalm 88,4)

In den Psalmen wird keine Metaphysik des Gebetes geboten, auch keine Erklärung der Nachterfahrungen des Lebens gesucht, Fragen nach dem Woher und Warum bleiben unbeantwortet, werden kaum gestellt; allerdings finden diese Nachterfahrungen in den vielfältigen Formen der Klage und Bitte Ausdruck im Lebensgespräch mit Gott – und werden so dem drohenden lähmenden Verstummen und Erstarren im Leid und der tödlichen Isolation entrissen. Gott bleibt zuständig und ansprechbar auch da, wo die Situation gegen ihn zu sprechen scheint, wo das Leid so unbegreiflich ist, wie Gott selbst. Dadurch, dass die Lebens-, Seelen- und Glaubensnot Ausdruck erhält – und das ist ein wirkliches Ringen und manchmal ein nacktes Harren auf Gott –, erfährt sie eine Verwandlung, verändert sich vielleicht nicht die leidverursachende Situation, aber – und das ist eine wesentliche Dimension des Trostes – das Leiden am Leiden.[26] Der Mensch bleibt mit allem, was ihn betrifft, in Beziehung mit und zu dem absoluten Geheimnis, das wir Gott nennen. So begegnet in den Psalmen oft eine dynamische Veränderung der Gestalt, dass nach Schilderung von Not und Klage, neue Zuversicht, ja Dank und Vertrauen Ausdruck finden.

Auch im Leben Jesu gibt es intensive Anfechtungserfahrungen. In seinem Bemühen, Gottes Liebe menschlich spürbar werden zu lassen, gerät er bis in eine Gottesverfinsterung von kosmischen Ausmaßen und stirbt im Zerbrechen aller Worte mit einem lauten Schrei.

Kurz vor diesem Abgrund spricht er die Jünger als diejenigen an, die bei ihm ausgeharrt haben in seinen Anfechtungen (Lk 22,28). In aller Bedrängnis, Nacht und Anfechtung sind wir verbunden mit Jesus – er an unserer Seite, wir an seiner Seite – und einbezogen in das Geheimnis der Verwandlung, das sich in seiner Auferstehung schon vollzogen und in der Weltzeit begonnen hat.

In lyrischer Verdichtung bringt Jochen Klepper in seinem *Trostlied am Abend* den vollen Ernst der Anfechtung und den starken Trost darin so zum Ausdruck:

„*In jeder Nacht, die mich umfängt, darf ich in deine Arme fallen, und du, der nichts als Liebe denkt, wachst über mir, wachst über allen. Du birgst mich in der Finsternis. Dein Wort bleibt noch im Tod gewiß.*"[27]

---

26 vgl. dazu Stolina, 2012: 8–37.
27 Klepper, 2008, 53.

Literatur

Bäumer R, Plattig M (Hrsg.): *Dunkle Nacht und Depression. Geistliche und psychische Krisen verstehen und unterscheiden.* Ostfildern: Grünewald, 2008.

Ebeling G: Die Klage über das Erfahrungsdefizit in der Theologie als Frage nach ihrer Sache. In: Ebeling G (Hrsg.). *Wort und Glaube III.* Tübingen: Mohr Siebeck, 1975: 3–28.

Ebeling G: *Luther. Einführung in sein Denken.* Tübingen: Mohr Siebeck, 1981.

v. Hofmann G (Hrsg.): *Johannes Tauler: Predigten*, Freiburg 1961; Neudruck mit einer Einführung von A.M. Haas, 2 Bde., Einsiedeln: Johannes Verlag, 1987.

Johannes vom Kreuz: *Die Dunkle Nacht.* Dobhan U, Körner R (Hrsg.): Freiburg: Herder, 1995.

Klepper J: *Ziel der Zeit.* Bielefeld: Luther-Verlag, 2008.

Luther M: *Kritische Gesamtausgabe.* Weimar: Böhlau, 1883 ff (Weimarer Ausgabe).

Luther M: *Ausgewählte Schriften, Bd. I-VI.* Bornkamm K, Ebeling G (Hrsg.), Frankfurt: Suhrkamp, 1995.

Merton T: *Contemplative Prayer.* New York 1996; deutsche Ausgabe: *Wahrhaftig beten.* Freiburg Schweiz: Paulusverlag, 1971.

Nietzsche F: *Kritische Studienausgabe in 15 Bänden.* Colli G & Montinari M (Hrsg.), Neuausgabe München: de Gruyter, dtv, 1999.

Piper J: *Muße und Kult.* Neuausgabe München: Kösel, 2007.

Plattig M, Stolina R (Hrsg.): *TrostErkundungen.* Ostfildern: Grünewald, 2012.

Rahner K: Glaubensvollzug und Glaubenshilfe heute. In: Franz Xaver Arnold und Karl Rahner (Hrsg.): *Handbuch der Pastoraltheologie*, Bd. III, Freiburg: Herder, 1966: 518–527.

Ruh K: *Geschichte der abendländischen Mystik*, Bd. I–IV, München: C.H. Beck, 1990.

Ruh K: Granum sinapis: In: Ruh K (Hrsg.): *Geschichte der abendländischen Mystik*, Bd. III. München: C.H. Beck, 1996: 283–285.

von Sales F: *Philothea. Anleitung zum frommen Leben.* Eichstätt: Franz-Sales-Verlag, 2007.

Stolina R: *Niemand hat Gott je gesehen. Traktat über negative Theologie*, Berlin: de Gruyter, 2000.

Stolina R: Gebet – Meditation – Anfechtung. Wegmarken einer theologia experimentalis. *Zeitschrift für Theologie und Kirche* 2001; 98: 81–100.

Stolina R: Nachterfahrungen, In: Bäumer R, Plattig R (Hrsg.): *Dunkle Nacht und Depression*, 2. Aufl. Mainz: Matthias-Grünewald, 2010: 22–57.

Stolina R: „Getröstet wunderbar" – vom Geheimnis des Trostes, In: Plattig M, Stolina R (Hrsg.): *TrostErkundungen*. Ostfildern: Grünewald, 2012.

v. Vetter F (Hrg.): *Johannes Tauler: Die Predigten Taulers aus der Engelberger und der Freiburger Handschrift sowie aus Schmidts Abschriften der ehemaligen Straßburger Handschriften*, DTMA 11, Berlin: Weidmannsche Buchhandlung, 1910.

Wittgenstein L: Zettel. In: von Wright GH, Anscombe GEM (Hrsg.): *Bemerkungen über die Philosophie der Psychologie*. Werkausgabe Bd. 8, Frankfurt: Suhrkamp, 1984: 259–443.

Arndt Büssing

Geistliche Trockenheit bei Seelsorgern und Ordens-Christen

1. Hintergrund

Spirituelle Auseinandersetzungen oder Phasen geistlicher Trockenheit als spezifische Formen einer Krise auf dem Lebens- und Glaubensweg können die Lebensorientierung und Sinnkonzepte der Betroffenen beeinträchtigen. Dies ist vermutlich besonders bedeutsam für Personen, die seelsorglich für andere arbeiten und ihr Leben auf Gott ausrichten. Wie sollen sie Halt geben, wenn ihnen dieser selber abhandengekommen ist oder die Beziehung zu Gott brüchig wurde?

Phasen spiritueller Unsicherheiten, des Zweifels oder Empfindungen des Verlassenseins von Gott sind jedoch kein exklusives Phänomen bestimmter Heiliger, wie z. B. Teresa von Ávila (1515–1582), Johannes vom Kreuz (1542–1591), Therese von Lisieux (1873–1897) oder Mutter Teresa (1910–1997), sondern treten wohl bei (fast) allen Gott-Suchenden auf.[1,2] Der Theologe Karl Rahner (1904–1984) hielt dieses Erleben sogar für eine notwendige Erfahrung:

> *„Du sollst spüren, daß du gar nicht fällst, wenn du deine Angst um dich, und dein Leben aufgibst, gar nicht fällst, wenn du losläßt, gar nicht verzweifelt bist, wenn du endlich verzweifelst an dir, deiner Weisheit und Stärke und an dem falschen Bilde Gottes, das dir entrissen wird. Wie durch ein Wunder, das täglich neu geschehen muß, wirst du inne werden, daß du bei ihm bist. Du wirst plötzlich erfahren, daß deine Gottferne in Wahrheit nur das Verschwinden der Welt vor dem Aufgang Gottes in deiner Seele ist, daß die Finsternis nichts ist als Gottes Helligkeit, die ‚keinen Schatten wirft, und deine*

---

1 vgl. Ott, 1982.
2 vgl. Lüttich, 2004.

Ausweglosigkeit nur die Unermeßlichkeit Gottes, zu dem es keine Wege' braucht, weil er schon da ist."³

Ein empfundenes Verlassensein von Gott, der vorher seine Nähe gezeigt hat, geistige Kämpfe und Trostlosigkeit (desolación) sind klassische Themen in der religiösen Literatur. Als „Dunkle Nacht der Seele" hat Johannes vom Kreuz (Juan de la Cruz, 1542–1591) einen spirituellen Läuterungsprozess beschrieben,[4] der als schmerzliche Phase des Verlustes beschrieben ist, der den Gott-Suchenden „reinigt" und auf das Wesentliche zurückwirft. Diese Phase ist jedoch eher als ein Prozess aufzufassen, der unterschiedliche Verläufe und Zeiten hat.[5] Dunkle Nacht ist somit keine Stufe, die man im Rahmen einer Ich-Entwicklung erreichen müsste; sie ist weder Vorläufer noch Folgezustand eines bestimmten spirituellen Reifezustandes – sie kann jeden treffen.[6]

Aus theoretischen Erwägungen könnte man zwei Aspekte unterscheiden: Die *Verdüsterung* oder *Finsternis* auf der einen und die *Verdunkelung* oder *Dunkelheit* auf der anderen Seite (Tabelle 1). Der Finsternis fehlt die Perspektive des kommenden Morgens, der der Dunkelheit innewohnt. Wenn das eine Leere ist, der das Ziel abhandengekommen ist, dann ist das andere ein Läuterungsprozess, der Gott als Ziel hat. In der Finsternis herrscht die Resignation vor, weil das ICH nicht mehr weiterweiß und verfangen ist im Alltagseinerlei und Gott unmerklich aus dem Leben „herausfiel", auch weil das Gott-Idol nicht auf die Aufforderung reagiert, in „unser" Leben einzutreten. Zur Verdunkelung gehört die Akzeptanz, dass Gottes Wille geschehe (Mt. 26,39b), dass Ihm die Führung in der Dunkelheit überlassen wird und dass ER einlädt. Auch wenn Gott fern sein mag oder sogar ganz verloren gegangen zu sein scheint, Er ist immer noch als Spur vorhanden. Das eine führt zur Distanzierung von Gott, das andere erinnert die Nähe, die ersehnt wird. Die Verdüsterung mag mit einem individuellen und vielleicht auch gesellschaftlichen Desinteresse an Gott einhergehen. Die Verdunkelung als Prozess ist

---

3 Rahner, 1993: 4.
4 vgl. Johannes vom Kreuz, 2013.
5 vgl. Körner, 2015.
6 vgl. Cronk, 1993.

jedoch nicht notwendigerweise mit emotionaler Erschöpfung und Depressivität assoziiert, aber sie können dennoch begleitend auftreten. Eine Abgrenzung beider Seiten ist schwer, da die Übergänge fließend sein können. Hier hilft nur eine gründliche „Unterscheidung der Geister". Geistliche Trockenheit kann somit einen möglichen Scheideweg kennzeichnen, der entweder zu depressiver Symptomatik, geistlicher Verzweiflung bis hin zum Glaubens-Verlust führt oder zu geistlichem Wachstum.

Tabelle 1: Schematische Differenzierung theoretischer Konzepte im Kontext Geistlicher Trockenheit

Verdüsterung/Finsternis	Verdunkelung/Dunkelheit
• Leere → das Ziel ging verloren • Resignation → ICH weiß nicht mehr weiter • Gott soll in „unser" Leben kommen • Vermeidung und Distanzierung von Gott	• Läuterung → Gott als Ziel („Gott ruft") • Akzeptanz → Führung wird GOTT überlassen • Gott lädt ein • Sehnsucht nach Gott

Um hier weitere Einblicke zu bekommen, wurde die *Spiritual Dryness Scale* (SDS) entwickelt, die unterschiedliche Symptome geistlicher Trockenheit operationalisiert.[7] Dieses Instrument nutzt 6 Items, die eine gute interne Konsistenz aufweisen (Cronbachs alpha = .87), und misst mit einer 5-stufigen Skalierung die Häufigkeit der entsprechenden Erfahrungen, Empfindungen und Reaktionen. Zunächst wird das generelle Erleben von Zeiten geistlicher Trockenheit thematisiert, dann Gefühle, dass das eigene Beten ganz ohne Antwort bleibt sowie dass Gott fern ist, wie sehr man sich auch um ihn bemüht. Eine extremere Erfahrung ist das Gefühl, von Gott ganz und gar verlassen zu sein. Mit diesen Empfindungen können Zustände der emotionalen und spirituellen „Leerheit" einhergehen, die mit zwei Aussagen erfasst werden („Ich habe das Gefühl, geistlich leer zu sein"; „Ich kenne das Gefühl, nicht mehr viel geben zu können"). Diese Empfindungen orientieren sich an den „dunklen Erfahrungen" aus dem Lebensbericht von Mutter Teresa aus Kalkutta (Agnes Gonxha Bojaxhiu,

[7] Büssing et al., 2013.

1910–1997).[8] Mit drei zusätzlichen Items wird erfasst, ob Wege gefunden wurden, mit diesen Gefühle umgehen zu können (Coping), und welche Reaktionen im Sinne einer spirituellen Transformation anschließend erfahren werden: größerer Ansporn anderen zu helfen und/oder größere geistige Klarheit und Tiefe.

Im Folgenden sollen empirische Befunde zu Geistlicher Trockenheit (erfasst mit der *Spiritual Dryness Scale*) dargestellt und diskutiert werden. Datengrundlage sind Querschnittserhebungen unter 1) Katholischen Seelsorgern (N = 8.602; 75 % Männer, 25 % Frauen; 48 % Priester, 12 % Diakone, 18 % Pastoral-ReferentInnen, 22 % Gemeinde-ReferentInnen) aus der Deutschen Seelsorgestudie,[9] und 2) Ordens-Christen (N = 629; 52 % Männer, 48 % Frauen; Altersmittel: 61 ± 14 Jahre [Altersspanne: 25–93 Jahre], 78 % eher caritativ, 22 % eher kontemplativ).[10] Es soll hier fünf Hauptfragen nachgegangen werden:

1. Wie häufig werden Phasen Geistlicher Trockenheit erlebt?
2. Besteht ein Zusammenhang zwischen Geistlicher Trockenheit und der Wahrnehmung des Heiligen?
3. Was sind Auslöser und was verstärkende Faktoren („Prädiktoren")?
4. Welche Strategien sind hilfreich im Umgang mit diesem Erleben?
5. Welche Reaktionen treten nach ihrer Überwindung auf?

2. Häufigkeit des Erlebens von Phasen Geistlicher Trockenheit

Phasen Geistlicher Trockenheit werden von 12–14 % der Seelsorger (m/w) und Ordens-Christen (m/w) häufig bzw. regelmäßig erlebt, von 46–54 % gelegentlich, von 27–36 % selten und von 5–6 % gar nicht (Tabelle 2). Entsprechend hoch sind die Empfindungen einer emotionalen und spirituellen „Leerheit". Das Empfinden, dass das eigene Beten ohne Antwort bleibt, ist bei 6–8 % der Seelsorger und Ordens-Christen

---

8 vgl. Kolodiejchuk, 2007.
9 Baumann et al., 2017.
10 Büssing et al., Veröffentlichung in Vorbereitung.

häufig bis regelmäßig vorhanden, bei 10–11% gelegentlich, bei 34–42% selten und bei 21–28% gar nicht. Aber von Gott verlassen fühlen sich maximal 1–3% häufig bzw. regelmäßig, 10–11% gelegentlich, 25–32% selten und 56–63% gar nicht. Die Antwortmuster bei Seelsorgern und Ordens-Christen sind somit ähnlich (Tabelle 2).

Tabelle 2: Ausprägung von Symptomen geistlicher Trockenheit bei katholischen Seelsorgern (m/w) und Ordens-Christen (m/w)

	Häufigkeit (% der Gruppe)				
	gar nicht	selten	gelegentlich	häufig	regelmäßig
Katholische Priester (n = 3.824)[11]					
Ich habe das Gefühl, dass Gott mir fern ist, wie sehr ich mich auch um ihn bemühe.	41	38	17	4	1
Ich habe das Gefühl, dass mein Beten ganz ohne Antwort bleibt.	21	40	31	7	1
Ich habe das Gefühl, von Gott ganz und gar verlassen zu sein.	58	29	11	2	0
Ich erlebe Zeiten geistlicher Trockenheit.	6	36	46	10	2
Ich habe das Gefühl, geistlich leer zu sein.	22	37	31	9	2
Ich kenne das Gefühl, nicht mehr viel geben zu können.	12	37	38	11	2
Nicht-ordinierte katholische Seelsorger (n = 4.427)[12]					
Ich habe das Gefühl, dass Gott mir fern ist, wie sehr ich mich auch um ihn bemühe.	44	38	14	3	1
Ich habe das Gefühl, dass mein Beten ganz ohne Antwort bleibt.	21	42	30	6	1
Ich habe das Gefühl, von Gott ganz und gar verlassen zu sein.	56	32	11	1	0
Ich erlebe Zeiten geistlicher Trockenheit.	6	34	48	10	2
Ich habe das Gefühl, geistlich leer zu sein.	24	38	30	7	1
Ich kenne das Gefühl, nicht mehr viel geben zu können.	13	36	41	8	2

11 Büssing et al., 2017a.
12 Büssing et al., 2016.

	Häufigkeit (% der Gruppe)				
	gar nicht	selten	gelegentlich	häufig	regelmäßig
Ordens-Christen (n = 592)					
Ich habe das Gefühl, dass Gott mir fern ist, wie sehr ich mich auch um ihn bemühe.	34	33	28	4	2
Ich habe das Gefühl, dass mein Beten ganz ohne Antwort bleibt.	27	35	32	5	2
Ich habe das Gefühl, von Gott ganz und gar verlassen zu sein.	62	26	10	2	1
Ich erlebe Zeiten geistlicher Trockenheit.	5	27	55	11	3
Ich habe das Gefühl, geistlich leer zu sein.	21	36	34	7	2
Ich kenne das Gefühl, nicht mehr viel geben zu können.	13	33	39	12	3

Die häufigsten Antwortmuster sind fett hervorgehoben.

Diese sechs Einzelaussagen lassen sich zu einem Score verrechnen (Score der SDS-Skala). Bei den katholischen Seelsorgern aus der Seelsorgestudie und den Ordens-Christen zeigten sich im Rahmen von Varianzanalysen für die Geistliche Trockenheit in Bezug auf die Personengruppen signifikante Ausprägungs-Unterschiede (Tabelle 3), wobei die Diakone hier die geringste Ausprägung aufwiesen. Signifikante Geschlechts-assoziierte Unterschiede (über alle Gruppen hinweg) ließen sich nicht finden (F = 0.1), ebenso zeigten sich keine signifikanten Unterschiede zwischen Personen mit und ohne Ordenszugehörigkeit (F = 0.1). Signifikante Zusammenhänge mit dem Alter ließen sich zwar bei den katholischen Priestern finden (wobei insbesondere die jüngeren etwas höhere Scores aufwiesen als die älteren),[13] nicht aber bei den nicht-ordinierten Seelsorgern.[14] Ebenso für die untersuchten Ordens-Christen (m/w) fanden sich keine signifikanten Alters-assoziierten Unterschiede (F = 0.9).

13 Büssing et al., 2017a.
14 Büssing et al., 2016.

Tabelle 3: Ausprägung der Wahrnehmung des Heiligen und Geistlicher Trockenheit bei katholischen Seelsorgern (m/w) und Ordens-Christen (m/w) (zusammengefügt zu einem gemeinsamen Datensatz)

		Geistliche Trockenheit (Spannweite 1–5)	Wahrnehmung des Heiligen (Spannweite 6–36)	Korrelation
Alle Personen (N = 8.813)	Mittelwert	2.19 (0.00)*	24.83 (0.00)	−.51**
	Standardabweichung	0.64 (1.00)	5.09 (1.00)	
Gruppen				
Priester (n = 3.813)	Mittelwert	2.21 (0.03)	24.97 (0.03)	−.53
	Standardabweichung	0.66 (1.03)	5.18 (1.02)	
Diakone (n = 1.039)	Mittelwert	2.08 (−0.17)	25.49 (0.13)	−.51
	Standardabweichung	0.64 (1.00)	4.71 (0.92)	
PastoralreferentInnen (n = 1.513)	Mittelwert	2.20 (0.02)	23.73 (−0.21)	−.51
	Standardabweichung	0.62 (0.96)	4.95 (0.97)	
GemeindereferentInnen (n = 1.855)	Mittelwert	2.19 (0.00)	24.49 (−0.07)	−.50
	Standardabweichung	0.61 (0.96)	4.82 (0.95)	
Ordens-Christen (n = 593)	Mittelwert	2.25 (0.10)	26.60 (0.35)	−.40
	Standardabweichung	0.66 (1.02)	5.64 (1.11)	
F-Wert		9.81	42.51	
p-Wert		< 0.0001	< 0.0001	
Ordenszugehörigkeit				
Nein (n = 7.304)	Mittelwert	2.19 (0.00)	24.55 (−0.05)	−.53
	Standardabweichung	0.64 (1.00)	5.00 (0.98)	
Ja (n = 1.346)#	Mittelwert	2.18 (−0.01)	26.37 (0.30)	−.41
	Standardabweichung	0.64 (1.00)	5.25 (1.03)	
F-Wert		0.11	147.10	
p-Wert		n. s.	< 0.0001	

* Werte in Klammern sind standardisierte z-Faktorenwerte, die alle einen vergleichbaren Mittelwert (0,00) und Standardabweichung (1,00) haben, sodass Variablen-Unterschiede zwischen den Gruppen besser verglichen werden können.
** p < 0.001 (Spearman rho)
*** In der Deutschen Seelsorgestudie haben 753 Personen mit Ordenszugehörigkeit den Fragebogen zur Geistlichen Trockenheit ausgefüllt (66 % Priester, 8 % Diakone, 9 % PastoralreferentInnen, 17 % GemeindereferentInnen; 78 % Männer, 22 % Frauen). Diese wurden gemeinsam mit 593 Ordens-Christen (52 % Männer, 48 % Frauen) untersucht, die den Fragebogen zur Geistlichen Trockenheit ebenfalls ausgefüllt hatten.

Das heißt, Geistliche Trockenheit wird bei religiösen Personen zwar überwiegend in ähnlicher Ausprägung erlebt, jedoch lassen sich Personengruppen identifizieren, die höhere Ausprägungs-Scores als die Mehrheit aufweisen – diese sind aber nicht einfach auf Unterschiede im Geschlecht oder Alter zurückzuführen. Welche Einflussgrößen dies sein könnten, soll im Folgenden erörtert werden.

Schaut man sich die Spannweiter der Ausprägung geistlicher Trockenheit an, dann würden Personen mit SDS-Scores > 2,83 (entsprechend 1 Standardabweichung über dem Mittelwert der Gruppe) somit als „auffällig" in Bezug auf dieses Erleben angesehen werden können, was einem Anteil von 12 % entspricht. Hierbei soll es nicht um Pathologisierung gehen, sondern um eine Wahrnehmungsschärfung für Personen, die möglicherweise der begleitenden Unterstützung bedürfen.

Aber was ist mit denjenigen, die keinerlei „Probleme" mit ihrem Glauben haben, die „Unangefochten"[15] zu sein scheinen? Sind sie wirklich „erfolgreicher" in ihrem Glaubensleben und in ihrer Beziehung zu Gott? Oder kennen sie vielleicht nur die besseren Auswege (an Gott vorbei)?

3. Zusammenhang zwischen Geistlicher Trockenheit und der Wahrnehmung des Heiligen im Alltag

Wenn Geistliche Trockenheit mit der erlebten Ferne Gottes assoziiert ist, der auf das Bemühen des Betenden (scheinbar) nicht reagiert, dann würde der Gegenpol dieses Erlebens eine lebendige Wahrnehmung des Heiligen im Alltag sein. Dieses Erleben des Heiligen kann mit der *Daily Spiritual Experience Scale* (DSES-6) erfasst werden.[16] Mit einer 6-stufigen Skalierung wird die Häufigkeit erfasst, einerseits Gottes Gegenwart und Liebe zu spüren, sich Gott nahe zu fühlen und Kraft im Glauben zu finden, sowie andererseits von der Schöpfung berührt zu sein und inneren Frieden zu fühlen.

---

15 vgl. Luthers „*nulla tentatio omnis tentatio*" (frei übersetzt: Ohne Versuchung ist alles eine Versuchung; oder sinngemäß: Die größte Versuchung ist, wenn keine Versuchung vorliegt).
16 Underwood, 2011.

Bei den katholischen Seelsorgern (m/w) und Ordens-Christen (m/w) zeigten sich für diese Wahrnehmung des Heiligen (Score der DSES-6 Skala) signifikante Unterschiede in Bezug auf die Personengruppen, sowie darauf, ob sie einer Ordensgemeinschaft angehören oder nicht (Tabelle 3). Die höchsten Scores der Wahrnehmung des Heiligen fanden sich für Ordens-Christen (m/w) sowie für Diakone, die geringsten bei PastoralreferentInnen. Auch diese Befunde ließen sich nicht mit einer unterschiedlichen Verteilung der Geschlechter in den Gruppen begründen: hinsichtlich des Geschlechts zeigten sich über alle Personengruppen hinweg kein signifikanter Unterschied ($F < 0.1$). Jedoch hatten Personen mit Ordenszugehörigkeit signifikant höhere Scores für die Wahrnehmung des Heiligen (Tabelle 3). Hier könnte der geistlich „fokussiertere" Lebensstil bedeutsam sein.

Wie erwartet werden konnte, zeigte sich bei den Seelsorgern und Ordens-Christen moderat bis stark negative Zusammenhänge zwischen der Wahrnehmung des Heiligen und der Geistlicher Trockenheit (Tabelle 3). Das heißt, wer Geistliche Trockenheit erlebt, wird das Heilige in seinem Leben kaum mehr wahrnehmen; und im Umkehrschluss, wer das Heilige in seinem Leben bewusst wahrnimmt, wird wenig Geistliche Trockenheit empfinden. Das schließt aber nicht aus, dass jemand die Nähe Gottes in seinem Leben einmal erfahren hat, er oder sie diese nun aber trotzdem vermissen und Gott als abwesend erleben kann. Hier kommt einerseits das Motiv des (aktiven) „Entziehens" Gottes ins Spiel, andererseits das (passive) Herausfallen aus der Beziehung.

4. Auslöser und verstärkende Faktoren („Prädiktoren") von Phasen Geistlicher Trockenheit

Wenn sich also gezeigt hat, dass die Wahrnehmung des Heiligen und Geistlicher Trockenheit invers miteinander assoziiert sind, dann ist zu klären, welche weiteren Wahrnehmungen und Verhaltensweisen mit Geistlicher Trockenheit zusammenhängen. Es ist naheliegend, dass die Wahrnehmung des Heiligen positiv mit einem vitalen Gebetsleben als Ausdruck der „Beziehung" zu Gott sowie mit einer Lebensstimmigkeit (im Sinne des Kohärenzgefühls nach Antonovsky) assoziiert ist, während Geistliche Trockenheit mit depressiver

Symptomatik, emotionaler Erschöpfung, Stressempfinden, geringer Selbstwirksamkeitserwartung sowie fehlender sozialer Unterstützung einhergehen könnte.

Diese Zusammenhänge ließen sich für katholische Priester und nicht-ordinierte Seelsorger tatsächlich in unterschiedlichem Ausmaß bestätigen.[17,18] Da hier viele sowohl verstärkende als auch günstig beeinflussende Faktoren in Frage kommen, ist es wichtig, Prädiktoren zu identifizieren, die von vornehmlicher Bedeutung sind. Bei katholischen Priestern konnten im Rahmen von Regressionsanalysen (die die „hierarchische Relevanz" unterschiedlicher Einflussgrößen statistisch abbilden wollen) als wichtigster Prädiktor der Geistlichen Trockenheit eine eingeschränkte Wahrnehmung des Heiligen im Alltag (als Indikator der experientiellen Spiritualität) bestätigt werden, sowie als weitere Einflussgrößen Depressivität und emotionale Erschöpfung (als Indikatoren der emotionalen Belastung) und ein geringes Kohärenzgefühl (als Indikator geringer Lebensstimmigkeit).[19] Vergleicht man die wesentlichen Prädiktoren der Geistlichen Trockenheit bei Priestern und Pastoral-/GemeindereferentInnen aus der Seelsorgestudie miteinander (Tabelle 4), so zeigt sich, dass diese hinsichtlich ihrer Bedeutung nicht nur weitgehend identisch sind, sondern dass für beide Berufsgruppen die Selbstwirksamkeitserwartung und soziale Unterstützung als Ressourcen gleichermaßen (nicht signifikant) in den Hintergrund treten. Für die genannten wichtigsten Prädiktoren gibt es also kein priesterliches „Alleinstellungsmerkmal" – die nicht ordinierten SeelsorgerInnen sind ihnen hier ähnlich.

Das Erleben Geistlicher Trockenheit hat also eine klare depressive Komponente mit Schnittmenge zum Burnout als Belastungsfaktoren, während das Kohärenzgefühl als günstige internale Ressourcen angesehen werden könnte, das in der Begleitung weiter gestärkt werden sollte. Der bedeutsamste (inverse) Prädiktor war jedoch die Fähigkeit zur bewussten Wahrnehmung des Heiligen, die somit ebenfalls als zu unterstützende Ressource in Frage kommen würde (Abbildung 1). Wenn man das Kohärenzgefühl als *säkulare* Form der Lebensstimmigkeit bezeichnen würde, dann könnte man die Wahrnehmung des

---

17 Büssing et al., 2017a.
18 Büssing et al., 2016.
19 Büssing et al., 2017a.

Tabelle 4: Prädiktoren der Geistlichen Trockenheit bei Priestern und Pastoral-/ GemeindereferentInnen

Abhängige Variable: Geistliche Trockenheit (SDS)	Katholische Priester (n = 3.621) $F = 449.2$, $p < 0{,}0001$; $R^2 = .50$			Pastoral-/ Gemeinde-ReferentInnen (n = 3.333) $F = 302.9$, $p < 0{,}0001$; $R^2 = .42$		
	Beta	T	p	Beta	T	p
(Konstante)		33.461	<.0001		27.439	<.0001
Wahrnehmung des Heiligen (DSES-6)	−.374	−28.138	<.0001	−.381	−26.794	<.0001
Burnout (MBI)	.134	7.491	<.0001	.157	8.486	<.0001
Depressivität (BSI)	.215	11.520	<.0001	.163	8.808	<.0001
Ängstlichkeit (BSI)	−.052	−3.052	.002	−.040	−2.320	.020
Stressempfinden (PSS)	.070	3.991	<.0001	.049	2.596	.009
Kohärenzgefühl (SOC-13)	−.157	−9.129	<.0001	−.154	−8.099	<.0001
Selbstwirksamkeitserwartung (SWE)	−.012	−.832	.405	−.003	−.190	.850
Soziale Unterstützung (FSozU)	−.006	−.484	.628	.002	.116	.907

Regressionsanalyse (Variablen-Einschluss listenweise); Variablen mit Beta-Wert > 0.1 im Modell sind fett hervorgehoben

Heiligen als *spirituelle* Lebensstimmigkeit ansehen; beide sind zwar moderat miteinander assoziiert (r = .31 bei den 8.222 SeelsorgerInnen der Seelsorgestudie), aber konzeptionell unterschiedlich.

Bei katholischen Priestern und nicht-ordinierten Seelsorgern zeigte sich zudem ein moderat positiver Zusammenhang zwischen der Wahrnehmung des Heiligen und Ehrfurcht/Dankbarkeit auf der einen Seite sowie mit ihrer religiösen Praxis (privates Gebet, Meditation im christlichen Stil, Eucharistiefeier, Teilnahme an religiöse Veranstaltungen etc.; erfasst mit der entsprechenden Subskala des

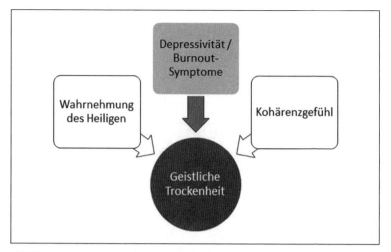

Abbildung 1: Wichtige positive und negative Prädiktoren der geistlichen Trockenheit

SpREUK-P Fragebogens) auf der anderen Seite.[20] Hier drückt sich auf der einen Seite eine Empfindungsfähigkeit (Ehrfurcht und Dankbarkeit) aus, aber auch ein Resonanz auf das Erleben des Heiligen im Leben in Form religiöser Praxis.

Wer Geistliche Trockenheit erlebt, engagiert sich jedoch entweder weniger im Rahmen religiöser Praxis (was dem Konstrukt inhärent ist, wenn das Beten scheinbar ohne Antwort bleibt und Gott ferne erscheint) oder kompensierend besonders intensiv; und vielleicht empfinden auch viele das Besondere im Leben nicht mehr (was mit geringer Ehrfurcht und Dankbarkeit assoziiert ist), weil alles leer und Gott-los zu sein scheint. Bei Orden-Christen (m/w) ließ sich jedoch nicht bestätigen, dass diejenigen, die hohe Scores an Geistlicher Trockenheit aufweisen, eine signifikant andere Gebetshäufigkeit (sowohl Stundengebet als auch „privates" Gebet) hätten als diejenigen mit unauffälligen Scores; andererseits lässt sich auch nicht bestätigen, dass diejenigen, die wenig Geistliche Trockenheit erfahren, mehr beten würden, wodurch sie mehr „geschützt" seien ($r < 0{,}2$). Bei katholischen Priestern der Seelsorgestudie würde man für das „private" (spontane) Gebet zumindest einen schwach negativen Zusammenhang mit Geistlicher Trockenheit finden ($r = -.27$; $p < 0{,}0001$); wer als

---

20 Büssing et al., 2017a.

Priester geistliche ausgetrocknet ist, wir also eher weniger beten. Mit einem verordneten „mehr" an religiöser Praxis wird man den dunklen Erfahrungen also vermutlich nicht angemessen begegnen können, denn wer sich seiner Beziehung zu Gott nicht mehr sicher ist, wird sicherlich weniger Freude am Gebet haben. Dennoch: Wer betet, ist noch in Kontakt. Dieses *Verbleiben im Gebet* könnte bei einigen zwar eine Gewohnheit (aus Pflicht) sein, bei anderen aber auch ein Indikator für Beharrlichkeit (Ps 42,6b: „Harre auf Gott; denn ich werde ihm noch danken") und des Bewusstseins, dass Gott auch in den trockenen Phasen da ist und wartet. Karl Rahner empfahl daher, das Gebet Jesu im Garten Gethsemane, zu teilen – wie eine Notation:

„Wenn wir mit dem Sohne beten und in der müden Finsternis unseres Herzens ihm sein Gebet im Garten nachsprechen. Im reinen Glauben. Kein Sturm des Entzückens wird sich zunächst erheben, wenn seine Worte geheimnisvoll irgendwo in der Tiefe unseres Herzens wieder als unsere Worte aufstehen. Aber die Kraft wird reichen. Jeden Tag wird sie gerade reichen. Solange es Gott gefällt."[21]

Es mag in der Tat sein, dass einem religiösen Menschen im Laufe der Zeit die Leidenschaft verloren geht und die Nähe Gottes auch gar nicht mehr als so wichtig angesehen wird, weil es auch ganz gut so ist, wie es gerade läuft: Der „neue Himmel" und die „neue Erde" (2. Petr 3,13) können noch ein bisschen warten. Diese Form der Trägheit (im Sinne von Überdruss und Langeweile) soll hier weniger in den Kontext von Sünde gebracht werden, sondern von „Nachlässigkeiten" (Acedia) aus depressiver Verstimmtheit, Überforderung oder gar Langeweile im geistlichen Leben. Der Trappist Bernardo Olivera sprach von einer „Traurigkeit, die das Verlangen nach Gott zersetzt", von einem „Übel [...], das uns auf unserer Gottsuche und bei unserer Begegnung mit Gott in die Quere kommt, uns blockiert, uns vom Weg abbringt".[22] Traurigkeit ist zwar kein Grundcharakteristikum der „Nachlässigkeit", kann aber damit einhergehen. Ebenso kann der Wunsch nach Veränderung (aus Langeweile), nach etwas anderem, was den Geist wieder anzieht, ein Indikator sein. Eigentlich geht es hierbei um eine Vermeidung der Begegnung mit Gott – also um das

---

21 Rahner, 1993: 5.
22 http://www.aimintl.org/de/2015-05-29-13-29-50/bulletin-96/acedie

Gegenteil der „Dunklen Nacht" des Johannes vom Kreuz, bei der Gott gegen alle inneren Widerstände geduldig gesucht wird.

Bei einer Gruppe von 179 Ordens-Christen (m/w) sollten bestimmte Charakteristika dieser „Nachlässigkeiten" operationalisiert und messbar gemacht werden. Hierbei ging es nicht um eine „Acedia-Diagnostik", sondern um Indikatoren, die in diesem Kontext gesehen und zur weitergehenden Erklärung der Geistlichen Trockenheit herangezogen werden könnten. Das vorläufige Messinstrument nutzt 11 Aussagen mit akzeptabler interner Konsistenz (Cronbachs alpha =.74), die auf einer 5-stufigen Zustimmungs- bzw. Ablehnungsskala beurteilt werden können. Die Aussagen korrelieren in unterschiedlichem Ausmaß mit Geistlicher Trockenheit (Tabelle 5). Im Vordergrund stehen hier ein wenig erfüllendes Gebetsleben, wenig Freude am geistlichen Leben und das Empfinden, dass alles zu viel geworden ist, oder auch gar nicht zu wissen, was Gott von einem will, sowie dass es eigentlich egal ist, ob man im Gebet zu Gott findet oder nicht. Die Zustimmung zu den meisten dieser (überwiegend sozial wenig erwünschten) Empfindungen und Verhaltensweisen ist im Mittel eher gering, jedoch gibt es hier sehr wohl größere Gruppen, die solche Empfindungen bzw. Verhaltensweisen durchaus öfters aufweisen (z. B. in Bezug auf das Verpassen von Gebetszeiten, auf das Beten ohne innere Anteilnahme, das Empfinden der Gebetszeiten als lästige Pflicht, wenig begeisterndes Gebetsleben, Überforderung durch Gott, Unklarheit über Gottes Wille). Bei vielen trat zudem der Wunsch auf, sich Zeiten für kreative Tätigkeiten nehmen zu können (34% häufig bis regelmäßig) oder lieber alleine und in Stille als in Gemeinschaft zu beten (37% häufig bis regelmäßig); anderen war es weitgehend egal, was die anderen von ihrem Gebetsleben halten (39% häufig bis regelmäßig). Diese „eigenwilligen" Bedürfnisse zeigten jedoch keinen relevanten Zusammenhang mit Geistlicher Trockenheit – sie schützen also nicht generell vor den Empfindungen (obschon ein Rückzug in die Stille im Einzelfall sehr wohl hilfreich sein kann!).

Tabelle 5: Korrelationen zwischen Geistlicher Trockenheit und Acedia-Indikatoren bei 179 Ordenschristen (m/w)

Einzel-Items	Zustimmungs-Scores (MW ± SD; Range 1–5)	Korrelation mit Geistlicher Trockenheit (SDS)
1 Mein Gebetsleben ist reich und erfüllend.	3,72 ± 0,72	–.361**
2 Im Gebet bin ich eher passiv und ohne innere Anteilnahme.	2,56 ± 0,73	.208**
3 Meine Gebetszeiten empfinde ich als lästige Pflicht.	2,02 ± 0,89	.202**
4 Im Gebet bin ich konzentriert und präsent vor Gott.	3,35 ± 0,76	–.292**
5 Mein Gebetsleben begeistert mich nicht mehr so sehr.	2,11 ± 0,91	.309**
6 Es ist mir eigentlich egal, ob ich im Gebet zu Gott finde oder nicht.	1,54 ± 0,95	.302**
7 Ich verpasse die (gemeinsamen) Gebetszeiten, da ich so viel zu tun habe.	2,19 ± 0,96	.131
8* Es ist mir egal, was die anderen von meinem Gebetsleben halten	2,95 ± 1,33	–.028
10 So richtig Freude macht mir noch weniges in meinem geistlichen Leben.	1,78 ± 0,75	.387**
11* Ich nehme mir gerne Zeiten für mich, um mich kreativer Tätigkeit zu widmen.	2,95 ± 1,08	–.066
12* Mir ist das private Gebet in Stille lieber als das Gebet in Gemeinschaft.	3,21 ± 1,17	.073
13* Was Gott von mir verlangt, ist mehr als ich geben kann.	1,99 ± 1,05	.176**
14 Was Gott von mir verlangt, ist einfach zu viel für mich.	1,62 ± 0,80	.292**
15 Ich weiß nicht, was Gott von mir will.	2,16 ± 0,92	.365**
16 Es ist mir irgendwie alles zu viel geworden.	1,84 ± 0,86	.350**

Moderate Zusammenhänge sind fett hervorgehoben.
* Items mit geringer interner Konsistenz in Bezug zur Skala
** $p < 0{,}0001$ (Spearman rho)

5. Welche Strategien sind hilfreich im Umgang mit diesem Erleben?

Die meisten der in der Seelsorgestudie untersuchten Personen gaben an, Strategien gefunden zu haben, um mit Phasen Geistlicher Trockenheit umzugehen (59% der Priester und 65% der nicht-ordinierten SeelsorgerInnen), aber auch 65% der hier untersuchten Ordens-Christen (m/w). Von denjenigen aus der Seelsorgestudie, die einem Orden angehörten, hatten im Vergleich zu diejenigen, die keine Ordenszugehörigkeit hatten, signifikant mehr Personen entsprechende Strategien gefunden ($F = 4,3$; $p = 0,040$). Hier deutet sich an, dass ein soziales/geistliches Unterstützungsumfeld hilfreich ist, was in Ordensgemeinschaften eher gegeben ist als bei den überwiegend alleine lebenden katholischen Priestern. In der Tat korrelierte die soziale Unterstützung bei den Priestern zumindest schwach mit erfolgreichen Strategien des Umgang ($r = .28$), während sich für die Wohnsituation zumindest ein Trend ($F = 2,0$; $p = 0,053$) zu Gunsten derjenigen ergab, die in Wohngemeinschaften lebten, während die geringsten Scores bei alleine lebenden Priestern beobachtet wurden. Hier könnten also der Austausch mit anderen und der unterstützende Rückhalt durch andere bedeutsam sein.

Aus der Erfahrung heraus ist bekannt, dass hier eine geistliche Begleitung hilfreich ist. Die Priester, die eine solche hatten (29%), wiesen im Vergleich zu denjenigen ohne geistliche Begleitung jedoch nur geringfügig höhere Zustimmungs-Scores auf, Strategien im Umgang mit Geistlicher Trockenheit gefunden zu haben. Bei den untersuchten Ordens-Christen hatte mit 65% der Frauen und 48% der Männer ein deutlich größerer Anteil eine geistliche Begleitung, aber für die Strategien im Umgang gab es hier keine signifikanten Unterschiede zu denjenigen ohne geistliche Begleitung ($F = 0,6$). Dieser Befund ist zumindest verwunderlich. Aber wir haben nicht erhoben, wie lange diese Phasen dauern. Es könnte sein, dass insbesondere diejenigen mit langandauernden Phasen eine geistliche Begleitung in Anspruch nehmen, während diejenigen mit nur kurzen Phasen („Durchhänger") damit möglicherweise alleine klar kommen. Vielleicht hat dies auch etwas mit Ressourcen-Stärke zu tun, wobei einige Zugriff auf geeignete Strategien und Ressourcen haben und auch ohne geistliche Begleitung gut mit diesen Phasen klar kommen, während andere eher einer Begleitung bedürfen, um überhaupt Zugang zu entsprechenden Ressourcen finden zu können. Eine geistliche Begleitung schützt also nicht notwendigerweise vor dem *Erleben* solcher Phasen selber, ist aber hilfreich im *Umgang* damit bzw. für die Reaktionen nach deren Überwindung. Was sich in den empirischen Daten andeutet, ließ sich bei der Auswertung der Freitextantworten, welche Strategien sich im Umgang mit diesen Phasen als hilfreichen erwiesen hatten, sowohl bestätigen als auch erweitern. Für die katholischen Priester ließen sich diese Strategien in folgende Haupt- und Unterkategorien einteilen:[23],[24]

- Explizite spirituelle Praxis (z. B. persönliches Gebet, sakramentale Praxis, tägliches Üben, Rituale, Meditation, Exerzitien, Schriftlektüre)
- Spirituelle Haltungen (z. B. Vertrauen in Gott, Christozentrische Orientierung, Gott in seiner Fremdheit Gott sein lassen, Geduld/Ausdauer, Strukturierung des Tagesablaufes, Offenheit für Neues)
- Interpersonale Kommunikation (z. B. mit Familienangehörigen, Freunden, geistliche Gemeinschaft)
- Diakonisches Handeln (z. B. anderen helfen)
- Selbstsorge (z. B. Selbstbelohnung, Selbstreflexion, Freizeit, Ferien, Sport, Stille, Natur, Musik, Literatur)
- Vermeidungsstrategien (z. B. Verdrängen, Rückzug, Ablenkung, Abwertung, rationalisieren)
- Begleitete Selbstreflexion und Selbsterfahrungen (z. B. geistliche Begleitung, Supervision, Psychotherapie)

Diese Strategien wurden oft vielschichtig kombiniert, insbesondere Formen einer spirituellen Praxis und bestimmte spirituelle Haltungen oder Interpersonale Kommunikation und Selbst-Pflege, die auch gemeinsam mit begleiteter Selbstreflexion und Selbsterfahrungen genutzt wurden. Vermeidungsstrategien erwiesen sich in Bezug auf die Überwindung der Phasen geistlicher Trockenheit im Vergleich zu den anderen Strategien als wenig erfolgreich, während

---

23 Büssing et al., 2017b.
24 Sautermeister et al., 2017.

sich Interpersonale Kommunikation und Selbst-Pflege (sowohl mit also auch ohne Kombination mit expliziter spiritueller Praxis und bestimmten spirituellen Haltungen) öfter als hilfreich erwiesen. Freunde, Mentoren und andere Begleiter wurden generell als wichtige Unterstützung während der Phasen religiöser „Trostlosigkeit" angesehen, was zu den erhobenen Befunden passt.[25]

6. Welche Reaktionen treten nach ihrer Überwindung auf?

Die meisten Personen scheinen also Strategien zu finden, um mit Phasen Geistlicher Trockenheit umzugehen. Aber welche Auswirkungen haben diese Erfahrungen auf ihren Glauben, insbesondere in Bezug auf die geistliche Tiefe und Klarheit und auf ihr prosoziales Verhalten im Sinne einer vermehrten Zuwendung zu anderen (als Ebenbild Christi)?

Nach erlebten Phasen Geistlicher Trockenheit gaben 33 % der Priester an, oft bis regelmäßig größere geistige Klarheit und Tiefe zu erfahren (41 % gelegentlich, 19 % selten und 6 % gar nicht), während sich 36 % angespornt fühlen, anderen umso mehr zu helfen (34 % gelegentlich, 19 % selten und 12 % gar nicht).[26] Bei den untersuchten Ordens-Christen (m/w) gaben 53 % an, oft bis regelmäßig größere geistige Klarheit und Tiefe zu erfahren (32 % gelegentlich, 10 % selten und 6 % gar nicht), während sich 47 % angespornt fühlen, anderen umso mehr zu helfen (26 % gelegentlich, 18 % selten und 9 % gar nicht). Der Anteil derjenigen mit einer vermuteten „spirituellen Transformation" war bei den Ordens-Christen also deutlich größer. Diese transformativen Aspekte nach der Überwindung lassen sich zwar bei vielen, aber nicht bei allen zeigen. Wenn diese Veränderungen bei 25–31 % eher nicht auftraten, könnte man vermuten, dass es sich bei ihnen eher um „Finsternis"-Erfahrungen gehandelt haben könnte, und bei den 33–36 % mit anschließender größerer Zuwendung zu anderen bzw. geistiger Klarheit und Tiefe um (möglicherweise unterschiedlich stark ausgeprägte) „Dunkle Nacht"-Erfahrungen. Diese transformativen Elemente könnten ein wesentliches Kriterium sein.

25 vgl. Thibodeaux, 2010.
26 Büssing et al., 2017b.

Die beschriebenen Veränderungs-Effekte lassen sich bei den Ordens-Christen (m/w) nicht auf Geschlechts-Unterschiede zurückführen (F < 2,5), während es bei den Seelsorgern (m/w) über alle Gruppen hinweg sehr wohl Geschlechts-assoziierte Unterschiede für die empfundene größere geistige Klarheit und Tiefe gibt (F = 29,1; p < 0,0001); diese wurde von Frauen geringfügig stärker ausgeprägt angegeben, nicht jedoch in Bezug auf das Helfen (F = 0,2). Das Alter der Seelsorger (m/w) hatte hingegen eine Bedeutung nur für das Helfen (F = 9,3; p < 0,0001), wobei dies mit dem Alter positiv assoziiert war (r = .24), nicht jedoch mit geistiger Klarheit und Tiefe (F = 0,9).

Der Grund, warum eine Person diese (mögliche) spirituelle Transformation erlebt, ist multikausal anzunehmen und sicherlich nicht einfach auf Gründe wie unterschiedliches Geschlecht oder Alter zurückzuführen (obschon es, wie oben beschrieben, sehr wohl signifikante Unterschiede gibt). Für die Seelsorger ließ sich über alle Gruppen hinweg zumindest ein korrelativer Zusammenhang zwischen größerer geistiger Klarheit und Tiefe nach Überwindung der Phasen Geistlicher Trockenheit mit der Wahrnehmung des Heiligen aufzeigen (r = .36), während der Zusammenhang zwischen dem Ansporn anderen zu helfen und der Wahrnehmung des Heiligen unbedeutend ist (r = .14). Auch bei den Ordens-Christen (m/w) ließ sich ein moderater Zusammenhang zwischen größerer Klarheit und Tiefe mit dem Erleben des Heiligen zeigen (r = .38), wobei bei ihnen auch der Ansporn zu helfen mit der Wahrnehmung des Heiligen moderat zusammenhängt (r = .30) (Tabelle 5). Auch in Bezug auf den Zusammenhang von Erleben des Heiligen im Alltag und eine helfende Zuwendung zu anderen zeigten sich also deutliche Unterschiede zwischen den Ordens-Christen und den Seelsorgern – trotz gleicher Ausrichtung ihres Leben auf Gott hin, unterscheiden sie darin, wie die Wahrnehmung des Heiligen ihr caritatives Verhalten beeinflusst.

Eine tiefergehende spirituelle Erfahrung oder Begegnung mit dem Heiligen wird zwar vermutlich mit größerer geistlicher Klarheit und Tiefe bzw. Sensibilität für das Heiligen einhergehen, was sich, wie oben dargestellt, auch zeigen ließ, aber diese Sensibilität sollte sich eigentlich auch auf die Mitgeschöpflichkeit ausdehnen. Wenn uns Christus als Gottes menschliches Gesicht in jedem lebenden, aber auch leidenden Menschen begegnet (vgl. Mt 25,40–43), dem mit Barmherzigkeit begegnet werden sollte (vgl. Lk 6,36), dann wäre hier ein Zusammenhang mit Aspekten der Spiritualität zu vermuten. Für die katholischen Priester konnte zwar ein schwacher korrelativer Zusammenhang zwischen prosozial-humanistischem Engagement und Wahrnehmung des Heiligen aufgezeigt werden (r=.26), der jedoch in Bezug auf Empfindungen von Ehrfurcht und Dankbarkeit deutlich größer war (r=.41).[27]

Die zugrundeliegende Thematik sollte bei den Ordens-Christen mit Hilfe des FraSpir-Fragebogens genauer untersucht werden. Mit 26 Items werden wesentliche Elemente einer Franziskanisch geprägten Spiritualität untersucht, wobei vier Hauptkomponenten (Cronbachs alpha zwischen 0.79 bis 0.97) im Vordergrund stehen: „Leben aus dem Glauben/Suche nach Gott" als spirituelles Fundament, „Friedensstiftender, respektvoller Umgang" und „Engagement für Benachteiligte und die Schöpfung" als transformative Auswirkungen sowie „Haltung materieller und immaterieller Armut".[28]

Beide Reaktionen (geistliche Tiefe und Helfen) nach Überwindung von Phasen Geistlicher Trockenheit sind moderat mit der Wahrnehmung des Heiligen auf der einen und Empfindungen von Ehrfurcht/Dankbarkeit (beides Indikatoren experientieller Spiritualität) assoziiert (Tabelle 6). Der sich aus diesen Erfahrungen theoretisch ableitende friedensstiftende, respektvoller Umgang mit anderen war ebenso wie das Engagement für Benachteiligte und die Schöpfung nur schwach mit dem Ansporn zu Helfen assoziiert und nur marginal mit der wahrgenommen größeren geistigen Klarheit und Tiefe. Dass der Ansporn zu helfen mit selbsteingeschätztem Mitgefühl und Altruismus positiv assoziiert ist, war zu erwarten, jedoch nicht, dass der Zusammenhang in Bezug auf die größere geistige Klarheit und Tiefe so schwach ausfällt (Tabelle 6). Die Diskrepanz zwischen Selbstwahrnehmung und Haltung/Verhalten ist hier sicherlich auffällig, könnte aber mehrere Gründe haben: Viele der Ordens-Christen sind schon älter (Altersmittel 61±14 Jahre) und haben vielleicht kaum mehr Möglichkeiten, sich für andere zu engagieren. Aber dem Argument steht entgegen, dass ein positiver Zusammenhang zwischen Alter und dem Ansporn zu helfen besteht. Auch bestehen Unterschiede zwischen den Ordens-Traditionen in Bezug auf ihr

---

27 Büssing et al., 2017c.
28 Büssing et al., 2017d.

Tabelle 6: Zusammenhänge zwischen Reaktionen nach Überwindung Geistlicher Trockenheit und prosozialem Verhalten sowie transformativen Aspekte der Spiritualität

	Ansporn anderen zu helfen	größere geistige Klarheit und Tiefe
Experientielle Aspekte der Spiritualität		
Wahrnehmung des Heiligen (DSES-6; n = 472)	.303**	.381**
Ehrfurcht/Dankbarkeit (GrAw-7; n = 422)	.329**	.311**
Transformative Aspekte der Spiritualität		
Leben aus Glauben/Ehrfurcht und Dankbarkeit (FraSpir; n = 474)	.230**	.326**
Friedensstiftender, respektvoller Umgang (FraSpir; n = 474)	.279**	.194**
Engagement für Benachteiligte und Schöpfung (FraSpir; n = 474)	.228**	.113
Haltung der Armut (FraSpir; n = 474)	.107	.146**
Prosoziales Verhalten		
Mitgefühl (SCCS; n = 276)	.343**	.233**
Altruismus (GALS; n = 273)	.298**	.206**

** p < 0.01 (Spearman rho)

caritatives Engagement. Jedoch fiel auf, dass diese Zusammenhänge insbesondere für den Ansporn zu helfen stärker ausgeprägt bei den sich eher als kontemplativ empfindende Personen waren als bei den sich eher als karitativ einschätzenden Ordens-Christen (Daten nicht gezeigt). Methodisch ist zudem zu berücksichtigen, dass es sich bei den erhobenen Daten um Selbstauskünfte handelt, die einer sozialen Erwünschtheit unterliegen und insbesondere die transformativen Aspekte der Spiritualität sowie das prosoziale Verhalten oft intentionalen Charakter haben mag. Es ist dennoch nicht auszuschließen, dass die empfundene größere geistige Klarheit und Tiefe eher Ausdruck einer Innerlichkeit ist, die sich vornehmlich auf die („private") Beziehung zu Gott bezieht, diese sich jedoch nicht notwendigerweise ausweitet auf die Mitgeschöpflichkeit (im „Außen"), sodass auch nur marginale bis schwache Zusammenhänge mit dem Engagement für Benachteiligte und Schöpfung sowie mit Mitgefühl bestehen. Es wäre jedoch ein Missverständnis anzunehmen, dass Personen mit (von ihnen empfundener) größerer geistigen Tiefe und Klarheit sich nicht für andere engagieren würden oder wenig Mitgefühl hätten. Festgestellt werden kann nur, dass es hier Personen gibt, die sich weniger für andere engagieren als auch solche, die sich sehr für andere engagieren – aber eben ohne starken Bezug zu ihrer erlebten geistigen Klarheit und Tiefe. Dennoch ist der geringe Zusammenhang bedenkenswert und bedarf weiterer Erörterung.

7. Fazit

Geistliche Trockenheit ist keine psychiatrische Diagnose, sondern beschreibt eine (unterschiedlich lang andauernde) Phase, die 1) wesentlicher Aspekt geistlichen Wachstums sein kann, wenn diese Phasen überwunden wurden und Veränderung der Haltungen und des Verhaltens damit einhergehen („Transformation"), die aber 2) auch Hinweis für eine Sinnkrise oder depressive Gestimmtheit/emotionale Erschöpfung sein kann, die adäquate Unterstützung durch geistliche Begleiter und/oder Psychotherapeuten bedarf. Sie wäre somit eine mögliche Station auf einem geistlichen Entwicklungsweg, der Höhen und Tiefen kennt, aber auch stagnieren kann. Eine klare Differenzierung zwischen „Finsternis" und „Dunkler Nacht", die theoretisch geführt werden könnte, ist empirisch kaum möglich, da es fließende Übergänge zu geben scheint und es sich hierbei um Prozesse im Zeitverlauf handelt, die im Rahmen von Querschnittsanalysen nicht erfasst werden können. Nichtsdestotrotz könne wichtige Prädiktoren, hilfreiche Strategien und transformative Auswirkungen im Leben der Betroffenen beschrieben und interpretiert werden.

Phasen Geistlicher Trockenheit sind nicht Ausdruck eines persönlichen Versagens, sondern Ausdruck eines (vielschichtigen) „Resonanz-Problems" sowohl in Hinblick auf die geistige als auch auf die mitmenschliche Dimension. In qualitativen Interviews konnten vier Hauptkategorien für Auslöser identifiziert werden: 1) Verlust der Beziehung (zu Gott), 2) Verlust der Orientierung/Rollenfunktion, 3) Verlust der Tiefe und 4) Probleme in bzw. mit der Gemeinschaft (Büssing et al., Veröffentlichung in Vorbereitung). Geistliche Trockenheit in einem umfassenderen Sinne schließt Aspekte emotionaler

Erschöpfung/Depressivität, Unzufriedenheit mit der Lebenssituation, fehlender Resonanz und Konflikte mit anderen, Verlust der Freude im Glauben und anderes mit ein. All dies kann im positiven Sinne einen geistliche Entwicklungs- oder Reifeprozess beschreiben, bei dem der „Rufende" (Gott) nicht unmittelbar verfügbar ist. Die Differenzierung dieser Hintergründe ist für die angemessene Unterstützung durch geistliche Begleiter und/oder Psychotherapeuten notwendig.

Vielleicht haben aber gerade die Seelsorger, welche diese Phasen selber erlebt und überwunden haben, ein besseres Verständnis von Gottes Unverfügbarkeit und „Ganz-Andersheit" – und sind daher verständnisvolle Begleiter für diejenigen, die an ihrem Glauben und an Gott (ver)zweifeln. Sie sind vielleicht demütiger, verletzlicher und auch authentischer als diejenigen, die sich „ihres" Gottes allzu sicher sind. Carlo Maria Kardinal Martini (1927–2012) meinte diesbezüglich:

> *„Mir scheint, dass ein Christ in der heutigen säkularen Welt jene Einsamkeit und Gottesferne wahrnehmen kann und gerufen ist, darauf Antwort zu geben. Vielleicht gerade dadurch, dass er selbst in das Leid der Nacht eintritt, solidarisch wird mit denen, die fern von Gott leben."*[29]

Dementsprechend wäre das Erleben Geistlicher Trockenheit nicht nur eine aufzulösende Frage nach der individuellen Beziehung zu Gott (missverstanden als private Zuwendung und Erlösung), sondern auch eine Aufgabe in der Gesamtheit der Schöpfung Gottes (auch im Sinne eines anteilnehmenden Mitgefühls für alle leidenden Wesen). Die Erfahrung des Heiligen im Leben einer Person wird dazu führen, den sich daraus ableitenden „Auftrag" einer Verantwortlichkeit in der Welt wahrzunehmen (Gen. 2,15) und umsetzen zu wollen. Die Beziehung zum Heiligen bleibt daher nicht bei einer frommen „Innerlichkeit" stehen, sondern drückt sich auch aus in der Beziehung zur Mitgeschöpflichkeit. Das Wort Gottes, das die Schöpfung hervorgebracht hat, ist (immer noch) in allem präsent und weist auf den Schöpfer hin, der sich in allem finden lässt. Papst Franziskus deutet dies an, wenn er schreibt: „Gott hat ein kostbares Buch geschrieben,

---

29 Martini, 2011: 39–40.

dessen ‚Buchstaben von der Vielzahl der im Universum vertretenen Geschöpfe gebildet werden'" (*Laudato Si'*, 85).³⁰ Somit ist die Schöpfung Gottes in ihrer Gesamtheit „Begegnungs-Raum" mit dem Heiligen –, der aber manchmal im Dunklen liegt.

Literatur

Baumann K, Büssing A, Frick E, Jacobs C, Weig W: *Zwischen Spirit und Stress. Die Seelsorgenden in den deutschen Diözesen*. Würzburg: Echter-Verlag, 2017.

Büssing A, Günther A, Baumann K, Frick E, Jacobs A: Spiritual dryness as a measure of a specific spiritual crisis in catholic priests: associations with symptoms of burnout and distress. *Evidence-based Complementary and Alternative Medicine* 2013; Article ID 246797. http://dx.doi.org/10.1155/2013/246797

Büssing A, Frick E, Jacobs C, Baumann K: Spiritual Dryness in Non-ordained Catholic Pastoral Workers. *Religions* 2016; 7, 141. doi:10.3390/rel7120141

Büssing A, Baumann K, Jacobs K, Frick E: Spiritual Dryness in Catholic Priests: Internal Resources as possible Buffers. *Psychology of Religion and Spirituality* 2017a; 9: 46–55.

Büssing A, Sautermeister J, Frick E, Baumann K: Reactions and strategies of German Catholic priests to cope with phases of spiritual dryness. *Journal of Religion and Health* 2017b; 56 (3), 1018–1031.

Büssing A, Frick E, Jacobs C, Baumann K: Self-Attributed Importance of Spiritual Practices in Catholic Pastoral Workers and their Association with Life Satisfaction. *Pastoral Psychology* 2017c; 66: 295–310.

Büssing A, Warode M, Gerundt M, Dienberg T: Validation of a novel instrument to measure elements of Franciscan-inspired Spirituality in a general population and in religious persons. *Religions* 2017d; 8: 197; doi:10.3390/rel8090197

Cronk S: *Dark Night Journey. Inward re-pattering toward a life centered in God*. Wallingford: Pendle Hill Publications, 1993.

Johannes vom Kreuz: *Die Dunkle Nacht. Vollständige Neuübersetzung*. 11. Aufl. Freiburg: Herder Verlag, 2013.

Körner R: *Dunkle Nacht. Mystische Glaubenserfahrungen nach Johannes vom Kreuz*. Münsterschwarzach: Vier-Türme-Verlag, 2015.

Kolodiejchuk B (Hrsg.): Mutter Teresa: K*omm, sei mein Licht. Die geheimen Aufzeichnungen der Heiligen von Kalkutta*. München: Pattloch Verlag, 2007.

---

30 Papst Franziskus, 2015.

Lüttich S: *Nacht-Erfahrungen. Theologische Dimensionen einer Metapher.* Würzburg: Echter Verlag, 2004.

Martini CM: *Auch die Seele kennt Tag und Nacht. Ermutigungen.* München: Verlag Neue Stadt, 2011.

Olivera B: Acedia. Eine Traurigkeit, die das Verlangen nach Gott zersetzt. *Alliance InterMonastères Belletin*, 2015. http://www.aimintl.org/de/2015-05-29-13-29-50/bulletin-96/acedie

Ott E: *Die dunkle Nacht der Seele. Depression? Die geistliche Dimension der Schwermut.* Schaffhausen: Novalis Verlag, 1982.

Papst Franziskus: *Enzyklika* Laudato si'. *Über die Sorg für das gemeinsame Haus.* Libreria Editrice Vaticana, 2015. http://w2.vatican.va/content/francesco/de/encyclicals/documents/papa-francesco_20150524_enciclica-laudato-si.html

Rahner K: *Meine Nacht kennt keine Finsternis.* Freiburg: Herder-Verlag, 1993.

Sautermeister J, Frick E, Büssing A, Baumann K: Wenn die Sinnquelle zu versiegen droht ... Erfahrungen mit spiritueller Trockenheit und Wege ihrer Bewältigung aus der Sicht katholischer Priester. *Spiritual Care* 2017; 6: 197–207.

Thibodeaux MESJ: *God's Voice Within: The Ignatian Way to Discover God's Will.* Chicago: Loyola Press, 2010.

Underwood LG: The Daily Spiritual Experience Scale: Overview and Results. *Religions* 2011; 2: 29–50.

Klaus Baumann und Arndt Büssing[1]

Zölibat und geistliche Trockenheit. Empirische Befunde und Deutungsempfehlungen zur Unterscheidung

1. Drei Vorbemerkungen zu den Ausführungen über Zölibat und geistliche Trockenheit

1.1 Caritas/Agape

Gegenstand der Caritaswissenschaft ist die Caritas als Wesensvollzug der Kirche, d. h. des Volkes Gottes und aller, die ihm angehören. Das lateinische Wort *caritas* ist nichts anderes als die Übersetzung des griechischen Begriffes *agape*. *Agape* ist in Septuaginta und Neuem Testament der spezifische Ausdruck für jene Liebe, welche in der Liebe Gottes und in der Liebe zu Gott und den Nächsten wie zu sich selbst gemeint ist und welche alle anderen Formen von Liebe durchformen kann, seien dies familiäre Liebe, erotische Liebe, Freundschaftsliebe, fürsorgliche Liebe.[2] Ausgehend von der „Gnadenformel" Ex 34,6 („Jahwe ist ein barmherziger und gnädiger Gott, langmütig, reich an Huld und Treue") sprechen alttestamentliche Texte viel häufiger von „Barmherzigkeit" als von „Liebe", die Gott den Menschen zuwendet. „Barmherzigkeit" impliziert in unserem Sprachgefühl ebenso wie theologisch nicht unmittelbar die gleiche Wechselseitigkeit der menschlichen Antwort auf Gott hin, sie wirkt jedoch („gott-ebenbildlich"), wo Menschen sich von der Not anderer

---

1 Unser Dank richtet sich an alle, die an der Deutschen Seelsorgestudie teilnahmen und uns ihre Selbstauskünfte anvertrauten. Die Autoren erklären, dass keine Interessenskonflikte bestehen. KB hat das Manuskript verfasst, AB hat v. a. die Berechnungen erstellt. Gemeinsam wurden die Befunde analysiert und diskutiert sowie das Manuskript konsentiert.
2 Söding, 2004, 2005.

berühren und zum Handeln bewegen lassen.³ Neutestamentlich ist dann *agape* zentral: „Die vielen Formen der Gottesliebe kommen nach den Evangelien zur Erfüllung, wenn Gott so geliebt wird, wie Jesus ihn verkündet; und die vielen Formen der Nächstenliebe kommen dann zur Erfüllung, wenn die Menschen so gesehen werden, wie Jesus sie gesehen hat".⁴ Um die Realisierungsbedingungen und -erfordernisse solcher *caritas/agape* geht es der Caritaswissenschaft ebenso zentral, wie dies in der „Hierarchie der Wahrheiten" des christlichen Glaubens der Fall ist.⁵ Zugleich ist damit u. a. die psychologisch-psychotherapeutische Frage nach der Liebesfähigkeit der Menschen und deren Entwicklungsschicksale und Realisierungsbedingungen verbunden, welche die Freiheit zu solcher Liebe fördern und einschränken.⁶

1.2 Zölibat

Der Zölibat katholischer Priester (wie auch von Ordensleuten in ihrem Gelübde) kann in dieser Perspektive nur als eine Lebensform überzeugen, die ihrerseits der Realisierung von *agape* dient und diese als Gottes- und Nächstenliebe authentisch erfahren lässt: zuerst im Leben der zölibatären Priester selber und dann bzw. darin als Katalysator für andere.⁷ Dies impliziert bzw. erfordert für die Priester notwendig Entwicklung und Reifung im Alltag wie in den vielfältigen Herausforderungen und kritischen Ereignissen des Lebens im Kontrast zur Unfähigkeit aufgrund ungelöster psychischer Konflikte, aus Erfahrungen für diesen Weg zu lernen.⁸ Unbewusst kann der Zölibat im Gegensatz dazu (und *gleichzeitig* zusammen mit hehren bewussten Motiven) für verschiedene psychische Problemlagen als Abwehr gegen die Entwicklung reifer männlicher Sexualität und Beziehungsfähigkeit insbesondere zu Frauen instrumentalisiert und

---

3 Kampling, 2009; Baumann, 2016.
4 Söding, 2008: 266.
5 Baumann, 2017.
6 Baumann, 2008.
7 vgl. dazu auch das Dekret des II. Vatikanischen Konzils über Dienst und Leben der Priester, *Presbyterorum Ordinis*.
8 Baumann, 2002.

sein jesuanischer Sinn zunehmend unkenntlich und sogar pervertiert werden. Dabei will gerade dieser jesuanische Sinn (als Liebe) Freude und Erfüllung wie auch Verzicht und Herausforderung um des Reiches Gottes willen zugleich sein.

1.3 Geistliche Trockenheit und „Trostlosigkeit" (oder Misstrost) bei Ignatius von Loyola

Geistliche Trockenheit ist ein unangenehmes Erleben, das die erlebende Person auf ihrem geistlichen Weg „irgendwie" belastet, hemmt, verwirrt oder in Frage stellt. Wie ist das Verhältnis dieses Phänomens zu dem, was Ignatius von Loyola in seinem Exerzitienbuch (im Gefolge einer langen Erfahrungstradition christlicher Askese und Mystik) „Trostlosigkeit" (oder Misstrost) nennt?

Darüber schreibt Ignatius von Loyola im Kontext seiner Ausführungen zur Unterscheidung der Geister, für die die Wahrnehmung und der erlebten seelischen Phänomene („mociones") und deren an Jesus Christus orientierte Deutung unabdingbar sind (Köster 1999):

> *„Ich nenne Trostlosigkeit alles, was zur dritten Regel in Gegensatz steht [vom geistlichen Trost, EB 316], wie Verfinsterung der Seele, Verwirrung in ihr, Hinneigung zu niedrigen und erdhaften Dingen, Unruhe durch verschiedene Umtriebe und Versuchungen, die zum Unglauben, ohne Hoffnung, ohne Liebe hintreiben, wobei sich die Seele ganz träge, lau, traurig findet und wie getrennt von ihrem Schöpfer und Herrn. [...]" (EB 317).*[9]

Das Phänomen geistlicher Trockenheit scheint sich sehr gut in solche „Trostlosigkeit" einzufügen. Den Gegensatz, Trost, definierte Ignatius zuvor folgendermaßen:

> *„Ich nenne es Trost, wenn in der Seele eine innere Bewegung verursacht wird, durch welche die Seele in Liebe zu ihrem Schöpfer und Herrn zu entbrennen beginnt, und wenn sie infolgedessen kein geschaffenes Ding*

---

9 EB = Exerzitienbuch. Zitiert nach: Ignatius von Loyola, Geistliche Übungen. Übertragung und Erklärung von Adolf Haas. Freiburg: Herder-Verlag, 1983.

auf dem Antlitz der Erde mehr in sich zu lieben vermag, es sei denn im Schöpfer ihrer aller. [...]

Schließlich nenne ich Trost jeglichen Zuwachs an Hoffnung, Glaube und Liebe und jede innere Freude, die zu den himmlischen Dingen und zum eigenen Seelenheil aufruft und hinzieht, indem sie der Seele Ruhe und Frieden in ihrem Schöpfer und Herrn spendet." (EB 316)

Es ist als wesentlichstes Kriterium dieser Definition zu beachten, dass die innere Bewegung zu „mehr Hoffnung, Glaube und Liebe" führt[10] – möglicherweise auch ohne ein Erleben von innerer Freude, wie dies in der Formulierung „jeglichen Zuwachs" anklingt und ein Element von geistlicher Trockenheit bei Mutter Teresa von Kalkutta, Teresa von Avila, Johannes vom Kreuz und wohl vielen anderen Erfahrenen („Mystikern") des geistlichen Lebens gewesen sein dürfte. Dies spricht Ignatius selbst im zweiten und dritten der folgenden drei Hauptgründe für geistliche Trostlosigkeit an:

- *„Weil wir lau, träge oder nachlässig in unseren geistlichen Übungen sind.*
- *Damit Gott uns erprobe, [...] wie weit wir in seinem Dienst und Lobpreis voranschreiten ohne eine so große Belohnung an Tröstungen.*
- *Um uns wahre Erkenntnis und Einsicht zu geben, mit dem Ziel, dass wir innerlich verspüren, [...] dass es [geistlicher Trost] ganz und gar eine Gabe und Gnade Gottes unseres Herrn ist [...]."*
(EB 322)

Geistliche Trockenheit erfordert darum eine „Unterscheidung der Geister" im ignatianischen Sinne und ist selbst kein eindeutiges Phänomen, sondern mehrdeutig.

Wie stellt sich nun die „geistliche Trockenheit" bei den (zölibatären) Priestern in der Deutschen Seelsorgestudie dar? Welchen Aufschluss gibt sie – im Sinne solcher „Unterscheidung der Geister" – für eine differenzierte Deutung, die den Priestern und ihrem (Er-)Leben des Zölibates einigermaßen gerecht wird?

---

10 Zollner, 2004.

2. Geistliche Trockenheit in der Deutschen Seelsorgestudie – bei allen Berufsgruppen ein wichtiger Faktor

Vorausgegangene Teiluntersuchungen zu den verschiedenen pastoralen Berufsgruppen haben „geistliche Trockenheit" als einen wichtigen Faktor im Erleben aller Berufsgruppen belegt. Über die Hälfte der Priester (58 %) in der Seelsorgestudie macht die subjektive Erfahrung geistlicher Trockenheit (operationalisiert im SDS-6) gelegentlich bis regelmäßig (N = 3.824).[11] Sie spielt dabei nicht nur eine wichtige Rolle in der Erklärung von Unterschieden spirituellen Erlebens (DSES; 44 % der Varianz) und in der Deutung der Wichtigkeit spiritueller Praxis (SpREUK-P; 21 %), sondern auch von Unterschieden bzgl. depressiver Symptome (BSI; 30 %), Stresswahrnehmung (PSS; 22 %), emotionaler Erschöpfung (MBI; 20 %) und Arbeitsengagement (UWES; 19 %) (hier N = 425 Priester).[12] Umgekehrt erklären bei den Priestern (berechnet in schrittweiser Regression) wenig Wahrnehmung der Transzendenz im eigenen Leben, niedriger Kohärenzsinn, depressive Symptome und emotionale Erschöpfung zusammen 46 % der Unterschiede in der Erfahrung von geistlicher Trockenheit; die Variablen Einsamkeit, Angst und geringes Gefühl persönlicher Erfüllung zusammen erklären nur noch 1,3 % der weiteren Varianz (N = 3.824).[13] Dies ist – bei etwas höheren Werten gelegentlicher bis regelmäßiger Erfahrung von geistlicher Trockenheit (63 %) – ganz ähnlich beim nicht-ordinierten Seelsorgepersonal (ohne Unterschiede bzgl. Alter, Geschlecht, Berufsgruppe; N = 3.277).[14]

---

11 Büssing et al., 2017a.
12 Büssing et al., 2013.
13 Büssing et al., 2016.
14 Büssing et al., 2016.

Tabelle 1: Geistliche Trockenheit bei Priestern und bei nicht-ordinierten Seelsorgepersonen

Häufigkeit Geistlicher Trockenheit	Priester[15] N=3.824	nicht-ordinierte Seelsorgepersonen[16] N=3.277	Chi²
Gelegentlich	46%	50%	p<.01
Regelmäßig	12%	13%	
Summe gelegentlich bis regelmäßig	58%	63%	
Varianzerklärungen:			
< Wahrnehmung der Transzendenz < Kohärenzsinn, depressive Symptome, emotionale Erschöpfung	46%	41%	
Einsamkeit, Angst, wenig persönliche Erfüllung	+1,3%	---	

Bei ihnen erklären dieselben vier Variablen (wenig Wahrnehmung der Transzendenz im eigenen Leben, niedriger Kohärenzsinn, depressive Symptome und emotionale Erschöpfung) zusammen 41% der Unterschiede.[17] Dies legt auf den ersten Blick nahe, dass es nicht der Beruf oder die Berufung oder die damit verbundene Lebenssituation und soziale Unterstützung in den Seelsorgeberufen sind, die mit dem Phänomen geistlicher Trockenheit spezifisch zusammenhängen.[18] Sie spielt – bei doch signifikant stärkerem Vorkommen bei den pastoralen Laienberufen – jedenfalls in allen Berufsgruppen eine wichtige und ernst zu nehmende Rolle (vgl. Tabelle 1). Wie sieht dies nun näher mit Blick auf den Zölibat aus?

---

15 Büssing et al., 2017a.
16 Büssing et al., 2016.
17 Büssing et al., 2016.
18 Der Chi²-Test zeigt, dass sich die beiden Gruppen signifikant unterscheiden (p<.01).

3. Zölibat und geistliche Trockenheit – Befunde, Korrelationen und Prädiktoren

Die Priester, die an der Deutschen Seelsorgestudie teilnahmen, gaben mit ihren Antworten zum Erleben des Zölibates für ihren Dienst und ihr Leben als Priester im Vergleich zu früheren Studien wie auch gegenüber US-amerikanischen Daten ein eher nüchtern-skeptisches Bild ab.[19] Nur knapp 58 % von ihnen würde den Zölibat wieder wählen, wenn sie die Wahl hätten. 32 % geben an, dass sie im Bereich der Sexualität Probleme haben, ähnlich viele (34 %), dass ihnen aus der Lebensform Belastungen für ihren Dienst erwachsen. 12 % werden nach eigenen Angaben nicht fertig mit Problemen aufgrund ihrer Lebensform, weitere 13 % sind sich unsicher und können nicht bejahen, ihre diesbezüglichen Probleme zu bewältigen.

Es ist nicht verwunderlich, dass diese persönlichen Problemlagen die Entschiedenheit der Priester für den Zölibat als ihre Lebensform beeinflussen. Wir überprüften in einer 2017 publizierten Originalarbeit den Zusammenhang dieser Entschiedenheit mit Faktoren der Spiritualität, der psychosomatischen Gesundheit und der Ressourcen bei Priestern bis 65 Jahren (N = 1.406).[20] Neben einer ganzen Reihe signifikanter moderater Korrelationen der Spiritualität (persönliche Beziehung zu Gott; DSES), unter denen invers sich auch die geistliche Trockenheit ($r = -.311$) findet, der psychosomatischen Gesundheit (v. a. Depression und Stresswahrnehmung, beide negativ korrelierend) und der Ressourcen (v. a. Arbeitsengagement und Lebenszufriedenheit) kann erstaunen, wie ganz vernachlässigbar die Faktoren soziale Unterstützung (positiv; $r = .071$) und Probleme mit der eigenen Sexualität (negativ; $r = -.112$) für die Entschiedenheit der Priester für den Zölibat erscheinen. Sollten also soziale Unterstützung und Sexualität eine so geringe Rolle für die Priester im Blick nicht nur auf ihre Entschiedenheit, sondern überhaupt für ihr Erleben des Zölibates spielen? Spielen die besonderen Bedingungen und Motivationen für ein zölibatäres Leben der katholischen Priester (in der Deutschen Seelsorgestudie) keine Rolle für ihre Erfahrungen von geistlicher Trockenheit und umgekehrt?

---

19 Baumann et al., 2017a, 155 ff.
20 Baumann et al., 2017b.

Entschiedenheit und Erleben sind zweierlei. Geistliche Trockenheit ist ein wichtiges Phänomen des *Erlebens*. Welche Faktoren korrelieren besonders mit ihr im Leben und Erleben des Zölibates der Priester? Wie hängen bei ihnen Einsamkeitsaspekte, Sexualität, religiös-spirituelle Erfahrungen und nicht zuletzt dabei Erfahrungen geistlicher Trockenheit zusammen?

In einer zur Publikation eingereichten Untersuchung gingen wir diesen Fragen nach (vgl. Tabelle 2).[21] Erwartbar korrelierte geistliche Trockenheit moderat negativ mit Lebenszufriedenheit; schwach negativ mit Entschiedenheit für den Zölibat, mit sozialer Unterstützung und mit emotionaler Freundschaftsunterstützung; moderat positiv zeigt sich der Zusammenhang mit den drei Aspekten von Einsamkeit[22] und schwach positiv mit Problemen mit der eigenen Sexualität. Demgegenüber korrelierte geistliche Trockenheit stark negativ mit der Wahrnehmung von Transzendenz und moderat negativ mit einer persönlichen Beziehung zu Gott (oder Jesus); diese beiden explizit religiös-spirituellen Variablen korrelieren – ihrerseits erwartbar – am stärksten mit geistlicher Trockenheit bei den Priestern. Sie unterstreichen durch die inverse Korrelation: Je mehr Priester Spuren Gottes in ihrem Leben wahrnehmen und/oder eine persönliche Beziehung zu Gott bzw. Jesus erleben, desto weniger erleben sie geistliche Trockenheit – und umgekehrt.

Die mehr oder weniger lebendige, persönliche „Spiritualität" der Priester spielt damit empirisch die wichtigste Rolle im Bedingungsgefüge für das Erleben von geistlicher Trockenheit. Um die Bedeutung der anderen Faktoren für die Varianz der Werte von geistlicher Trockenheit in unserer Stichprobe zu erkunden, wurde eine schrittweise Regressionsanalyse durchgeführt, die – um durch den Spiritualitätsfaktor nicht a priori alles zu überlagern – diesen ebenfalls schrittweise hinzufügte: zu Beginn zusammen mit den Faktoren von Sexualität und persönlichen Beziehungen, dann auch die Werte der täglichen spirituellen Erfahrungen, welche dort noch weitere 8% zur Erklärung der Varianz hinzufügen (vgl. Tabelle 3). Im zweiten

---

21 Baumann et al., 2019.
22 Einsamkeitsgefühle wurden differenziert und operationalisiert in soziale und emotionale Einsamkeit und in (Un-)Fähigkeit zum Alleinsein (Kramer & Weig, 2016, nach Schwab, 1997).

Tabelle 2: Korrelationen zwischen Geistlicher Trockenheit, Beziehungen, Einsamkeit und Problemen mit der Sexualität (Priester aller Altersgruppen, die Fragen zu Geistlicher Trockenheit und Commitment zum Zölibat beantwortet haben; p < .001).

	Geistliche Trockenheit (SDS-6 Scores)
Wahrnehmung des Transzendenten (DSES-6) Score (n = 2536)	−.545**
Lebenszufriedenheit (SWLS) Score (n = 2495)	−.397**
Soziale Unterstützung (FSozU) Score (n = 2531)	−.263**
Beziehungen (n = 1360)	
Habe loyale Freunde, die eine emotionale Unterstützung sind	−.240**
Habe gute und tiefe Freundschaften zu anderen Priestern	−.187**
Brauche Menschen, um meine persönlichen Bedürfnisse zu stillen	.085
Führe eine persönliche Beziehung mit Gott (oder Jesus), die mich nährt	−.408**
Einsamkeit (n = 1353)	
Mangel sozialer Netzwerke	.327**
Mangel intimer Beziehungen	.315**
Unfähigkeit zum Alleinsein	.338**
Probleme mit der Sexualität (Joseph Scale) (n = 2522) Score	.287**
Kenne meine sexuelle Orientierung und habe sie akzeptiert	−.222**
Habe Probleme im Bereich der Sexualität	.249**
Habe ein Problem mit dem Gebrauch von Medien wie Internet, Film, etc.	.213**
Als ich aufwuchs, hatte ich Probleme, meine Sexualität in den Griff zu bekommen	.147**

Die Fragen zu Beziehungen und Einsamkeit wurden nicht in allen Diözesen verwendet, so dass sich eine geringe Fallzahl ergibt.
** p < 0.01 (Spearman rho)

Schritt der Regression (Modell 2) erklären die nun einbezogenen drei Einsamkeits-Variablen trotz niedriger Werte drei weitere Prozent der Varianz und schwächen das Gewicht von loyalen Freunden und dem Bedürfnis, andere Menschen für die persönlichen Bedürfnisse zu brauchen, erheblich, die Bedeutung der Probleme mit Sexualität zunächst etwas gegenüber dem ersten Schritt ab. Die täglichen

Tabelle 3: (Schrittweise) Regressionsanalyse geistlicher Trockenheit (SDS) als abhängiger Variable in ihrer Abhängigkeit von unabhängigen Variablen

Abhängige Variable: Geistliche Trockenheit	Model 1 $n=1,325; F=68.4;$ $p<.0001; R^2=.27$			Model 2 $n=1,317; F=55.2;$ $p<.0001; R^2=.30$			Model 3 $n=1,313; F=72.8;$ $p<.0001; R^2=.38$			Model 4 $N=1,289; F=68.4;$ $p<.0001; R^2=.39$		
	Beta	T	P	Beta	T	p	Beta	T	p	Beta	T	p
(Constant)		24.233	<.0001		17.096	<.0001		20.795	<.0001		21.404	<.0001
Commitment zum Zölibat (CCS)	-.095	-3.500	<.0001	-.060	-2.192	.029	-.018	-.715	.475	.007	.260	.795
Probleme mit der Sexualität (Joseph)	.187	7.616	<.0001	.157	6.365	<.0001	.143	6.173	<.0001	.137	5.915	<.0001
Soziale Unterstützung (FSoZu)	-.109	-3.364	.001	-.050	-1.517	.129	-.028	-.909	.364	-.016	-.496	.620
Habe loyale Freunde, die eine emotionale Unterstützung sind	-.113	-3.490	<.0001	-.088	-2.736	.006	-.072	-2.366	.018	-.052	-1.719	.086
Habe gute und tiefe Freundschaften zu anderen Priestern	.030	1.064	.288	.028	.992	.321	.043	1.667	.096	.047	1.790	.074
Brauche Menschen, um meine persönlichen Bedürfnisse zu stillen	.131	5.094	<.0001	.099	3.839	<.0001	.065	2.657	.008	.052	2.103	.036
Führe eine persönliche Beziehung mit Gott (oder Jesus), die mich nährt	-.296	-11.171	<.0001	-.275	-10.429	<.0001	-.135	-4.979	<.0001	-.138	-5.094	<.0001
Mangel sozialer Netzwerke				.067	2.202	.028	.063	2.218	.027	.054	1.882	.060
Mangel intimer Beziehungen				.071	2.507	.012	.055	2.076	.038	.060	2.227	.026
Unfähigkeit zum Alleinsein				.120	4.533	<.0001	.105	4.213	<.0001	.100	3.995	<.0001
Transzendenzwahrnehmung (DSES)							-.351	-13.271	<.0001	-.323	-11.782	<.0001
Lebenszufriedenheit (SWLS)										-.119	-4.533	<.0001

spirituellen Erfahrungen im dritten Schritt (Modell 3) nehmen etwas vom weiter bestehenden Gewicht der persönlichen Beziehung zu Gott einerseits und der Probleme mit Sexualität und der Einsamkeit als Unfähigkeit allein zu sein, andererseits ab. Dasselbe gilt im vierten Schritt mit der Einbeziehung der Lebenszufriedenheit (Modell 4), mit dem allerdings nur ein weiterer Prozentpunkt zur Erklärung der Varianz von geistlicher Trockenheit hinzugefügt wird. Im dritten und vierten Schritt der Varianzanalyse bleiben neben den spirituellen Aspekten (und Lebenszufriedenheit) im Sinne eines kontinuierlichen „harten Kerns" mit einem nicht auflösbaren gewissen Gewicht die beiden Variablen Probleme mit der Sexualität und Einsamkeit als Unfähigkeit zum Alleinsein. Mit anderen Worten: In der Stichprobe der teilnehmenden Priester spielen jene mit Problemen mit der Sexualität und mit Unfähigkeit zum Alleinsein eine kontinuierliche, irreduzible Rolle für die Ergebnisse bzw. das Vorkommen geistlicher Trockenheit in der Stichprobe.

Ihre Verschränkung miteinander in der vorliegenden Stichprobe zeigt Tabelle 4. Von den 1.325 Priestern aller Altersgruppen, die die Fragen zu Geistlicher Trockenheit und Commitment zum Zölibat beantwortet hatten, äußern 468 (35 %) Probleme mit der Sexualität und 168 (13 %) Schwierigkeiten damit, allein zu sein. Beide Gruppen haben eine Schnittmenge (n = 77; 6 %) – d. h. knapp die Hälfte (46 %) der Priester, die kaum oder nicht fähig sind, allein zu sein, äußern auch ausdrücklich Probleme mit der Sexualität.

Tabelle 4: Verteilung der Variablen „Probleme mit der Sexualität" und (Un-)Fähigkeit, allein zu sein (n = 1.325 Priester aller Altersgruppen, die die Fragen zu Geistlicher Trockenheit und Commitment zum Zölibat beantwortet hatten)

	Probleme im Bereich der Sexualität							
	Ablehnung		Indifferenz		Zustimmung		Gesamt	
Einsamkeit als Unfähigkeit zum Alleinsein	Anzahl	%	Anzahl	%	Anzahl	%	Anzahl	%
Scores 1–3: Ablehnung	531	46	235	20	391	34	1157	100
Scores 4–7: Zustimmung	55	33	36	21	77	46	168	100
Gesamt Einsamkeit	586	44	271	20	468	35	1325	100

4. Diskussion: Zölibat, Sexualität und die Unfähigkeit allein zu sein

Die Untersuchungen zeigten neben der Bedeutung täglichen spirituellen Erlebens bzw. in der Beziehung zu Gott/Jesus: Geistliche Trockenheit kann mit der Unfähigkeit allein zu sein, aber auch mit Problemen mit der eigenen Sexualität zusammenhängen. Beide Aspekte stehen in erheblicher Spannung mit dem Zölibat. Es erscheint psychodynamisch für einige Probleme mit der eigenen Sexualität plausibel, dass der Zölibat für solche Männer als unbewusste Abwehrmöglichkeit attraktiv dafür wirkt, Entwicklungsaufgaben hin zu einer psychosexuell erwachsenen Persönlichkeit zu vermeiden oder auszublenden und ihre psychosexuelle Unreife hinter einer sozial akzeptierten Rolle (C. G. Jung spräche von „persona"[23]) zu verbergen.

Noch schwerwiegender bzw. mit noch größerer psychischer Not scheint die Wahl des Zölibates mit seinen Elementen struktureller Einsamkeit verbunden bei jenen Männern, die im Grunde unfähig sind, alleine zu sein. Der Kinderpsychiater und Psychoanalytiker Donald Winnicott beschrieb in einem klassischen Artikel psychoanalytischer Entwicklungspsychologie die Fähigkeit allein zu sein, als Ergebnis einer wichtigen frühkindlichen Entwicklungsaufgabe und hielt fest: Die Fähigkeit des Menschen zum Alleinsein ist „eins der wichtigsten Zeichen der Reife in der emotionalen Entwicklung".[24] Winnicott erläuterte dazu mit Blick auf ein Kind, das sich in Anwesenheit der Mutter in der Nähe ganz mit sich und etwas anderem beschäftigt, noch vor der Formulierung der Bindungstheorie, jedoch in offenkundigem Einklang mit ihr: „Nur wenn er allein ist (d. h. in Gegenwart eines anderen Menschen), kann der Säugling sein eigenes personales Leben entdecken. Die pathologische Alternative ist ein falsches, auf Reaktionen auf äußere Reize aufgebautes Leben".[25]

Im Entdecken seiner selbst lernt das Kind, freier zu werden von äußeren Einflüssen, statt sich ihnen ständig anpassen zu müssen (als „Persona", s. o., oder mit einem „falschen Selbst", wie Winnicott an

---

23 vgl. Baumann et al., 2017a: 108–114.
24 Winnicott, 1958, 1974: 36.
25 Winnicott, 1974: 42.

anderer Stelle klassisch formulierte).[26] In diesem Sinne fährt Winnicott fort: „Das Individuum, das die Fähigkeit zum Alleinsein entwickelt hat, ist ständig in der Lage, den persönlichen Impuls wieder zu entdecken, und der persönliche Impuls wird nicht vergeudet, weil der Zustand des Alleinseins etwas ist, was (wenn auch paradoxerweise) immer bedeutet, daß jemand anders da ist".[27] Priester, die in diesem Sinne ihr eigenes personales Leben nicht genügend entdecken konnten (weil sie nicht allein sein können), ständig von äußeren Einflüssen abhängig sind und im Grunde ein „falsches Selbst" leben, vergeuden so nicht nur ihre verborgenen Potenziale (die persönlichen Impulse ihres „wahren Selbst"). Sie haben v. a. keinen Zugang zu diesen. Sie sind unfähig zu einem verlebendigenden, anregenden Austausch mit anderen, sondern erzeugen eine eigenartige, tiefe Langeweile in der Begegnung, die auf eine tieferliegende Störung der Beziehungsfähigkeit hinweist.[28] In ihnen herrscht somit wohl auch eine enorme seelische Not, ob nun spürbar verbunden mit Problemen mit der Sexualität oder nicht. Winnicott deutet die gemeinte seelische Not dramatisch an: „Ein Mensch kann in Einzelhaft sein und dennoch nicht zum Alleinsein fähig. Wie sehr er leiden muss, ist unvorstellbar".[29] Die beiden Sätze ließen sich für unseren Kontext variieren: „Ein Mann kann im Zölibat leben und dennoch nicht zum Alleinsein fähig. Wie sehr er leiden muss, ist unvorstellbar." Diese Not lässt sich jedoch nur angehen, wo ein solcher Mann mit den vorhandenen Aspekten [s]eines „wahren Selbst" aufgrund seiner Einsicht in seinem Leidensdruck bereit wird, die schwere Arbeit einer Langzeittherapie auf sich zu nehmen, die dieses beherrschende „falsche Selbst" auflöst.[30]

Geistliche Trockenheit wäre in all diesen Fällen auch ein wichtiges Symptom, das trotz aller Anpassungsleistungen des „falschen

---

26 vgl. Winnicott, 1974: 172–200.
27 vgl. die Beschreibung und Deutung zu solcher Einsamkeit von Wilmer, 2013: 197.
28 vgl. Bensch, 1999.
29 Winnicott, 1974: 37.
30 Winnicott ist aufgrund seiner psychotherapeutischen Arbeit sehr klar dazu: „Nur das wahre Selbst kann analysiert werden. […] Ein besonderer Fall des falschen Selbst ist der, wo der intellektuelle Prozess zum Sitz des falschen Selbst wird. Es entwickelt sich eine Dissoziation zwischen Geist und Psyche-Soma, die ein wohlbekanntes klinisches Bild hervorbringt." (1974, 173, 174).

Selbst" auf tiefe seelische Leiden hinweist, die nicht so sehr im Sinne eines „geistlichen Kampfes" reifer Persönlichkeiten auf einem geistlichen Weg zu deuten sind, wie dies Ignatius von Loyola mit dem zweiten und dritten Hauptgrund von Misstrost beschrieb. Ebenso handelt es sich nicht nur etwa um Nachlässigkeit, Trägheit oder Lauheit solcher Persönlichkeiten im moralischen Sinne des ersten Hauptgrundes (s. o.; EB 322). Diese können ihrerseits vielmehr die Spitze eines Eisberges tieferer seelischer Konflikte, Mängel oder Nöte sein, auf welche das seelische Erleben mit der geistlichen Trockenheit oder anderem Misstrost wie mit einem schwer verständlichen Hilferuf seine menschliche Umwelt hinlenken will. Wo geistliche Begleiter/innen oder Ausbildungsverantwortliche diese Zeichen sehen und nicht unterscheiden können, wo sie solche in ihrer expliziten Botschaft oft unklaren Hilferufe nicht vernehmen können, perpetuieren sie das Leiden nur und fördern weder die Entwicklung der Persönlichkeiten noch den notwendigen Dienst der Priester für die Menschen, sondern bewirken das Gegenteil. Die Priester selbst sind schwer eingeschränkt in ihrer Liebesfähigkeit zu anderen Menschen, die Begleiter/innen enthalten ihnen gegebenenfalls die *agape* vor, dafür geeignete Hilfe zu finden.

5. Zum Umgang mit eigenen Schwachstellen in der Logik der Unterscheidung der Geister

Ignatius von Loyola gibt im Exerzitienbuch Hinweise darauf, wie diese oft schwer erkennbaren Hilferufe besser verstanden werden können, paradoxerweise dank des „Feindes der menschlichen Natur", als den er den „Satan", den „großen Versucher", charakterisiert. Es sei nämlich so:

> *„Der Feind der menschlichen Natur benimmt sich wie ein Anführer, der das, was er haben will, besiegt und ausplündert. Denn wie ein Hauptmann oder Heerführer erst sein Lager aufschlägt und die Stärke oder Zustand einer Burg ausspäht und sie dann an der schwächsten Stelle angreift, auf die gleiche Weise schleicht der Feind der menschlichen Natur umher und belauert ringsum alle unsere Tugenden [...]; und wo er uns schwächer und hilfsbedürftiger zu unserem ewigen Heil*

hin findet, dort schlägt er gegen uns los und trachtet, uns zu überwältigen." (EB 327)

Zumindest mit Hilfe kompetenter geistlicher Begleitung lässt sich diese Strategie nutzen, um zu verstehen, welches diese „schwächsten Stellen" sind, wo jemand besonders schwach und hilfsbedürftig zu seinem ewigen Heil und somit zu einem „Leben in (größerer) Fülle" (vgl. Joh 10,10) hin ist. Auf diese Weise dient der Feind der menschlichen Natur „ungewollt" den Menschen sogar. Und wo mit seiner „Hilfe" erkannt wird, wo die Schwächen und Nöte sind – auch dank des Ernstnehmens und kompetenten Unterscheidens von geistlicher Trockenheit – kann der Mensch genau diese Nöte präventiv oder bei ihrem Gewahrwerden diese Schwächen und Nöte so angehen, wie es ihm ein wahrhaft guter Freund im Gespräch wünschen und empfehlen würde – oder wie Christus in seinem „Trösteramt" als „Freund" (vgl. EB 224; vgl. EB 54). Dies kann auch heißen, dass gerade mit Respekt für die „natürlichen" Zusammenhänge menschlicher (Entwicklungs-)Psychologie eine geeignete Psychotherapie notwendig und geboten ist, um eigenes seelisches Leid zu mindern, um nicht neues seelisches Leid bei anderen zu verursachen und um die eigene Berufung zu wirklicher *agape* wahrhaftiger zu erkennen und zu leben – statt eine Rolle als Abwehr von all dem zu nutzen.

6. Fazit

Unsere Analysen zeigen, dass für das Erleben geistlicher Trockenheit bei Priestern neben allgemeiner Lebenszufriedenheit zum einen die intrinsisch religiös-spirituellen Aspekte der Transzendenzwahrnehmung und persönlichen Beziehung zu Gott/Jesus eine zentrale, quantitativ wichtigste Rolle spielen; zum anderen tauchen jedoch auch spezifischer mit dem Zölibat verbundene Aspekte auf und lassen sich nicht „herausrechnen": Probleme mit der eigenen Sexualität und die (entwicklungspsychologisch besonders wichtige[31]) Fähigkeit bzw. Unfähigkeit allein zu sein. Je dauerhafter und regelmäßiger (statt „nur" punktuell und akut krisenhaft) diese beiden Aspekte bei

---

31 Winnicott, 1974.

einer Person vorliegen, umso weniger ist für diese Männer der Zölibat eine geeignete Lebensform für ein wirksames Apostolat in innerer Freiheit und für ein geistliches Leben in Freude[32] von der „natürlichen Ausgangsbasis" her möglich. Sie führen mit ihr als Abwehr vielmehr die Blockierung der Entwicklung ihrer Liebesfähigkeit und ihres potentiellen Wachstums in der Liebe Gottes und der Nächsten wie zu sich selbst fort. Ohne damit außergewöhnliche Möglichkeiten des Wirkens Gottes ausschließen zu wollen, ist in der Regel davon auszugehen, dass die Gnade auch hier nicht ergänzt, was der Natur mangelt.[33] Vielmehr sollten diese Priester – eventuell am besten schon als Seminaristen, wenn sie diesbezüglich bereits Einsicht haben und bereit sind – sich einer qualifizierten Selbsterfahrung, die für jeden Weg persönlicher Wahrhaftigkeit förderlich ist, für die Bearbeitung ihrer zugrundeliegenden, ungelösten psychischen Konflikte stellen bzw. Hilfe dazu hin auf geeignete Weise erhalten.

Literatur

Baumann K, Jacobs C, Frick E, Büssing A: Spiritual Dryness and Celibacy in Catholic Priests – the Need for Discernment of Ongoing Spiritual Journeys from Relational and Psychosexual Immaturities (in preparation).

Baumann K, Büssing A, Frick E, Jacobs C, Weig W: *Zwischen Spirit und Stress. Die Seelsorgenden in den deutschen Diözesen*. Würzburg: Echter, 2017a.

Baumann K, Jacobs C, Frick E, Büssing A: Commitment to Celibacy in German Catholic Priests: Its Relation to Religious Practices, Psychosomatic Health and Psychosocial Resources. *Journal of Religion & Health* 2017b; 56: 649–668.

Baumann K: Focusing on the Basic Elements of Christian Faith in the Service of Renewal. The Scope and Effects of the Encyclical *Deus caritas est* More than Ten Years after its Publication. *Rozniki Teologiczne* 2017; 64: 5–25.

Baumann K: Organisierte Caritas und Barmherzigkeit. In: Augustin G (Hrsg.) *Barmherzigkeit leben: Eine Neuentdeckung der christlichen Berufung*, Freiburg: Herder, 2016: 279–290.

---

32 vgl. Daeschler, 1937: 845–855.
33 vgl. dazu schon Paul VI. (1967) Enzyklika *Sacerdotalis caelibatus*, n. 64: „Es ist nicht anzunehmen, daß die Gnade, auf die alle Menschen angewiesen sind, bei ihnen ersetzt, was der Natur fehlt."

Baumann K: „Wer es fassen kann". Ehelose Keuschheit um des Himmelreiches willen und Fragen der Formation. *Ordenskorrespondenz* 2010; 51: 285–295.

Baumann K: Priesterliche Identitätszustände"...... auf dem Weg, wie Christus gesinnt zu werden. In: Marx R, Schallenberg P (Hrsg.). *Wir haben Christi Sinn. Heilige als Vorbilder priesterlicher Spiritualität*. Paderborn: Bonifatius 2002: 163–181.

Bensch R: Psychoanalyse der Langeweile. *Jahrbuch der Psychoanalyse* 1999; 41: 135–163.

Büssing A, Frick E, Jacobs C, Baumann K: Spiritual Dryness in Non-Ordained Catholic Pastoral Workers. *Religions* 2016; 7, 141. https://www.mdpi.com/2077–1444/7/12/141

Büssing A, Sautermeister J, Frick E, Baumann K: Reactions and strategies of Catholic priests to cope with phases of spiritual dryness. *Journal of Religion & Health* 2017a; 56: 1018–1031.

Büssing A, Baumann K, Jacobs C, Frick E: Spiritual Dryness in Catholic Priests: Internal Resources as Possible Buffers. *Psychology of Religion and Spirituality* 2017b; 9: 46–55.

Büssing A, Günther A, Baumann K, Frick E, Jacobs C: Spiritual dryness as a measure of a specific spiritual crisis in Catholic priests: associations with symptoms of burnout and distress. *Evidence-Based Complementary and Alternative Medicine* 2013; Article ID 246797 http://dx.doi.org/10.1155/2013/246797.

Daeschler R: Aridité. In: Viller M, Cavallera F, de Guibert J, Rayaz A, Derville A, Solignac A (Hrsg.) *Dictionnaire de Spiritualité Ascétique et Mystique* (Vol. I), Paris: Beauchesne, 1937.

Ignatius von Loyola: *Geistliche Übungen*. Übertragung und Erklärung von Adolf Haas. Mit einem Vorwort von Karl Rahner, Freiburg: Herder, 6. Aufl., 1983.

Kampling R: Barmherzigkeit, In: Berlejung A, Frevel C (Hrsg.) *Handbuch theologischer Grundbegriffe zum Alten und Neuen Testament (HGANT)*. Darmstadt: Wissenschaftliche Buchgesellschaft, 2. Aufl. 2009: 106–108.

Köster P: *Zur Freiheit befähigen. Kleiner Kommentar zu den Großen Exerzitien des hl. Ignatius*. Leipzig: Benno-Verlag, 1999.

Kramer J, Weig W: Intimität und Sexualität bei katholischen Priestern in Deutschland – Ergebnisse aus der Seelsorgestudie. *Sexuologie* 2016; 23: 5–16.

Kolodiejchuk M (Hrsg.): *Mother Teresa: Come Be My Light. The revealing private writings*. New York: Doubleday, 2007.

Söding T: Eros und Agape im Licht des Neuen Testaments. *Geist und Leben* 2004; 77: 248–260.

Söding T: Liebe/Haß, In: Coenen L, Haacker K (Hrsg.) *Theologisches Begriffslexikon zum Neuen Testament*. Wuppertal/Neukirchen: R. Brockhaus/Neukirchener Verlag, 2005: 1322–1326, 1329–1331.

Söding T: Das Hauptgebot in der Verkündigung Jesu. Beobachtungen bei den Synoptikern. In: Augustin G, Krämer K (Hrsg.) *Gott denken und bezeugen. FS Kardinal Walter Kasper*, Freiburg: Herder, 2008: 250–273.

Weismayer J: *Leben aus dem Geist Jesu. Grundzüge christlicher Spiritualität*. Innsbruck: Tyrolia, 2007.

Wilmer H: *Gott ist nicht nett*. Freiburg: Herder, 2013.

Winnicott DW: *Reifungsprozesse und fördernde Umwelt*. München: Kindler 1974: 36–46 (engl.: Winnicott DW: The capacity to be alone. In The maturational processes and the facilitating environment, London: Hogarth/Institute of Psycho-Analysis, 1965: 29–36. Reprinted from *International Journal of Psycho-Analysis* 1958; 39: 416–420.)

Zollner H: *Trost – Zunahme an Hoffnung, Glaube und Liebe. Zum theologischen Ferment der ignatianischen „Unterscheidung der Geister"*, Innsbruck: Tyrolia, 2004.

Christoph Jacobs

Salutogenese – Kohärenzgefühl – Geistliche Trockenheit

1. Geistliches Leben als ein Teil des ganzen Lebens

Geistliches Leben ist kein isoliertes Segment, sondern im Idealfall ein integrierender Bestandteil des ganzen Lebens. Es gehört also nicht nur irgendwie dazu, sondern macht es zu dem, was es ist. Aus spiritueller Perspektive wird man daher annehmen, dass auch eine Belastung des geistlichen Lebens deutlich wahrnehmbare belastende Auswirkungen auf das gesamte Leben – und nicht nur auf ein isoliertes Segment – haben wird.

Dies wird umso mehr gelten, je höher die Bedeutung ist, die ein geistlich lebender Mensch seinem geistlichen Leben für das gesamte Leben zuschreibt. Mit anderen Worten: Geistliche Trockenheit wird umso mehr Spuren im gesamten Leben hinterlassen, je stärker diese ausgeprägt ist und je größer die Bedeutsamkeit für das gesamte Leben eingeschätzt wird.

Bisher wird allerdings in der Literatur, in der Praxis der Ausbildung und in den Erfahrungsberichten zum geistlichen Leben sehr wenig die Frage diskutiert, ob auch die umgekehrte Blickrichtung oder gar Wirkrichtung ebenso plausibel ist: dass nämlich ein Mangel an Lebensressourcen und an Lebensqualität zu einem Mangel an Gotteserfahrung an sich oder sogar zu einer Verstärkung der Erfahrung der geistlichen Trockenheit führt. Dieser Frage soll in diesem Beitrag auf der Basis empirischer Daten nachgegangen werden. Die hier an den Beginn des Beitrags gestellte These lautet: Geistliche Trockenheit (GT) als „belastete Gotteserfahrung" kann sowohl in der Entstehung als auch im Umgang damit nicht isoliert, *sondern nur im Gesamtkontext der kognitiven, instrumentellen und motivationalen Ressourcen und Belastungen* verstanden werden.

2. Geistliche Trockenheit als Frage der Lebensressourcen

Wenn man die Gesundheitswissenschaften befragt, ob sich die Lebensqualität eines Menschen auf der Basis seiner Ressourcen voraussagen lässt, erhält man eine eindeutige Antwort: *Selbstverständlich ist die Lebensqualität eine Frage der Lebensressourcen.*[1] Das würde dann auch für die geistliche Lebensqualität (die in den aktuellen Gesundheitskonzepten jedoch noch kaum thematisiert wird) oder auch das Fehlen dieser geistlichen Lebensqualität, also für die geistliche Trockenheit gelten.

Das Gelingen des Lebens ist weniger eine Frage des mehr oder minder zufälligen Lebensglücks (im Sinne des Lottoglücks) als das Ergebnis des integrierten Zusammenwirkens zentraler Lebensressourcen, die im Laufe des Lebens kontinuierlich aufgebaut und gefördert werden. Stehen angesichts der Anforderungen des Lebens viele Ressourcen zur Verfügung, wird oft eine hohe Lebensqualität wahrgenommen.[2] Stehen angesichts der Anforderungen des Lebens auf die Dauer nur wenige Ressourcen zur Bewältigung zur Verfügung, kommt oft eine negative Entwicklung der Lebensqualität in Gang.

Aus gesundheitswissenschaftlicher Perspektive sind die spirituellen Ressourcen in das gesamte Bedingungsgefüge der physischen, psychischen, geistigen, sozialen und organisationalen Ressourcen der Person eingebettet. Diese Ressourcen stehen in einer ständigen Wechselwirkung. So wird man erwarten, dass ein Ressourcenmangel in einer oder mehreren Dimensionen des Lebens sich vermutlich belastend auf die spirituellen Ressourcen auswirkt. Versteht man spirituelle Trockenheit als „belastete Gotteserfahrung", so darf man annehmen, dass diese belastete Gotteserfahrung in enger Beziehung steht zu einem Mangel oder zu einer Belastung lebenswichtiger Ressourcen. Fallen zentrale Ressourcen aus oder sind diese stark belastet, so dürfte dies auch als spirituelle Trockenheit wahrgenommen werden. Mit anderen Worten: Geistliche Trockenheit wird – zumindest zu einem Teil – entweder als Indikator oder als Folge von allgemeinmenschlichem Ressourcenmangel aufzufassen sein.

---

1 Mittelmark et al., 2017.
2 Jacobs, 2012.

3. Das Salutogenesemodell als Rahmenmodell für eine geistliche Lebensentwicklung

Die soeben darstellten Überlegungen verfolgen das Ziel der Einbettung der Erfahrung der geistlichen Trockenheit in ein umfassendes, salutogenetisch fundiertes Anforderungs-Ressourcen-Modell der Gesundheit.[3] Das salutogenetische Denken hat sich in den vergangenen Jahren zur konzeptionellen Hauptströmung in den Gesundheitswissenschaften und darüber hinaus entwickelt.[4] Der Grund liegt darin, dass es sich in den vergangenen Jahren sowohl in der Gesundheitspsychologie und in der Medizin als auch in der Arbeits- und Organisationspsychologie als eine der bedeutsamen Rahmenkonzeptionen *bewährt* hat.[5]

Entscheidend für die Rezeption des von Aaron Antonovsky (1923–1994) vorgeschlagenen Modells war die Rezeption durch die Weltgesundheitsorganisation und die Institutionen der Gesundheitspolitik bzw. -förderung.[6] Das Salutogenesemodell gilt als integrierendes und synthetisierendes Modell („umbrella model") für alle Konzeptionen, in denen individuelle, gruppenbezogene, organisationale und spirituelle Ressourcen eine Rolle spielen.[7] Dazu gehören u. a. Selbstwirksamkeit, Bindung, Kohärenzgefühl, Kontrollüberzeugungen, Coping/Belastungsbewältigung, erlernter Optimismus, Widerstandskraft, Resilienz, Wohlbefinden, Flow, innere Stärke, Empowerment, soziales Kapital u. v. a. m.

Zentral für das salutogenetische Denken ist seine Ressourcenorientierung. Sie lässt sich in Kontrast setzen zum Denken und Handeln in pathogenetischen Modellen. Seine Fragestellung lautet: „Was macht (alle) Menschen und seine Systeme gesund, stark, leistungsfähig?" und nicht: „Was macht (einzelne) Menschen krank und nimmt ihnen die Lebensqualität?". Bereits die Frageformulierung macht die Annahme deutlich, dass in der Regel die Gesundheitsdynamik die umfassendere Dynamik als die Krankheitsdynamik darstellt.

---

3 vgl. Becker, 2006; Becker et al., 1994.
4 Mittelmark et al., 2017.
5 Jacobs, 2017.
6 Antonovsky, 1997.
7 Lindström & Eriksson, 2010.

Dies lässt sich natürlich auch auf die Fragestellung nach geistlicher Trockenheit übertragen. Damit lautet die Fragestellung zur geistlichen Trockenheit in salutogenetischer Perspektive: Was könnten die gesamtmenschlichen Ressourcen sein, welche die Wahrscheinlichkeit des Auftretens von geistlicher Trockenheit verringern? So würde eine Engführung der Ursachenzuschreibung auf den spirituellen Bereich im engeren Sinne vermieden und auf eine gesamtmenschliche Perspektive hin geöffnet. Geistliche Trockenheit wäre dann ein Korrelat oder eine Folge von mangelnden Lebensressourcen, die im geistlichen Leben eine wesentliche Kraftquelle darstellen.

4. Salutogenetische Ressourcen: auch ein Rahmenkonzept für geistliche Stärke

Antonovsky selbst findet in der Figur des Moses von Michelangelo in San Pietro in Vincoli (Rom) eine treffende Veranschaulichung für seinen Ansatz in einem religiösen Bild (Antonovsky, 1993): Moses ist dort dargestellt mit den Gesetzestafeln, die er dem Volk Gottes, einem Volk freigekämpfter Sklaven zu überbringen hat. Er ist darstellt als Mann voller Kraft und Stärke, er ist bereit zur Auseinandersetzung. In einer solchen Situation wird er für das Volk Gottes zur Führungskraft, der auf der Basis der eigenen Rückbindung („religio") an JHWE seinem Volk Israel die Kraft gibt, sich auf die Wanderung durch die Wüste zu begeben. An dieser Figur des Mose kann sich sehr deutlich zeigen, welche Bedeutung die gesamtmenschlichen Ressourcen für das Leben als religiös motivierten und einsatzbereiten Menschen besitzen.

Ilona Kickbusch, die langjährige Vordenkerin und Managerin der Weltgesundheitsorganisation, fasst das salutogenetische Denken in einer spirituell gut kompatiblen Sprache: Menschen brauchen für eine gelingende Lebensentwicklung ein „Gefühl des Verankertseins".[8] Sie brauchen ein tragfähiges Fundament, eine Rückbindung an die menschlichen Kraftquellen, die es ermöglichen, sich mit Blick auf eine gelingende Zukunft den Widrigkeiten des Lebens zu stellen. Hier dürfen wir die bereits angedeutete Analogie und Nähe zur Grundbedeutung des theologischen Begriffs der „religio" entdecken.

---

8 Kickbusch, 1992.

Religion ist eine generelle Weltsicht, die ein Rahmenverständnis gibt für das Verhalten und Erleben, und die eine Lebensperspektive und eine Lebensorientierung bietet, indem sie den Menschen in Beziehung zu Gott setzt und in ihm verankert.

5. Das Kohärenzgefühl als lebensnaher Indikator für das Ressourcenuniversum eines Menschen

Aaron Antonovsky hat intensiv daran gearbeitet, einen Indikator für die Ressourcenstärke eines Menschen zur Verfügung zu stellen.[9] Dieser Indikator ist unter dem Terminus „Kohärenzgefühl" bekannt geworden. Gemeint ist damit eine subjektive Kompetenz, welche Menschen befähigt, sich als aktive Gestalter ihrer Identität und Gesundheit zu begreifen. Der Begriff „Kohärenzgefühl" meint eine „geistige Haltung", die wie ein „Lebensdirigent" wirkt. Diese Kompetenz gilt als „... eine globale Orientierung, die ausdrückt, in welchem Ausmaß man ein durchdringendes, andauerndes und dennoch dynamisches Gefühl des Vertrauens hat, dass 1. die Stimuli, die sich im Verlauf des Lebens aus der inneren und äußeren Umgebung ergeben, strukturiert, vorhersehbar und erklärbar sind; 2. einem die Ressourcen zur Verfügung stehen, um den Anforderungen, die diese Stimuli stellen, zu begegnen; 3. diese Anforderungen Herausforderungen sind, die Anstrengung und Engagement lohnen".[10] Gemeint ist also eine Lebensorientierung für das Verstehen der Welt, das Gestalten der Welt und das Engagement in der Welt (sense of comprehensibility, sense of managability, sense of meaningfulness).

Das Kohärenzgefühl bündelt somit alle dem Individuum zur Verfügung stehenden Ressourcen in drei Clustern oder Perspektiven: die kognitiven Ressourcen, die instrumentellen Ressourcen und die motivationalen Ressourcen:

1. Sie vermitteln die Überzeugung, dass die Erfahrungen des Lebens sinnvoll, geordnet, strukturiert und vorhersagbar sind.

---

9 vgl. Antonovsky, 1984; Antonovsky, 1993.
10 Antonovsky, 1997: 36.

Sie geben das Gefühl, die Welt verstanden zu haben (die kognitiven Ressourcen).
2. Sie führen zum Vertrauen, dass die Anforderungen des Lebens zu meistern sind, wenn man sich der relativen Vielzahl der Ressourcen bedient, die dafür zur Verfügung stehen. Sie vermindern das Gefühl, dass die „Karten des Lebens" gegen einen gemischt sind (die instrumentellen Ressourcen).
3. Sie stärken den Willen, das Leben mit den zur Verfügung stehenden Kräften zu meistern. Sie stärken das Gefühl, dass es sich lohnt, die Widerstandskräfte zu mobilisieren (die motivationalen Ressourcen).

Für unsere Perspektive der geistlichen Trockenheit ist es wichtig, dass die kognitiven, instrumentellen und motivationalen Ressourcen in konzeptioneller Verbindung stehen zu einem umfassend verstandenen Modell von geistlicher Trockenheit. Da das Kohärenzgefühl *alle menschlichen Ressourcen* „organisiert", ist es vermutlich auch ein indirekter oder gar direkter „Organisator" der geistlichen Ressourcen.

Trifft diese Überlegung zu, dann müssten – zumindest für einen großen Teil der Personen – folgende Grundannahmen gelten: Ist das Kohärenzgefühl stark ausgeprägt, so dürften viele Ressourcen für das geistliche Leben zur Verfügung stehen und damit die Wahrscheinlichkeit vermindern, dass ein Individuum eine geistliche Trockenheit erfährt. Ist das Kohärenzgefühl schwach ausgeprägt, so dürften eher weniger Ressourcen für das geistliche Leben zur Verfügung stehen und damit die Wahrscheinlichkeit für geistliche Trockenheit erhöhen.

Mit dieser Annahme ist allerdings durchaus nicht ausgeschlossen, dass es auch einen Teil von Personen gibt, bei denen die geistliche Trockenheit keine „Defiziterfahrung" darstellt, sondern eine „paradoxe Positiverfahrung": als zunächst oder über längere Zeit auch bedrückend erfahrenes „Gezogen-Werden" zu Gott hin.

Wichtig ist es an dieser Stelle daher, bei aller Plausibilität der Überlegungen zum Zusammenhang zwischen „Ressourcenuniversum" und Geistlicher Trockenheit nicht einem „geistlichen Pelagianismus" zu verfallen (vgl. die anderen Beiträge in diesem Band):

Erstens ist es natürlich klar, dass auch Menschen mit vielen menschlichen Ressourcen manchmal oder auch häufiger Phasen geistlicher Trockenheit erfahren. Dies gehört aus der Perspektive der geistlichen Tradition in großer Selbstverständlichkeit zu den Wellenbewegungen des geistlichen Lebens hinzu. Auch geistlich starke Menschen erleben Phasen geistlicher Trockenheit.

Zweitens: Aus spiritueller Perspektive ist das freie und souveräne Handeln Gottes in Bezug auf das geistliche Leben des Menschen angemessen zu bedenken. In der geistlichen Tradition wird das vom Menschen als „Beziehungs-Entzug" wahrgenommene „herausfordernde" Beziehungshandeln Gottes als Aufforderung zu einer Vertiefung der geistlichen Ressourcen und als Aufforderung zu einer geistlich-menschlichen Umkehr und „Neugründung" in einem existentielleren Fundament gedeutet.

Damit dürfte es unter den Personen mit geistlicher Trockenheit mit Blick auf ihren Ressourcenstatus zumindest drei Gruppen geben: 1. die Personen mit geringerem Kohärenzgefühl, denen grundsätzlich die Ressourcen für eine stabilere Gotteserfahrung fehlen, 2. die Personen mit einem normalen bis hohen Kohärenzgefühl, die sich in einer eher „zufällig" gegebenen Phase geistlicher Trockenheit befinden, 3. die Personen mit einem normalen bis hohen Kohärenzgefühl, denen sich der souveräne Gott in seinem Beziehungshandeln zur Stimulation eines vertieften geistlichen Lebens temporär oder sogar über lange Zeit entzieht.

6. Zur empirischen Untersuchung der Zusammenhänge

Die bisherigen Überlegungen sind aus Sicht des Autors theologisch und anthropologisch von guter Tragfähigkeit. Aus wissenschaftlicher Perspektive braucht es aber eine Absicherung durch eine empirische Überprüfung. Gut geeignet sind dafür Personen, die von ihrer Biographie und ihrer beruflichen Identität mit einer ausgeprägten spirituell geformten Persönlichkeit ausgestattet sein sollten. Gewählt haben wir in unserer „Forschungsgruppe Seelsorgestudie" (Profs. Baumann, Büssing, Frick, Jacobs, Weig) dafür ca. 8600 Priester, Diakone, PastoralassistentInnen und GemeindereferentInnen aus 22 von 27 deutschen Diözesen.[11] Erforscht wurden in dieser Studie

---

11 vgl. Baumann et al., 2017; Jacobs, 2017.

Ressourcen und Belastungen im Kontext der gesellschaftlichen, religiösen und pastoralen Lebens- und Arbeitssituation. Wir gehen dabei von der grundsätzlichen Annahme aus, dass die menschlichen, geistlichen und organisationalen Ressourcen und Belastungen sich gegenseitig beeinflussen. Zur Gesamtgruppe gehören – in gerundeten Zahlen – 4.150 Priester (48%), 1.050 Diakone im Haupt- und Nebenamt (12%), 1.500 Pastoralreferenten und Pastoralreferentinnen (18%) und 1.900 Gemeindereferenten und Gemeindereferentinnen (22%).

In dieser Studie wurden auch das Kohärenzgefühl und die Geistliche Trockenheit (und ebenso die Stärke der geistlichen Alltagserfahrung – vgl. Büssing in diesem Band) erhoben und zueinander in Beziehung gesetzt.

Das Kohärenzgefühl wurde erhoben mit dem SOC-13 Kurzfragebogen von Aaron Antonovsky mit 13 Fragen. Der Fragebogen ist sowohl international wie auch in Deutschland für die Gesamtbevölkerung normiert. Zum Fragebogen gehörten zum Beispiel folgende Fragen, die auf einer 7-stufigen Zustimmungs-/Ablehnungsskala zu beantworten waren: „Haben Sie das Gefühl, dass es Ihnen ziemlich gleichgültig ist, was um Sie herum passiert?" (sehr oft – selten oder nie / Sinnhaftigkeit); „Haben Sie das Gefühl, dass Sie in einer ungewohnten Situation sind und nicht wissen, was Sie tun sollen?" (sehr oft – selten oder nie / Verstehbarkeit); „Viele Leute – auch solche mit einem starken Charakter – fühlen sich in bestimmten Situationen wie traurige Verlierer. Wie oft haben Sie sich in der Vergangenheit so gefühlt?" (sehr oft – selten oder nie / Gestaltbarkeit). Der Fragebogen gilt als zuverlässig, zeigt aber auch Überlappungen mit Messinstrumenten der Selbstwirksamkeit und der Depression.[12] Dies bedeutet mit Blick auf die geistliche Trockenheit, dass vor allem depressive Tendenzen oder auch Stimmungen, wie sie bei der Geistlichen Trockenheit wahrzunehmen sind, vom Fragebogen miterfasst werden.[13] Dies gilt in ähnlicher Weise für korrespondierende Fragen im Bereich der Selbstwirksamkeit: Überall dort, wo Gestaltungskräfte oder Erlebniskräfte blockiert sind (bei den Ressourcen oder auch bei der geistlichen Trockenheit) dürften sich gleichsinnige Ergebnisse einstellen. In der Tat hängt die Selbstwirksamkeitserwartung von

---

12 Bengel, 2001.
13 Bengel, 2001.

Priestern deutlich (und invers) mit Geistlicher Trockenheit zusammen (r = .49).[14]

Die geistliche Trockenheit wurde gemessen mit der deutschsprachigen „Spiritual Dryness Skala" von Arndt Büssing.[15] Mit Hilfe von 6 Items wird die Häufigkeit der entsprechenden Erfahrungen, Empfindungen und Reaktionen abbildbar gemacht[16] sowie mit drei zusätzlichen Items, ob einerseits Wege gefunden wurden, mit diesen Gefühlen umgehen zu können (Coping), und welche Reaktionen einer spirituellen Transformation anschließend erfahren werden (vgl. Büssing in diesem Buch).

7. Empirische Zusammenhänge zwischen Kohärenzgefühl und Geistlicher Trockenheit

Im Folgenden seien nun verschiedene empirische Ergebnisse zum Kohärenzgefühl und seinem Zusammenhang mit geistlicher Trockenheit zusammengestellt:

1. Als erstes, gemäß der bisherigen Überlegungen erwartetes grundsätzliches Ergebnis lässt sich für die Gruppe der Seelsorgenden positiv bestätigen: Je höher das Kohärenzgefühl der Seelsorgenden ausgeprägt ist, desto höher sind die Werte für die „allgemeine Lebensqualität": Zufriedenheit (Lebenszufriedenheit, Arbeitszufriedenheit, Organisationszufriedenheit) und das Engagement bzw. die Leistungsfähigkeit. Umgekehrt finden sich ebenso die erwarteten geringeren Werte in allen Belastungsindikatoren (körperlich-seelische Belastungen, Stress und Burnout). Erwartbar positiver ausgeprägt sind auch die Werte für das menschliche und geistliche Selbstverständnis: für die Identifikation mit der Seelsorge, mit der Lebensform und der Stabilität im Beruf oder im Amt.[17]

2. Zwischen Kohärenzgefühl und geistlicher Trockenheit zeigt sich für die gesamte Gruppe (N = 7.982) eine deutliche negative Beziehung (r = –.49 / moderate Korrelation). Für die Gruppe der Priester

---

14 Büssing et al., 2017a.
15 Büssing et al., 2013.
16 vgl. Büssing et al., 2013, 2016, 2017a.
17 Belege hierzu in Baumann et al., 2017; vgl. auch Jacobs et al., 2015.

liegt die Korrelation knapp höher im starken Zusammenhangsbereich (r = −.52, N = 3.723). Mit anderen Worten: Je höher das Kohärenzgefühl, das die gesamtmenschlichen Ressourcen abbildet, ausgeprägt ist, desto niedriger ist die Erfahrung der geistlichen Trockenheit. Dass dieser Wert kein Zufallswert, sondern sehr stabil ist, zeigt die Befragung an allen Seelsorgenden der Erzdiözese Wien in Österreich. Dort liegt die Korrelation in der Gesamtgruppe ebenfalls im starken Zusammenhangsbereich (r = −.51, N = 679).

3. Ein sehr eindeutiges Bild liefert eine Gruppenbildung über verschiedene Niveaus des Kohärenzgefühls (Niveau 1: SOC-T-Wert bis 40, N = 722; Niveau 2: SOC-T-Wert 40–50, N = 3.668; Niveau 3: SOC-T-Wert 50–60, N = 2.796; Niveau 4: SOC-T-Wert über 60, N = 795). Alle Gruppen unterscheiden sich mit Blick auf das Niveau der geistlichen Trockenheit hochsignifikant (F = 720,5, p < 0,0001) voneinander. Die folgende Graphik zeigt eine nahezu steile geradlinige Entwicklung der Niveaus und homogene Gruppen.

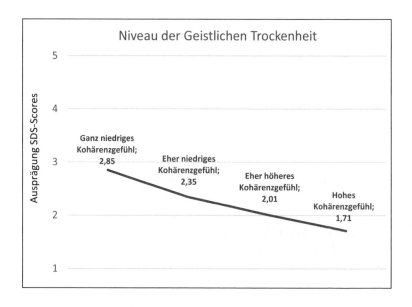

4. Das Kohärenzgefühl hat unterschiedliche Dimensionen bzw. Aspekte, in denen es sich im Alltag auswirkt. Mit Hilfe der sogenannten Regressionsanalyse ist es möglich, den erwarteten bzw.

vermuteten Einfluss der verschiedenen Komponenten des Kohärenzgefühls auf die geistliche Trockenheit zu untersuchen. Das mathematische Verfahren der Regression bestimmt den gesuchten Zusammenhang in Bezug auf die Stärke und den Einfluss der einzelnen Vorhersageelemente. Dabei zeigt sich (Tabelle 1), dass sich geistliche Trockenheit insbesondere durch 5 von 11 im Modell signifikanten Variablen („Stellungnahmen zum Alltag") am ehesten voraussagen lässt ($R^2 = .28$):

- Ich habe das Gefühl, dass die Dinge, die ich im täglichen Leben tue, wenig Sinn haben.
- Ich habe das Gefühl, mich in bestimmten Situationen wie ein trauriger Verlierer zu fühlen (trotz starken Charakters).
- Die Dinge, die ich täglich tue, sind für mich eher nicht eine Quelle tiefer Freude und Zufriedenheit, sondern eine Quelle von Schmerz und Langeweile.
- Meine Gedanken und Gefühle sind eher häufiger durcheinander.
- Mein Leben hatte bis jetzt eher weniger klare Ziele und Vorsätze.

Tabelle 1: Items des SOC-13 Fragebogens als Prädiktoren der Geistlichen Trockenheit (schrittweise Regressionsanalysen)

Abhängige Variable: Geistliche Trockenheit (SDS) Modell 11: F = 299.4, p < 0,001; R^2 = .29	Beta	T	p	R^2
(Konstante)		40.802	<.0001	
Wie oft haben Sie das Gefühl, dass die Dinge, die Sie im täglichen Leben tun, eigentlich wenig Sinn haben?	–.153	–13.456	<.0001	.151
Viele Leute – auch solche mit einem starken Charakter – fühlen sich in bestimmten Situationen wie traurige Verlierer. Wie oft haben Sie sich in der Vergangenheit so gefühlt?	.152	13.079	<.0001	.218
Die Dinge, die Sie täglich tun, sind für Sie eine Quelle tiefer Freude und Zufriedenheit/von Schmerz und Langeweile.	.154	13.546	<.0001	.250

Abhängige Variable: Geistliche Trockenheit (SDS) Modell 11: F = 299.4, p < 0,001; R^2 = .29	Beta	T	p	R^2
Wie oft sind Ihre Gedanken und Gefühle ganz durcheinander?	−.106	−8.821	<.0001	.274
Bis jetzt hatte Ihr Leben überhaupt keine/sehr klare(n) Ziele und Vorsätze.	−.083	−8.237	<.0001	.282
Kommt es vor, dass Sie Gefühle in sich haben, die Sie lieber nicht spüren würden?	−.073	−6.237	<.0001	.287
Haben Sie das Gefühl, dass Sie in einer ungewohnten Situation sind und nicht wissen, was Sie tun sollen?	−.057	−4.998	<.0001	.290
Haben Sie das Gefühl, dass es Ihnen ziemlich gleichgültig ist, was um Sie herum passiert?	.042	4.226	<.0001	.292
Wie oft haben Sie Gefühle, bei denen Sie sich nicht sicher sind, ob Sie sie unter Kontrolle halten können?	−.038	−3.463	.001	.293
Ist es vorgekommen, dass Sie von Menschen enttäuscht wurden, auf die Sie gezählt hatten?	.032	3.136	.002	.293
Haben Sie das Gefühl, dass Sie ungerecht behandelt werden?	.032	2.946	.003	.294

Zwei SOC-Variablen hatten keine signifikante Bedeutung im Modell („Ist es in der Vergangenheit vorgekommen, dass Sie vom Verhalten von Menschen überrascht waren, die Sie gut zu kennen glaubten?"; „Wenn etwas passierte, hatten Sie dann im Allgemeinen den Eindruck, dass Sie dessen Bedeutung über- oder unterschätzten/richtig einschätzten.")

5. Es lässt sich versuchen, mit Hilfe eines „Vier-Felder-Schemas" eine Annäherung zur Antwort auf die folgenden Fragen zu finden:

- Wie hoch ist der Anteil der Personen, die sich als ressourcenstarke Personen in einer Phase der Trockenheit befinden bzw. befanden, in der sie – in einer anthropomorphen Sprache – von Gott aus pädagogischer Absicht herausgefordert werden, sich dem sich entziehenden Gott vertieft zu überlassen? (Gruppe 1)
- Wie hoch ist der Anteil der Personen, die als ressourcenarme Personen eine niedrige Gottverlassenheit erleben, also umgekehrt eine gegenwärtig tragfähige Gottnähe erleben? (Gruppe 2)

- Wie hoch ist der Anteil der Personen, die als ressourcenarme Personen eine erhöhte Gottverlassenheit empfinden? (Gruppe 3)
- Wie hoch ist der Anteil der Personen, die als ressourcenstarke Personen gegenwärtig keine Gottverlassenheit, sondern umgekehrt wohl eine tragfähige Gottnähe erleben? (Gruppe 4).

Dazu wurden zwei Gruppen mit jeweils sehr hohem und sehr niedrigem Kohärenzgefühl und mit jeweils sehr hoher und sehr niedriger spiritueller Trockenheit aus der Gesamtgruppe extrahiert. Die Gruppenbildung wurde durch Auswahl der Personen aus der Gesamtgruppe erreicht, die mehr als eine Standardabweichung über und unter den jeweiligen Mittelwerten liegen (Randgruppenbildung).

Der Anteil der berechneten Gruppen an der Gesamtgruppe der Seelsorgenden ist 23 %. Die ermittelten Werte lauten für die berechneten Gruppen:

Gruppe 1 (Kohärenz hoch – Trockenheit hoch)	1,2 % (5,3 % der Randgruppe)
Gruppe 2 (Kohärenz niedrig – Trockenheit niedrig)	3,8 % (16,8 % der Randgruppe
Gruppe 3 (Kohärenz niedrig – Trockenheit hoch)	10,7 % (46,6 % der Randgruppe)
Gruppe 4 (Kohärenz hoch – Trockenheit niedrig)	7,2 % (31,3 % der Randgruppe)

Mit diesen Ergebnissen lässt sich etwas mehr Klarheit in die häufig ideologisch geführte Auseinandersetzung bringen, wie häufig eine stark erlebte Trockenheit bei ressourcenstarken Personen gefunden wird. Die Antwort lautet: Sie ist eher selten. Vergleichsweise selten ist auch das gemeinsame Vorkommen von Ressourcenarmut und niedriger geistlicher Trockenheit. Am häufigsten treten die Kombinationen von Ressourcenarmut und hoher geistlicher Trockenheit einerseits und von Ressourcenstärke und der Abwesenheit von geistlicher Trockenheit andererseits auf. Mit anderen Worten: Vorhandene Ressourcenstärke ist – wie vorausgesagt – ein wesentliches Element in der Gesamtdynamik der Erfahrung von geistlicher Trockenheit: Ist Stärke gegeben, dann ist die Trockenheitserfahrung eher gering – ist sie nicht gegeben, ist sie eher hoch.

6. Ebenfalls mit Hilfe einer Regressionsrechnung lässt sich außerdem untersuchen, wie sich der Einfluss des Kohärenzgefühls im Zusammenspiel mit anderen Einflussfaktoren auswirkt. Hier zeigt sich (Tabelle 2), dass es wohl hauptsächlich drei Faktoren sind, welche die Ausprägung der geistlichen Trockenheit bestimmen. Zusätzlich zum Kohärenzgefühl als zentralem Faktor treten dann mit fast identischem Gewicht die emotionale Erschöpfung („Burnout") und ein schlechterer seelisch-körperlicher (psychosomatischer) Allgemeinzustand an dritter Stelle hinzu ($R^2 = .31$). Generelle Persönlichkeitsfaktoren auf dem Niveau der „Big-Five" spielen in einem solchen Modell eine eher geringe Rolle. Damit scheidet auch der Neurotizismus als relevanter Faktor aus.

Es scheint tatsächlich die Kombination aus einer Orientierungslosigkeit aufgrund mangelnder kognitiver, instrumenteller und motivationaler Ressourcen (Kohärenzgefühl), aktueller Erschöpfung („Burnout") und (schlechtem) psychophysischen Allgemeinzustand zu sein, der sich in der geistlichen Trockenheit manifestiert.

Tabelle 2: Prädiktoren der Geistlichen Trockenheit (schrittweise Regressionsanalysen)

Abhängige Variable: Geistliche Trockenheit (SDS) Modell 8: F = 350.7, p < 0,001; R2 = .32	Beta	T	p	R^2
(Konstante)			<.0001	
Burnout (MBI)	.204	13.132	<.0001	.240
Kohärenzgefühl (SOC-13 T-Werte)	−.207	−13.954	<.0001	.298
Psychosomatische Gesundheit (BSI)	.118	8.158	<.0001	.309
Offenheit (BIG-5)	−.060	−5.154	<.0001	.315
Stressempfinden (PSS)	.083	5.268	<.0001	.318
Verträglichkeit (BIG-5)	−.054	−4.734	<.0001	.321
Extraversion (BIG-5)	−.036	−3.058	.002	.322
Neurotizismus (BIG-5)	.030	2.265	.024	.323

7. In früheren Analysen zur Seelsorgestudie hatte sich gezeigt, dass das Kohärenzgefühl zusammen mit der alltäglichen Gotteserfahrung („Wahrnehmung des Transzendenten" im Alltag) eine hohe

Bedeutung besitzt für das Engagement in der Seelsorge. Es liegt nahe, diese Analyse mit der geistlichen Trockenheit zu wiederholen. Tatsächlich lässt sich das Ergebnis des Zusammenhangs von Kohärenz und fehlender Gotteserfahrung bzw. Gottesferne in analoger Weise zur Anwesenheit von Gotteserfahrung auch hier finden – besonders deutlich für die Gruppe der Priester. Gibt man in die Regressionsrechnung das Alter, die allgemeine menschliche Stabilität bzw. Labilität (Neurotizismus), die Organisationszufriedenheit, die Stressbelastung, die Soziale Unterstützung, die Gesundheitsbelastung, das Kohärenzgefühl und die Geistliche Trockenheit ein, so zeigen sich die Geistliche Trockenheit und Kohärenzgefühl zusammen mit dem Organisationsklima als wesentliche Prädiktoren des Engagements in der Seelsorge ($R^2 = .27$ – Modell 3). Die anderen möglichen Voraussagefaktoren spielen nur eine geringe Rolle.

Bildet man mit Blick auf diesen Ertrag vier Gruppen in der gesamten Gruppe der Seelsorgenden: a) sehr hohes bzw. sehr niedriges Kohärenzgefühl (über bzw. unter der Standardabweichung), b) hohe bzw. niedrige Gottverlassenheit (über und unter dem Mittelwert), so zeigt sich in der Ausprägung des seelsorglichen Engagements ein hochsignifikantes Ergebnis ($F = 322.14$, $p < 0,0001$), eine Gerade durch die Kombination der Ausprägungen des Kohärenzgefühls und der geistlichen Trockenheit (nicht dargestellt). Das niedrigste Niveau des Engagements findet sich in der Kombination von niedrigem Kohärenzgefühl und hoher Trockenheit. Dann folgt die Kombination von niedrigem Kohärenzgefühl und niedriger Trockenheit. Dann folgt die Kombination von hohem Kohärenzgefühl und hoher Trockenheit. Die höchste Ausprägung von seelsorglichem Engagement findet sich bei den Personen mit hohem Kohärenzgefühl und niedriger geistlicher Trockenheit.

Dieses Ergebnis darf vermutlich so interpretiert werden, dass es ein Wechselspiel zwischen der Höhe der Niveaus von Kohärenzgefühl und Trockenheit mit Blick auf das Engagement gibt: Hat eine Person das Gefühl, geistlich ausgebrannt zu sein, hemmt diese Dynamik die Ressourcen, die es in die Seelsorge investieren kann. Ebenso, wie eine lebendige und starke Erfahrung des Göttlichen im Alltag das Engagement stärkt, so bremst geistliche Trockenheit die Motivationsressourcen für das seelsorgliche Engagement.

8. Wiederholt man die vorher durchgeführte Prozedur der Gruppenbildung (a) sehr hohes bzw. sehr niedriges Kohärenzgefühl (über bzw. unter der Standardabweichung), b) hohe bzw. niedrige Gottverlassenheit (über bzw. unter dem Mittelwert)) für andere relevante Variablen wie zum Beispiel die allgemeine Lebenszufriedenheit, die Zufriedenheit mit der Identität als Priester bzw. Seelsorgerin oder die Wahrscheinlichkeit, aus dem Priesteramt bzw. der Tätigkeit in der Seelsorge auszuscheiden, so zeigt sich analoge Ergebnisse:

a) Die höchste Zufriedenheit existiert in der Kombination von hohem Kohärenzgefühl und niedriger Trockenheit; die niedrigste Zufriedenheit existiert in der Kombination von niedrigem Kohärenzgefühl und hoher Trockenheit. Dazwischen liegen die anderen Kombinationen.

b) Die höchste Identifikationssicherheit als Person im Seelsorgedienst existiert in der Kombination von hohem Kohärenzgefühl und niedriger Trockenheit; die niedrigste Identifikationssicherheit existiert in der Kombination von niedrigem Kohärenzgefühl und hoher Trockenheit. Dazwischen liegen die anderen Kombinationen; sie sind nicht absolut trennscharf.

c) Die geringste Wahrscheinlichkeit der Amtsaufgabe existiert in der Kombination von hohem Kohärenzgefühl und niedriger Trockenheit; die höchste Wahrscheinlichkeit der Amtsaufgabe existiert in der Kombination von niedrigem Kohärenzgefühl und hoher Trockenheit.

9. Wie der bisherige Ertrag der Untersuchung des Zusammenspiels von Kohärenzgefühl und geistlicher Trockenheit mit Blick auf das seelsorgliche Engagement gezeigt hat, dämpft und mindert die Geistliche Trockenheit das Engagement mit hochsignifikanten Effekt (Trennung von zwei Gruppen mit hoher bzw. niedriger geistlicher Trockenheit über den Mittelwert von 2,19: Engagement bei geringer Trockenheit: 4,8 – Engagement bei hoher Trockenheit: $F=4,2$; $p<0,0001$). Im Rahmen der Erforschung des empirischen Konzeptes der geistlichen Trockenheit wurden durch Arndt Büssing einige Zusatzfragen konzipiert, welche die Konsequenzen der erlebten Trockenheit auf das geistliche Selbsterleben und die diakonisch orientierte Alltagsgestaltung zu erfassen versuchen.[18] Hintergrund

---

18 Büssing et al., 2017b.

dieser Fragerichtungen ist die Hypothese, dass ein konstruktiver, überwindender Umgang mit geistlicher Trockenheit positive Konsequenzen für die eigene Person und andere Menschen hat. Die untersuchten Fragen lauten:

- Ich habe Wege gefunden, mit diesen Gefühlen umgehen zu können.
- Diese Gefühle spornen mich umso mehr an, anderen zu helfen.
- Nach diesen Phasen der „geistigen Trockenheit" oder „Gottverlassenheit" erlebe ich eine größere geistige Klarheit und Tiefe.

Das Ergebnis sieht wie folgt aus: Die Stärke des Kohärenzgefühl gibt angesichts der jeweils gegebenen persönlichen Erfahrung von geistlicher Trockenheit den Ausschlag dafür,
a) Kraft zu finden, mit diesen Gefühlen umgehen zu können ($F = 27.6$, $p < .0001$)
b) sich in dieser Situation (trotzdem) anderen Menschen zuzuwenden ($F = 5.0$, $p = .002$),
c) nach diesen Phasen eine größere geistliche Klarheit und Tiefe zu erleben ($F = 18.5$, $p < .0001$).

Die Unterschiede in der Bewältigung zeigen sich besonders dann, wenn das Kohärenzgefühl auf einem besonders hohen bzw. besonders niedrigen Niveau ist. Im Mittelbereich des Kohärenzgefühls sind die Effekte eher klein.

8. Sicherung des Ertrags und Diskussion

Die grundsätzlichen allgemeinen theologischen und psychologischen Reflexionen zu Beginn des Beitrags haben erneut deutlich gemacht, dass geistliches Leben ein Teil des ganzen Lebens ist. Es darf nicht als isoliertes Segment betrachtet werden. Was aber passiert nun, wenn geistliches Leben vertrocknet? Welche Rolle spielen hier die allgemeinen Ressourcen im Leben des Menschen? In welchem Wechselspiel steht das Vorhandensein bzw. das Nicht-Vorhandensein von Ressourcen mit der Erfahrung der geistlichen Trockenheit? Wie wirkt sich dieses Wechselspiel auf die Lebensqualität und die Seelsorge aus? Was lässt sich aus empirischer Perspektive dazu sagen?

Im Rahmen eines ganzheitlichen – auch spirituell zu konzipierenden – Ressourcenmodells ist zu erwarten, dass die allgemeinen menschlichen Ressourcen in einem komplexen Zusammenspiel mit den geistlichen Ressourcen stehen. Um in dieses komplexe Zusammenspiel ein wenig mehr Licht zu bringen – eine völlige Entschlüsselung ist selbstverständlich sowohl aus spiritueller Perspektive wie auch aus psychologischer Perspektive kaum möglich und auch nicht anzustreben – haben wir versucht, einen grundsätzlichen differenzierten kognitiven, instrumentellen und motivationalen „Ressourcen-Indikator" (das Kohärenzgefühl) mit einem Indikator für geistliche Trockenheit empirisch in Beziehung zu setzen.

Dabei fiel folgendes auf:

- Das Niveau der Ressourcen steht in enger Beziehung zur gesamten Lebensqualität und zur Stärke der Identifikation mit der eigenen Existenz als SeelsorgerIn und mit der Tätigkeit in der Seelsorge. Stehen (zu) wenig Ressourcen zur Verfügung, so ist die Lebensqualität negativ beeinträchtigt. Das Defiziterleben angesichts mangelnder Lebensressourcen beschränkt sich nicht auf die allgemeinen Lebensressourcen. Es gilt auch für die spirituelle Erfahrung. Diese Defiziterfahrung an geistlichen Ressourcen darf als geistliche Trockenheit bezeichnet bzw. interpretiert werden.
- Die Erfahrung der Ressourcenstärke und die Erfahrung der geistlichen Trockenheit stehen in einer diametral entgegengesetzten Beziehung. Als allgemeine Regel kann gesagt werden: Je höher die Lebenskräfte, desto niedriger die geistliche Trockenheit. Die Beziehung darf als „moderat" bezeichnet werden. Sie gilt also grundsätzlich, ist aber kein allgemeines Gesetz, sondern ist auch noch von anderen Faktoren abhängig bzw. kennt auch Individuen bzw. kleine Gruppen, die eine Ausnahme darstellen.
- In der empirischen Untersuchung hat sich eine „Vereinfachung" der komplexen Dynamik der menschlichen Ressourcen und ihrer Beziehung zur geistlichen Trockenheit als praktikabel und tragfähig erwiesen. Es scheint zunächst sinnvoll zu sein, bei den Ressourcen drei Dimensionen zu unterscheiden: die Fähigkeit, in die Welt eine Ordnung hineinzutragen oder in der Welt eine Ordnung zu entdecken (kognitive Dimension), die Fähigkeit, die Welt mit Hilfe der individuellen und gemeinschaftlichen

Ressourcen aktiv zu gestalten (instrumentelle Dimension) und die Fähigkeit, sich mit einer belastbaren Motivation in der Welt zu engagieren (motivationale Dimension). Wenn man bei diesen Ressourcen zur Vereinfachung der Komplexität vier Niveaus bildet (hoch, eher hoch, eher niedrig, niedrig), lässt sich voraussagen, dass sich damit verbundene Niveaus der geistlichen Trockenheit finden bzw. irgendwann vergleichsweise „prädominant" einstellen werden. Ganz vereinfacht gesagt: Für jedes Niveau des Kohärenzgefühls findet sich ein paralleles Niveau der geistlichen Trockenheit. Ist das Kohärenzgefühl, das stellvertretend für die Ressourcen steht, hoch, dann findet sich ein geringes Erleben von geistlicher Trockenheit. Ist das Kohärenzgefühl niedrig, dann findet sich ein hohes Erleben geistlicher Trockenheit.

- Geistliche Trockenheit lässt sich mit Bezug auf die hier erörterten Einflussgrößen am ehesten durch folgende Aspekte des Ressourcenmangels voraussagen: 1. durch die Erfahrung, im Leben eher sinnlose Dinge zu tun; 2. durch die Erfahrung, sich in bestimmten Situationen wie ein Verlierer zu fühlen – und das selbst dann, wenn man sich einen starken Charakter zuschreibt; 3. durch die Erfahrung des Mangels an tiefer Freude und Zufriedenheit in den Tätigkeiten des Alltags; 4. durch die Erfahrung, in Gedanken und Gefühlen eher „durcheinander" zu sein; 5. in der Zustimmung zur Aussage, eher weniger klare Ziele und Vorsätze zu haben.

- In der Praxis der Begleitung wird mit berechtigtem Bezug auf die Schriften der großen spirituellen Meisterinnen und Meister häufig davon ausgegangen, dass Trockenheitserfahrungen dadurch entstehen, dass sich der souveräne Gott dem geistlichen Tun des Menschen entzieht, um ihn zu einer Vertiefung des geistlichen Lebens oder zur Treue herauszufordern. Dies ist sicherlich eine bedeutsame Interpretation. Oder sie entstünden dadurch, dass der Mensch zu wenig in seine Gottesbeziehung investiere. Beide Möglichkeiten haben sicher durchaus einen hohen Wahrheitsgehalt und eine hohe Wahrscheinlichkeit.

- Auf der Basis der empirischen Überprüfung sollte allerdings noch eine für die Begleitungspraxis sehr bedeutsame dritte Perspektive hinzugefügt werden: Dass Menschen deswegen eine hohe Trockenheit erfahren, weil es ihnen aufgrund ihrer Biographie, aufgrund ihrer länger andauernden individuellen Lebensumstände und schließlich aufgrund ihrer (empfundenen oder faktischen) Benachteiligungssituation einfach an Ressourcen mangelt, die sie in die Gottsuche und „Beziehungsarbeit mit Gott" investieren können.

- Bei ihnen existiert eine menschliche Orientierungslosigkeit für die Lebensbewältigung, die sich auch in der Gottesbeziehung negativ manifestiert oder sich darin auswirkt. Diese wird als geistliche Trockenheit oder gar „Gottverlassenheit" erlebt. Tatsächlich finden sich Hinweise auf diesen Tatbestand in den empirischen Daten. Der Anteil der Personen mit hohem Kohärenzgefühl und hoher geistlicher Trockenheit ist in unseren Daten sehr klein. Hier könnten möglicherweise die Personen lokalisiert werden, die zu den „herausgeforderten GottsucherInnen" gehören. Relativ klein ist auch die Gruppe, die geistlich stark sind, die aber sonst menschlich ressourcenarm sind.
- Für den überwiegenden Teil der Seelsorgerinnen und Seelsorger gilt die Doppelregel: Wer menschlich eher ressourcenstark ist, ist auch geistlich eher ressourcenstark; wer menschlich ressourcenarm ist, ist auch geistlich eher ressourcenarm. Dass dieses Ergebnis praktische Konsequenzen für geistliche Begleitung und die Ausbildung zum geistlichen Leben hat, ist plausibel.
- Das Kohärenzgefühl ist selbstverständlich nicht der einzige Faktor, der sich als „Trigger" auf das Niveau der geistlichen Trockenheit auswirkt. Die empirischen Daten bestätigen das Wissen aus der Begleitungspraxis: Erschöpfung und Belastungen des Gesundheitszustandes gehen häufig mit Trockenheitserfahrungen einher. Je ausgeprägter der Mangel an Ressourcen mit Erschöpfung und Beeinträchtigungen der Gesundheit gepaart ist, umso wahrscheinlicher ist die Wahrnehmung von geistlicher Trockenheit. Dabei ist wichtig: Trockenheit ist eher nicht eine Frage von Persönlichkeitsvariablen, also keine *„Typenfrage"*. Trockenheit ist vielmehr eine *„Ressourcenfrage"* in Verbindung mit Erschöpfungsproblemen und Gesundheitsproblemen.
- Wichtig ist: Es gilt genau zu erspüren und zu erfragen, wie das „Spiel der Wechselwirkungen" verläuft. Die Frage „Wo die Henne und wo das Ei ist?", ist häufig sehr differenziert zu beantworten. Eines ist sicher klar: Kommen Menschen in Lebensaufgaben und

-situationen, die ihre Ressourcen oder ihre Konstitution bzw. ihren generellen oder momentanen Gesundheitszustand überfordern, so besteht auch die Gefahr, dass sie in einen Zustand der geistlichen Erschöpfung bzw. Trockenheit geraten.
- Es gibt eine konstruktive bzw. umgekehrt problematische Wechselwirkung zwischen den allgemeinen menschlichen Ressourcen und den geistlichen Ressourcen mit Blick auf das Engagement in der Seelsorge: Wenn diese Ressourcen gemeinsam hoch sind, stimulieren sie die Hingabe hinein in die Tätigkeit und das Erleben von Freude und Erfüllung. Wenn sie nicht hoch sind, hemmen sie seelsorgliche Motivation. Ein weiterer bedeutsamer Faktor in diesem Geschehen ist zusätzlich noch die Erfahrung eines positiven Klimas bei den organisationalen Rahmenbedingungen. Auch hier lässt sich zur Vereinfachung ein „Vierfelder-Schema" bilden. In einem solchen Schema zeigt sich die doppelte Gefahr des Geistlichen Ausbrennens und des Ressourcenmangels für das Engagement in der Seelsorge sehr deutlich.

	niedrig **Kohärenzgefühl** hoch	
Trockenheit hoch	Engagement +	Engagement +++
niedrig	Engagement ++	Engagement ++++

- Das Wechselspiel von Kohärenzgefühl und Trockenheit erfährt seine Konsequenzen nicht nur im Bereich des Dienstes, sondern auch im Bereich des Selbsterlebens der eigenen Identität und der Zufriedenheit. Auch hier seien die empirischen Ergebnisse mit Hilfe eines Vierfelderschemas visualisiert. Es zeigt sich, dass die größte Zufriedenheit, die höchste Sicherheit in der eigenen Identität und die geringste Gefährdung zur Aufgabe des Dienstes in der Situation der Wahrnehmung von hohen Ressourcen und geringer Trockenheit besteht. Sehr ungünstig ist die Kombination von geringen Ressourcen und hoher Trockenheit. Sie zeigt sich in geringer Zufriedenheit, geringer Identifikation mit der Tätigkeit und erhöhter Wahrscheinlichkeit zur Aufgabe des Dienstes.

	niedrig Kohärenzgefühl hoch	
hoch	Zufriedenheit Identitäts-Sicherheit +	Zufriedenheit Identitäts-Sicherheit +++
Trockenheit niedrig	Zufriedenheit Identitäts-Sicherheit ++	Zufriedenheit Identitäts-Sicherheit ++++

- Konkrete praktische und bedeutsame Konsequenzen bewirkt die Ressourcenstärke (gemessen durch das Kohärenzgefühl) auch noch für die Bewältigung der geistlichen Trockenheit und eine diakonische Alltagsgestaltung. Wer mit vielen allgemeinmenschlichen Ressourcen „gesegnet" ist, der erfährt im Hindurchgehen durch geistliche Trockenheit und nach ihrer Überwindung eher ein Wachstum der eigenen Spiritualität und der eigenen Person. Und – vielleicht noch wichtiger: er oder sie ist in der Lage, sich in dieser Situation nicht auf sich selbst zu fixieren, sondern sich verstärkt anderen Menschen diakonisch zuzuwenden. Diese Unterschiede zwischen ressourcenstarken und ressourcenschwachen Personen zeigen sich vor allem in den Extrembereichen der Ausprägung der Niveaus.

Zusammenfassend sei noch einmal für die empirischen Ergebnisse akzentuiert: Sie betonen die Bedeutung der menschlichen Ressourcen für die Ausprägung der Tiefe der geistlichen Trockenheit und die Entwicklung ihrer Dynamik. Dabei bestätigen sie weitgehend das Wissen der geistlichen Meister und die Traditionen der Praxis der geistlichen Begleitung. Stärker als bisher rücken die Ergebnisse vermutlich die Tatsache in den Blick, dass geistliche Trockenheit eher weniger eine Frage einer wie auch immer verstandenen spirituellen Anstrengung *als vielmehr eine Frage der langfristigen Investition in die Ganzheit der menschlichen Ressourcen* darstellt.

Sie machen auch darauf aufmerksam, dass Phasen einer für Glaube und Leben fruchtbaren geistlichen Trockenheit, wie sie z. B. Johannes vom Kreuz erfahren hat, nur für eine kleine Minderheit von Seelsorgenden (bzw. allen Glaubenden) so gefunden werden können. Die Zahl der starken Personen, die Trockenheit erfahren und durchstehen, ist eher kleiner als größer. Die weitaus größere Gruppe unter den Seelsorgenden bzw. allen Glaubenden sind aller Wahrscheinlichkeit nach diejenigen, die Trockenheit als Ausdruck der Unterentwicklung, der Vernachlässigung oder der Überanstrengung ihrer Ressourcen erfahren. Sie werden daher auch am besten aus dieser Perspektive verstanden und begleitet.

9. Zusammenfassung und Konsequenzen

Eine zentrale These zieht sich durch die vorgelegten Gedankengänge und empirischen Überprüfungen zur geistlichen Trockenheit:

Auch geistliche Trockenheit hat eine „salutogene Perspektive", in der das Beziehungsgeschehen zwischen Gott und Mensch aus der Perspektive der Ressourcen, ihrem Vorhandensein, ihrer Erschöpfung, ihrer Stimulation, ihrem Wachstum und ihrer Stagnation verstanden und begleitet werden sollte. Geistliche Trockenheit steht im Kontext der Gesamtdynamik der Ressourcen eines Menschen. Und zwar in einer doppelten Weise: 1. Gotteserfahrung ist stets – auch im Modus ihrer Abwesenheit – eine heilsame oder Heil-bringende Erfahrung. Das bedeutet natürlich nicht, dass es sich um eine angenehme Erfahrung handelt. Sie erschließt sich nur im Glauben selber und kann meist erst in der Rückschau so gedeutet werden. 2. Selbst wenn geistliche Trockenheit als Problem erfahren wird: kognitiv und emotional „verstanden", in das Leben integriert und bewältigt wird sie am ehesten aus einer gesamtmenschlichen und geistlichen Ressourcenperspektive. Wichtig ist daher die Einsicht, dass geistliche Trockenheit nicht isoliert betrachtet werden sollte. Sie ist erst aus der Perspektive der Würdigung und der Entwicklungsdynamik der gesamtmenschlichen Ressourcen richtig zu verstehen. In einem solchen Verständnishorizont sind Geistliche Trockenheit und ihr „Gegenteil", die wahrgenommene Präsenz von Gott, keine Entweder-Oder-Zustände, sondern dynamische Entwicklungsprozesse auf einem Kontinuum. Noch einmal anders gesagt: „Das Phänomen der spirituellen Trockenheit betrifft die ganze Person in ihren leibseelischen und psychosozialen Dimensionen und Bezügen. Bewältigungsstrategien können dementsprechend für alle diese Dimensionen angezeigt sein (körperlich, geistig-seelisch, ästhetisch, sozial, naturbezogen, religiös-spirituell).[19]

Bedeutsam ist ein solcher Ansatz für die gesamte Identitätsarbeit, besonders auch für die Ausbildung wie für die Begleitung:[20] Das Phänomen der spirituellen Trockenheit, also die relative Gewissheit, dass auf dem geistlichen Weg diese Phasen auftreten können und aller Wahrscheinlichkeit nach kommen werden, darf und soll von Anfang an als *Herausforderung zu einer Gestaltung und Entwicklung der Ressourcen der eigenen Identität und Lebensgestaltung* verstanden werden.

Im Kontext der geistlichen Begleitung könnten folgende Handlungsempfehlungen hilfreich sein. Schildert eine begleitete Person die Erfahrung von geistlicher Trockenheit, so empfiehlt es sich:

- die gesamte Lebensdynamik und Lebensorientierung mit Blick auf die vorhandenen und zu fördernden Ressourcen in den Blick zu nehmen, also den Blick zu weiten;
- eine „spirituelle Engführung" bzw. problemfokussierende bzw. problemseparierende Haltung zu vermeiden;
- die „Normalität der Wellenbewegung" im Zugang zu den Ressourcen, also den „Quellen" des gesamten menschlichen Lebens zu betonen;

---

19 Sautermeister et al., 2017: 204.
20 vgl. Frick et al., 2018; Sautermeister et al., 2017 – siehe dort auch die Thesen im Umgang mit spiritueller Trockenheit.

- am gesamten menschlichen und spirituellen Fundament und seiner Stärke zu arbeiten, um für die stets wiederkehrenden Umkehrprozesse gerüstet zu werden (vgl. Prinzip und Fundament im Exerzitienbuch des Ignatius von Loyola und die „Dynamik der ersten Woche");
- die Anteile der Gesundheitsressourcen in der geistlichen Trockenheit direkt zu bearbeiten (Schlaf, Ernährung, Erschöpfung, Erholung, Gewicht, körperliche und geistige Fitness, Abbau depressiver und den Selbstwert schädigender Muster usw.);
- einen prüfenden Blick auf eventuell überfordernde Ideale im Bereich geistlichen Lebens zu werfen und Ressourcen und Ideale zueinander in Beziehung zu setzen;
- die Praxis des Umgangs mit geistlicher Trockenheit als generelle Ressource gemeinsam mit den anderen Lebensressourcen zu bilden;
- den Blick dafür zu eröffnen, dass die diakonische Hinwendung zum Nächsten ein spirituell bewährtes Heilmittel gegen eine zermürbende Fixierung auf sich selbst darstellt.

Im Tagebuch „Aufbruch ins Ungeahnte" des ehemaligen Priors von Taizé, Frère Roger Schutz, findet sich eine Notiz,[21] die für mich ein ganzes Stück die Richtung anzeigt, in die es im Umgang mit der geistlichen Trockenheit gehen könnte:

„Es genügt nicht, mit einem Menschen nur das zu teilen, was sein Inneres unfrei macht. Man muss auch die besondere Gabe herausfinden, die Gott ihm gegeben hat, den Grundpfeiler seiner ganzen Existenz. Hat man diese Gabe oder diese Gaben einmal ans Licht gebracht, dann stehen alle Wege offen. Gar nicht weiter eingehen auf die Komplexe, Verwirrungen, Misserfolge, die gegensätzlichen Kräfte, für die sich ihrerseits wieder tausend einander widersprechende Begründungen finden lassen, sondern so bald wie möglich in die wesentliche Phase eintreten, d. h. die einmalige Gabe, die in jedes menschliche Wesen hineingelegten Talente entdecken, damit sie nicht begraben bleiben, sondern in Gott zur Entfaltung gebracht werden".[22]

21 Schutz, 1977.
22 Schutz, 2006, 49–50.

Literatur

Antonovsky A: The Sense of Coherence as a Determinant of Health. In: Matarazzo JD, Weiss SM, Herd JA, Miller NE, Weiss SM (Hrsg.): *Behavioral Health: A Handbook of Health Enhancement and Disease Prevention.* New York: Wiley, 1984: 114–129.

Antonovsky A: Complexity, conflict, chaos, coherence, coercion and civilty. *Social Science and Medicine*, 1993; 37(8): 969–974.

Antonovsky A: *Salutogenese. Zur Entmystifizierung der Gesundheit.* Tübingen: dgvt-Verlag, 1997.

Baumann K, Büssing A, Frick E, Jacobs C, Weig W: *Zwischen Spirit und Stress: Die Seelsorgenden in den deutschen Diözesen.* Würzburg: Echter-Verlag, 2017.

Becker P: *Gesundheit durch Bedürfnisbefriedigung.* Göttingen: Hogrefe, 2006.

Becker P, Bös K, Woll A: Ein Anforderungs-Ressourcen-Modell der körperlichen Gesundheit: Pfadanalytische Überprüfungen mit latenten Variablen. *Zeitschrift für Gesundheitspsychologie* 1994; 2: 25–48.

Bengel J: *Was erhält Menschen gesund? Antonovskys Modell der Salutogenese-Diskussionsstand und Stellenwert; eine Expertise von Jürgen Bengel, Regine Strittmatter und Hildegard Willmann im Auftrag der Bundeszentrale für Gesundheitliche Aufklärung (BZgA).* Köln: BZgA, 2001. https://www.bug-nrw.de/fileadmin/web/pdf/entwicklung/Antonowski.pdf

Büssing A, Günther A, Baumann K, Frick E, Jacobs C: Spiritual dryness as a measure of a specific spiritual crisis in catholic priests: Associations with symptoms of burnout and distress. *Evidence-Based Complementary and Alternative Medicine* 2013; Article ID 246797. https://www.hindawi.com/journals/ecam/2013/246797

Büssing A, Frick E, Jacobs C, Baumann K: Spiritual dryness in nonordained Catholic pastoral workers. *Religions* 2016; 7(12): 141. doi:10.33 90/rel7120141

Büssing A, Baumann K, Jacobs C, Frick E: Spiritual dryness in Catholic priests: Internal resources as possible buffers. *Psychology of Religion and Spirituality* 2017a; 9(1): 46–55.

Büssing A, Sautermeister J, Frick E, Baumann K: Reactions and strategies of German Catholic priests to cope with phases of spiritual dryness. *Journal of Religion & Health* 2017b; 56(3): 1018–1031.

Frère Roger: *Einfach vertrauen. Gedanken und Begegnungen*, ausgewählt von Marcello Fidanzio Freiburg: Herder, 2. Aufl., 2006.

Frick E, Baumann K, Büssing A, Jacobs C, Sautermeister J: Spirituelle Trockenheit – Krise oder Chance? Am Beispiel der römisch-katholischen Priesterausbildung. *Wege zum Menschen* 2018; 70(1): 61–77.

Jacobs C: Salutogenese: Vom Zauberwort zum theologischen Paradigma. *Lebendiges Zeugnis* 2012; 2: 107–118.

Jacobs C, Baumann K, Büssing A, Weig W, Frick E: Überraschend zufrieden bei knappen Ressourcen – und die Kraft der Spiritualität. Ergebnisse der Deutschen Seelsorgestudie. *Herderkorrespondenz* 2015; 69(6): 294–298.

Jacobs C: Die Deutsche Seelsorgestudie 2012–2014. *Zeitschrift für Pastoraltheologie* 2017; 37: 9–38.

Kickbusch I: Plädoyer für ein neues Denken über Gesundheit: Muster-Chaos-Kontext. Neue Handlungsansätze in der Gesundheitsförderung. In: Paulus P (Hrsg.): *Prävention und Gesundheitsförderung. Perspektiven für die psychosoziale Praxis.* Köln: GwG-Verlag, 1992, S. 23–33.

Lindström B, Eriksson M: *The hitchhiker's guide to salutogenesis: Salutogenic pathways to health promotion.* Folkhälsan research center, Health promotion research, 2010.

Mittelmark M, Sagy S, Eriksson M, Bauer G, Pelikan J, Lindström B, Espnes G (Hrsg.): *The Handbook of Salutogenesis.* Springer International Publishing, 2017.

Sautermeister J, Frick E, Büssing A, Baumann K: Wenn die Sinnquelle zu versiegen droht. *Spiritual Care* 2017; 6(2): 197–207.

Schutz R: *Aufbruch ins Ungeahnte. Tagebuchaufzeichnungen.* Freiburg: Herder, 1977.

Michael Utsch

Glaubenskrisen aus religionspsychologischer Sicht

Aufgrund der Verletzlichkeit und Endlichkeit seines Lebens ist jeder Mensch herausgefordert, Krisen zu bewältigen. Der Aufsatz beschreibt, wie existenzielle Krisen wirkungsvoll mit einer Sinngebung bewältigt werden können, die auf einer „gläubigen" Wirklichkeitsdeutung beruht. Weil sich diese Sinngebung je nach Lebensalter und Entwicklungsphase immer wieder ändert, sind „Glaubenskrisen" ein elementarer Bestandteil der Persönlichkeitsentwicklung. Andererseits kann repressive Erziehung und die Vermittlung eines autoritärstrafenden Gottesbildes Schäden verursachen. Dazu werden einige empirische Belege geliefert. Bei dem Bemühen, in die Gegenwart des nach christlicher Auffassung verborgenen Gottes zu gelangen und diese aufmerksamer wahrzunehmen, hat die christliche Mystik einen reichen Erfahrungsschatz hervorgebracht. Zu diesem Prozess wachsender „Gotteswahrnehmung" gehört es, die mit Scheitern und Neuanfang verbundenen Krisen konstruktiv zu nutzen.

1. Existenzielle Krisen und gläubige Sinngebung

Ein schweres Trauma führt unweigerlich zur Beschäftigung mit existenziellen Fragen. Existenzielle Fragen verunsichern die Alltagsroutine. Ein Pionier der existenziellen Psychotherapie, Irvin Yalom, sieht die menschliche Existenz von vier „Gegebenheiten" bedroht: Tod, Freiheit, Isolation und Sinnlosigkeit.[1] Er behauptete, dass psychisches Leid immer dann entsteht, wenn ein Mensch versuche, existenzielle Tatsachen des Lebens zu ignorieren.

---

1 Yalom, 1995.

Schwer zu ertragende Grundwahrheiten menschlicher Existenz:
- Möglichkeiten und Fähigkeiten jedes Menschen sind begrenzt,
- alles als sicher Geglaubte kann jederzeit und unwiederbringlich verloren gehen,
- sich selber und einen anderen Menschen kann man niemals vollkommen verstehen,
- keine höhere Gerechtigkeit auf der Welt sorgt dafür, dass die Guten belohnt und die Bösen bestraft werden,
- es gibt keine Garantie dafür, dass wir Hilfe erhalten, wenn wir sie brauchen,
- nicht alle Probleme sind lösbar,
- es gibt Fragen, auf die man auch durch noch so großes Bemühen keine Antwort findet.

Wie hängen existenzielle Krisen mit spirituellen Erfahrungen zusammen? Die Religionsgeschichte belegt mit zahlreichen Beispielen, wie das Durchleben einer existentiellen Krise zu tiefen spirituellen oder religiösen Erfahrungen geführt hat. Ein Beispiel aus der christlichen Mystik ist die „dunkle Nacht der Seele" als Durchgangsstadium zur Gottesbegegnung bei Johannes vom Kreuz. Dieses Motiv der „dunklen Nacht der Seele" wurde in der Psychotherapie vielfältig aufgegriffen.[2] Ein depressiver Rückzug kann ein Durchgangsstadium zu einer religiösen Weiterentwicklung sein.[3] In den Schriften des deutschen Mystikers Johannes von Tauler wird „die Krise als Ort der Gotteserfahrung in ihren bewusstseinsverändernden Aspekten beschrieben. Es gibt auffällige Parallelen der mystischen Erfahrung mit dem traumatischen Erleben: Sinnkrise, extreme Angstzustände, Leiden, Selbstvernichtung und Leere".[4] Die Psychotraumatologin Ursula Wirtz stellt fest: „Grenzerfahrungen von Schmerzen und Angst brechen die Hülle der Persona auf, sodass alles Unwesentliche wegfällt. In der Nacktheit des tödlichen Verwundetseins kreisen die quälenden Fragen um Leben und Sterben, um Sinn und Unsinn."[5]

---

2 Jacobowitz, 2017.
3 Bäumer & Plattig, 2008.
4 Wirtz 2003, 9; vgl. auch Gast et al., 2009.
5 Wirtz, 2017, 250.

1.1 Sinnfragen in der Psychotherapie

Der Umgang mit existentiellen Fragen bedeutet für viele Psychotherapeuten eine große Herausforderung, weil sie sich dafür schlecht vorbereitet und ausgebildet fühlen.[6] Das belegt auch die Einschätzung zweier renommierter Psychotherapeuten: „Das Vertrauen in die Kraft der Vernunft, alleine ein gutes Leben zu organisieren, ist gering geworden. Der Mangel an Sinn ist allenthalben spürbar und wird oft beklagt. Das Bedürfnis nach Geborgenheit und Halt ist unabweisbar; ohne Sinngefüge können wir nicht leben. Deswegen haben religiöse Angebote der Seelsorge einen legitimen Ort in der ‚Seelenbehandlung'. Ob allerdings eine in der wissenschaftlich aufklärerischen Tradition beheimatete, säkulare Psychotherapie die Aufgabe der Sinnvermittlung ‚partnerschaftlich' mit übernehmen kann oder sollte, ist sehr genau zu prüfen".[7]

Für den Menschen ist sein „Wille zum Sinn" (Frankl) kennzeichnend. Deshalb können auch manche Menschen mit stabilen Glaubensüberzeugungen Lebenskrisen wie eine schwere Erkrankung oder Verlusterfahrungen besser bewältigen.[8] Der religionspsychologische Ansatz religiös-spiritueller Krisenbewältigung von Kenneth Pargament belegt mit mehr als 150 empirischen Studien, wie Menschen mit Gewinn auf religiöse Ressourcen zurückgegriffen und diesbezügliche Bewältigungsstrategien eingesetzt haben, als sie mit einschneidenden Lebensereignissen konfrontiert wurden. Untersucht wurden schwere Erkrankung, Verlust eines nahestehenden Menschen, Behinderung, Unfruchtbarkeit, Unfall, Scheidung, Gewalterfahrungen, Einsamkeit und etwa hohes Alter.

Dies gilt nicht nur für amerikanische Stichproben mit der entsprechenden Religionskultur. In einer von der Universität Hamburg durchgeführten Studie wurde festgestellt, dass Personen, die sich als gläubig, spirituell, als evangelisch, katholisch oder buddhistisch bezeichneten, in ihrem alltäglichen Leben mehr Sinnerfüllung erfuhren

---

6 Utsch et al., 2018.
7 Hardt & Springer 2012: 212.
8 Pargament, 1997.

als Personen, die sich als atheistisch oder konfessionslos bezeichneten.[9]

Auch die neuere Psychotherapieforschung hat Ansätze entwickelt, die Sinndimension als eine zentrale Deutungskategorie des Patienten zu berücksichtigen. Barbara Ingram hat aus der vorliegenden Psychotherapieforschung 30 klinische Fallhypothesen zusammengestellt.[10] Damit versucht sie die Vielfalt von klinischen Störungsfällen in 30 „typischen" Mustern zu bündeln, um daraufhin passgenaue Behandlungspläne zu entwickeln. Die Psychotherapieforscherin schlägt drei diagnostische Kategorien als „existenzielle und spirituelle Modelle" vor, die unter folgenden Bedingungen vergeben werden sollten:

1. Existenzfragen: Der Klient quält sich mit existenziellen Fragen, einschließlich der tiefgreifenden philosophischen Suche nach Sinn und Zweck des Lebens;
2. Vermeidung von Freiheit und Verantwortung: Der Klient akzeptiert seine Verantwortlichkeit für seine Entscheidungen nicht. Er nutzt auch nicht die Möglichkeiten seines individuellen Freiheitsspielraums aus;
3. Spirituelle Dimension: Hilfen zur Problembewältigung werden in einer spirituellen Dimension gefunden, die sowohl religiös als auch nichtreligiös verstanden werden kann.

Diese drei diagnostischen Kategorien klinischer Fallhypothesen belegen den wichtigen Stellenwert der existenziellen und spirituellen Dimension im psychotherapeutischen Kontext.

Der höchst subjektive Prozess der Sinngebung erfordert vom Therapeuten ein hohes Maß an Einfühlungsvermögen und die Fähigkeit, dabei sein eigenes Weltbild außer Acht zu lassen.

Im Entwurf einer dialogischen Selbsttheorie weist Staemmler der Spiritualität eine zentrale Bedeutung zu.[11] Nach seiner Auffassung wird das reflexive Selbst „erweitert oder überstiegen durch die religiös-spirituelle Dimension, ohne die ein menschliches Selbst kaum

---

9 Tausch 2008: 97.
10 Ingram, 2012: 229.
11 Staemmler, 2015: 156 ff.

vorstellbar ist".¹² Insbesondere werden existenzielle Fragen und spirituelle Themen dann aufgeworfen, wenn Menschen mit schweren Persönlichkeitsstörungen und Traumatisierungen in psychotherapeutische Behandlung kommen.¹³ Hier werden früher oder später Sinnfragen und grundlegende Orientierungswünsche thematisiert.

In einer religionsphilosophischen Untersuchung hat Jan Hauser durch eine Zusammenführung von Systemtheorie, Religionsphilosophie und Psychotherapie die Erkenntnisse zum Sinn von Leben und Leiden zusammengefasst.¹⁴ Aufgrund von empirischen Studien kommt er zu den folgenden fünf Ergebnissen, wie Sinn gefunden werden kann:¹⁵

- Die Fähigkeit zur Sinngebung ist eine personale Ressource, die individuell unterschiedlich ausgeprägt ist. Sie wirkt als Moderator zwischen Widerfahrnissen und reguliert das Wohlbefinden und die Besserung.
- Je breiter, tiefer und vom Niveau her höherstehend das Sinnsystem ist, desto zuverlässiger kann es als Stütze bei Widerfahrnissen dienen.
- Nach dem Eintreffen eines Lebensereignisses, welches das Selbst- und Weltbild erschüttert, haben die Menschen das Bedürfnis, einen höheren Sinn zu fassen.
- Wer nach einem einschneidenden Lebensereignis Sinn fassen kann, wird sich schneller und auf nachhaltigere Weise an die neuen Lebensumstände bzw. Erkenntnisse anpassen können.
- Religiosität/Spiritualität stellt eine personale Ressource dar, die aufgrund ihres hohen Sinn-Niveaus ein wichtiger Moderator zwischen Widerfahrnissen und der Neuregulation des Wohlbefindens ist.

12 Ebd.: 164.
13 Gast et al., 2009.
14 Hauser, 2004.
15 Hauser, 2004: 583.

1.2 Gläubige Sinngebung kann existenzielle Fragen beantworten

Religion, Spiritualität und persönlicher Glaube rühren an das Geheimnisvolle und Rätselhafte des Menschseins. Zu einer evidenzbasierten Medizin und qualitätskontrollierten Psychotherapie bestehen kaum Berührungspunkte. Werden an Psychotherapie häufig (unrealistische) technische Machbarkeitserwartungen geknüpft, führt die Beschäftigung mit spirituellen Wegen zunächst einmal in die Stille und Einsamkeit. Nicht Nützlichkeit und Funktionalität sind gefragt, sondern schweigen, loslassen und vertrauen. Aber gerade dadurch wird eine neue Wahrnehmung, Haltung und ein neuer Umgang mit sich und mit belastenden Konflikten möglich.

Auf dem Gebiet der Religion und des Glaubens herrschen offensichtlich andere Gesetzmäßigkeiten als in den exakten Naturwissenschaften. Hier geht es nicht um die Kontrolle der Bedingungen, sondern um das Loslassen, nicht um ein aktives Steuern, sondern um vertrauendes Zulassen. Eine spirituelle Haltung scheint von Akzeptanz, Achtsamkeit und Vertrauen geprägt zu sein. Im Zentrum der spirituellen Haltung stehe, so schlussfolgern die Religionspsychologen Cole & Pargament, sich bereitwillig einem größeren Ganzen zu ergeben.[16] Diese „spirituelle Ergebenheit" beschrieben sie als einen paradoxen Weg des Kontrollierens. Durch spirituelle Ergebenheit, so definieren die beiden Autoren, wird „die persönliche Kontrolle zugunsten von etwas Heiligem aufgegeben, sei es für ein transzendentes Ziel, sei es für ein Ideal, eine Beziehung, oder eine Verpflichtung".[17]

In einer religionspsychologischen Untersuchung an Patienten zweier Kliniken in Rheinland-Pfalz und Bayern wurden diese gefragt, welcher Begriff ihre existentiellen Überzeugungen am ehesten charakterisiere. Besonders interessierten sich die Forscher für die Selbstbeschreibung der Patienten. Überraschenderweise bezeichneten sich die meisten weder als „religiös" noch als „spirituell", sondern als „gläubig".[18]

„Gläubige Sinngebung" kann also verstanden werden als die subjektive Beantwortung existenzieller Herausforderungen. Auch

---

16 Cole & Pargament, 1999.
17 Cole & Pargament, 1999: 184.
18 Schowalter, 2003.

Menschen, die kein Bedürfnis nach meditativen Versenkungsübungen, höheren Bewusstseinszuständen oder besonderen Erleuchtungserfahrungen zeigen, müssen sich irgendwann existenziellen Fragen stellen und – im weitesten Sinne – religiös geprägte Fragen beantworten: Warum ich? Wozu gibt es das Böse, warum müssen Menschen leiden? Wie kann Schuld vermieden werden? Was geschieht nach dem Tod? Diese Fragen können nicht wissenschaftlich, sondern nur „gläubig" beantwortet werden. Ein blinder Fortschrittsoptimismus der wissenschaftsgläubigen und technikbesessenen Moderne ist diesen Fragen bisher ausgewichen. Die Einbeziehung der spirituellen Dimension ermöglicht ein besseres psychologisches Verständnis der individuellen Sinngebung, setzt aber gleichzeitig weit reichende Veränderungen der weltanschaulichen Voraussetzungen und der Forschungspraxis voraus, die derzeit kontrovers diskutiert werden.[19]

Weltanschauungen sind Hilfskonstruktionen, sich eine Vorstellung von einer das Alltagsbewusstsein übersteigenden, transpersonalen Wirklichkeit zu machen. Ohne derartige Hilfskonstruktionen – seien sie naturalistisch, religiös, existentialistisch, materialistisch, spirituell, humanistisch oder atheistisch begründet – müsste ein Leben konsequenterweise in der Verzweiflung enden. Den schicksalhaften Ereignissen Sinn zu verleihen gelingt nur, indem die Grenzen des empirischen Wissens überschritten werden und man sich auf eine wie auch immer ausgeprägte „gläubige" Wirklichkeitsdeutung einlässt.

2. Empirische Beiträge zur Glaubensentwicklung im Lebenslauf

Entwicklungskrisen haben entscheidende Auswirkungen auf das Leben und die Lebenspläne einer Person. Viele Krisen werden noch lange erinnert als große Herausforderungen oder auch Wendepunkte, die dem Leben eine neue Richtung gaben, eine Reorganisation der Lebenspläne notwendig machten und aus denen man vielleicht mit neuem Selbstkonzept und neuer Weltsicht hervorging. Die Veränderungen können sowohl Gewinne darstellen als auch Störungen verursachen. Es ist empirisch erwiesen, dass wesentliche Veränderungen

---

19 vgl. Miller, 2012; Utsch, 2018.

und Wachstum in der menschlichen Entwicklung aus einer erfolgreichen Auseinandersetzung mit Problemen und Krisen resultieren und dadurch ein neues Niveau der intellektuellen, sozialen und persönlichen Organisation erreicht werden kann.[20]

Schon Jahrtausende vor der Gründung wissenschaftlicher Entwicklungspsychologie war den Menschen bewusst, dass sich der Glaube entwickelt. In der Tradition von Piaget und Kohlberg beschrieb der US-amerikanische Theologe James Fowler aufgrund eigener empirischer Untersuchungen sieben Entwicklungsstufen des Glaubens.[21] Der Vorteil dieses Stufenmodells besteht darin, dass es einen weiten, eher psychologischen Glaubensbegriff zu Grunde legt. Der im Deutschen oft mit „Lebensglaube" übersetzte Begriff „faith" grenzt Fowler strikt gegen den Glaubensinhalt („belief") ab. Lebensglauben versteht Fowler als universales Merkmal des menschlichen Lebens, der es dem Menschen in einem integrierenden Prozess ermögliche, die Endlichkeit seines Lebens anzunehmen und ihm Kohärenz und Sinn zu verleihen.

Neben anderen Modellen ist dieses Modell in der Entwicklungspsychologie anerkannt und wird auch in Deutschland zur Erforschung der religiösen Entwicklung und teilweise auch zu anamnestischen Zwecken in der Psychotherapie eingesetzt.[22]

Jeder Stufenwechsel verläuft in der Regel krisenhaft. Er bezieht emotionale, soziale und kognitive Prozesse mit ein und geht mit einer umfassenden Neuorientierung der Person einher. Ein besonderes Merkmal dieses Modells ist die Verschränkung zwischen Persönlichkeits- und Glaubensentwicklung. Weil der Lebensglaube als komplexe Sinndeutung zentrale Persönlichkeitsdimensionen mit einschließt, ist es nur folgerichtig, beide Entwicklungsbereiche aufeinander zu beziehen und zu verbinden.

---

20 vgl. Gontard, 2013; Bucher, 2014.
21 Bucher, 2017.
22 Keller et al., 2013.

2.1 Christliche Initiativen zur Verbindung der Persönlichkeits- mit der Glaubensentwicklung

In den christlichen Kirchen ist die fehlende Abstimmung zwischen der Persönlichkeits- und der Glaubensentwicklung ihrer Mitarbeiter und Mitglieder immer wieder als eine Herausforderung thematisiert worden. Ein plakativer Buchtitel diagnostiziert bei vielen Christen zwar einem hohen theologischen Wissensstand, der aber mit emotionaler Unreife verbunden sei – solche Christen werden als „Glaubensriesen und Seelenzwerge"[23] charakterisiert.

Schon einer der wegweisenden Theologen des vergangenen Jahrhunderts, Karl Rahner, hat nachdrücklich das Zusammenwirken von spiritueller und personaler Entwicklung eingefordert. Ob etwa die „mystische Erfahrung eine normale Entwicklungsfrage auf dem Weg zur christlichen Vollendung" sei, wollte Rahner nicht generell beantworten: „Die Antwort hängt an der Psychologie: Inwiefern nämlich solche an sich natürlichen Versenkungsphänomene notwendig in einen personalen Reifungsprozess gehören".[24] Bemerkenswert ist, dass Rahner die Einbeziehung besonderer mystischer Erfahrung in die alltägliche Glaubenserfahrung als eine psychologische Angelegenheit ansieht! Hier zeigt sich die besondere Herausforderung einer Zusammenschau theologischer und psychologischer Perspektiven, um den menschlichen Reifungsprozess bestmöglich zu unterstützen.

Wenn die Glaubensentwicklung nicht eingebettet ist in den personalen Reifungsprozess, sind innere Konflikte und Krisen unvermeidbar. Besonders deutlich hat das die Katholische Kirche in den letzten Jahren durch die ans Licht gekommenen Missbrauchsfälle erlebt. Deshalb wird dort seit einigen Jahren in besonderer Weise auf die richtige Auswahl z. B. der Priesteramtskandidaten geachtet. Es war längst überfällig, dass die Bildungskommission des Vatikans in ihren Leitlinien festgeschrieben hat, dass zukünftige Priesteramtsanwärter eine psychologische Eignungsprüfung durchlaufen müssen.[25] Die Notwendigkeit eines solchen Vorgehens unterstreicht eine kürzlich durchgeführte Untersuchung an 150 Nonnen. Eine

---

23 Scazzero, 2008.
24 Rahner, 1989: 99.
25 Zollner, 2009.

Franziskanerin und ausgebildete Psychologin hat in ihrer Dissertation Ordensschwestern mit Hilfe von biografischen Tiefeninterviews analysiert. Die Studie ergab den überraschenden Befund, dass in dieser Gruppe ein in sechs Dimensionen erhobenes Maß an „seelischer Reife" sehr ungewöhnlich verteilt war: Ordensschwestern im Mittelbereich gab es wenige, dagegen war die Gruppe mit sehr hohen und sehr niedrigem Reifewerten überproportional stark vertreten.[26] Besonders die zahlenmäßig deutlich am stärksten ausgeprägte Gruppe mit sehr geringem Reifewerten machte der Psychologin deutlich, dass hier ein hoher Handlungsbedarf im Hinblick auf Nachreifungsprozesse besteht.

Um die Kluft zwischen „Glaubensriesen und Seelenzwergen" abzubauen, hat sowohl in der katholischen als auch in der evangelischen Kirche seit einigen Jahren eine Renaissance der Seelsorgeform „Geistliche Begleitung" eingesetzt. Bei diesem Beratungsansatz steht die Förderung der persönlichen Gottesbeziehung im Mittelpunkt. Man kann ihn auch als eine Kombination von Glaubens- und Persönlichkeitsentwicklung verstehen. Die Begleitung erfolgt vor dem Hintergrund des seelischen Entwicklungsprozesses des Gegenübers. Die emotionale Tönung des Gottesbildes, die religiösen Übertragungen der primären Bezugspersonen oder die Deutung der eigenen Lebensgeschichte sind biografisch geprägt worden. Um die Gefahren der Realitätsflucht, infantiler Größenphantasien, Projektionen, Übertragungen, Identifizierungen und andere Irrtümer zu minimieren, die auf jedem spirituellen Weg lauern, hat sich die Geistliche Begleitung als ein nützliches Werkzeug erwiesen.[27] Diese Seelsorgeform ist als eine Wegbegleitung konzipiert und versucht eine geistliche Interpretation des Lebensverlaufs. Nicht nur in Glaubenskrisen erweist sich diese Begleitung als hilfreich. Durch das begleitende Mitverfolgen eines Lebensabschnitts kann die geistliche Entwicklung eingeschätzt und Impulse für weiteres Wachstum gegeben werden. Weiterbildungen in Geistlicher Begleitung werden von den ehren- und hauptamtlichen Mitarbeitern der katholischen und evangelischen Kirche in den letzten Jahren vermehrt in Anspruch genommen, um die Persönlichkeits- und Glaubensentwicklung besser zu synchronisieren.

26 Kluitmann, 2008, 132 ff.
27 Utsch, 2011.

In einer religionspsychologischen Untersuchung wurden 160 Teilnehmer Geistlicher Begleitung aus 16 (katholischen) Bistümern und drei (evangelischen) Landeskirchen zu ihren Erfahrungen befragt.[28] In diesen Befragungen erwies sich das Gespräch über die emotionale Tönung des Gottesbildes als ein wertvolles Hilfsmittel, um die Qualität der Gottesbeziehung zu bestimmen. Darüber hinaus zeigte sich, dass Begleiterinnen und Begleiter mit positiv besetzten Gottesbildern eher in der Lage waren, das Leben vom Glauben her zu deuten. Ein weiteres interessantes Teilergebnis besagt, dass durch die Fokussierung auf die Gottesbeziehung in der Geistlichen Begleitung auch signifikante Veränderungen auf der menschlichen Beziehungsebene eintraten. Dieser Befund kann als ein Beleg dafür verstanden werden, dass die seelischen Bewältigungsmechanismen in ähnlicher Weise sowohl bei der Glaubens- als auch der Persönlichkeitsentwicklung wirksam sind.

2.2 Das Gottesbild als Indikator der Glaubensentwicklung

In einer norwegischen Pilotstudie wurden die Gottesbilder der Patienten ausdrücklich in die psychotherapeutische Behandlung mit einbezogen.[29] 40 Patientinnen und Patienten mit depressiven Störungen unterzogen sich in einer Klinik einem Therapie-Programm, das systematisch auch die Veränderung des Gottesbildes mit einbezog. Es nahmen nur Patienten an diesem Programm teil, bei denen sich in einer Voruntersuchung Hinweise auf pathologische, Angst auslösende Gottesbilder ergaben. Es zeigte sich, dass die konkrete therapeutische Arbeit am Gottesbild wirkungsvolle Verbesserungen der seelischen Störung nach sich zog. Ähnliche Untersuchungen aus den Niederlanden oder Deutschland liegen bisher nur als Pilotstudien vor.[30] Die ersten Ergebnisse lassen es aber als nützlich erscheinen, diese Spur weiter zu verfolgen.

Gottesbilder sind zunächst biografisch und seelisch geprägt. In der aktiven Auseinandersetzung mit der eigenen Person können aber

---

28 Wagener & Kießling, 2010.
29 Stalsett et al., 2010.
30 Schaap-Jonkers, 2008; Murken et al., 2011.

ganz neue Sichtweisen gewonnen werden.[31] Die Bibel und die Kirchengeschichte berichtet von zahlreichen Menschen, die im Laufe ihres Lebens ein gänzlich anderes Gottesbild gewonnen haben. Sehr häufig – und das ist entwicklungspsychologisch spannend – veränderte sich das Verhältnis zu Gott von einem dogmatischen, gesetzlichen Glauben hin zu einer ganz persönlichen Liebesbeziehung:[32] Teresa von Avila, Martin Luther, Thomas Merton – die Liste kann leicht verlängert werden. Menschen sinnen über sich und ihren Glauben nach – und legen ihn zunächst nach ihrer Erziehung und Sichtweise aus. Später kann das eintreten, was die Bibel in Hebräer 4,12 so beschreibt: „Das Wort Gottes ist lebendig und wirksam und schärfer als ein Schwert und unterscheidet Seele und Geist". Seelische Gottesbilder können als Wunschvorstellungen entlarvt werden, sie können als Illusion aufgegeben werden und der je aktuellen Wahrheit Gottes weichen.

In vergleichbarer Weise hat David Tacey ein Stufenmodell der spirituellen Entwicklung aufgestellt, das insbesondere die krisenhaften Entwicklungsübergänge vom Jugend- zum Erwachsenenalter beschreibt:[33]

1. Geburtsglauben. Das erste Stadium ist gekennzeichnet durch die Religion der Familie, ihre Traditionen und Institutionen.

2. Trennung als Jugendlicher. In der Jugend werden Fragen über Glauben geäußert, wofür die bisherigen Antworten nicht ausreichen.

3. Säkulare Identifikation. Schrittweise gehen der Geburtsglaube und die institutionelle Zugehörigkeit verloren oder werden aktiv beendet. Es werden Begriffe wie säkular, humanistisch, agnostisch oder atheistisch gewählt. In dieser Ablösungsphase lockern oft auch die Eltern ihre eigenen religiösen Bindungen und bestehen nicht weiter auf eine religiöse Anbindung des Jugendlichen.

4. Säkulare Enttäuschung. Mit zunehmendem Alter und Erfahrung tritt eine Desillusionierung über die Werte der

---

31 Utsch, 2012.
32 Bucher, 2002.
33 Tacey, 2004.

gegenwärtigen Gesellschaft ein. Ein Gefühl von Mangel und eine Sehnsucht entstehen, weil sich die Ausrichtung auf Konsum, Besitz und Ablenkung letztlich als nicht erfüllend erweist.

5. *Die säkulare Erwachsenen-Spiritualität.* Als letzter Schritt wird eine persönliche Spiritualität entwickelt, die relativ unabhängig von religiösen Einflüssen und Institutionen ist.

Für die letzte Phase in diesem Stufenmodell ist es entscheidend, ob die ursprünglichen Erfahrungen in der Geburtsreligion positiv oder negativ waren. Bei positiven Erinnerungen werden in den späteren Phasen, Aspekte vom Glauben der Kindheit übernommen. An diesem Phasenmodell, das Tacey auf der Grundlage von Gesprächen mit Jugendlichen erstellte, lassen sich unmittelbar die krisenhaften Übergänge zwischen den einzelnen Abschnitten erkennen.

Auch in der neueren psychoanalytischen Entwicklungspsychologie wird der Dimension des Lebensglaubens stärkere Aufmerksamkeit gewidmet. Psychoanalytiker, früher in der Regel Verfechter radikaler Religionskritik, gehen heute unbefangener und konstruktiver mit religiösen Glaubensüberzeugungen ihrer Klienten um. Die moderne psychoanalytische Bindungsforschung bezieht nämlich im Entwicklungsprozess des Selbst auch Beziehungen zu einem transzendenten Gegenüber ein. Weil der christliche Glaube im Kern ein Beziehungsgeschehen darstellt – gläubiges Vertrauen auf den unsichtbar gegenwärtigen Gott, ergeben sich hier fruchtbare Dialoge. So wie sich unsere Persönlichkeit lebenslang weiterentwickelt, verändert sich auch der Glaube mit seinen Gottesbildern und Frömmigkeitspraktiken. Wenn das Persönlichkeitswachstum und die Glaubensentwicklung gemeinsam betrachtet werden, können reife und unreife Formen von Glaubensvollzügen plausibel unterschieden werden.

Die Bindungsforschung weist darauf hin, dass die Übergänge zwischen fundamentalistischer Rechthaberei und einem suchend-fragenden Glauben fließend sind. Aus psychoanalytischer Sicht lässt sich besonders der destruktive Einfluss fehlgeleiteter religiöser Sehnsüchte nachweisen. Dabei kommt der Vermittlung von Idealen und Leitbildern eine Schlüsselstellung zu. Wenn Glaubensinhalte aufgrund der Sehnsucht nach einer idealen Welt emotional „gepuscht" werden und keine rationale Prüfung mehr durchlaufen, kann leicht ein fanatischer Glaube entstehen. Als Ziel lockt das Versprechen, alles Böse in der Welt zu bannen, um den belastenden inneren Spannungen und Ambivalenzen endgültig zu entfliehen.

Eine religionspsychologische Untersuchung von Entwicklungsverläufen bekannter religiöser Persönlichkeiten zeigte, wie blindes Vertrauen in einer frühen Lebensphase, das von abhängigen Beziehungen bestimmt war, mit wachsender Lebenserfahrung zu gläubiger Hoffnung in Eigenständigkeit heranreifen kann.[34] Hier fällt dem Zweifel die wichtige Funktion der Realitätsprüfung zu. Indem der Mensch seinen Glauben aufgrund seiner immer wiederkehrenden Zweifel jeweils auf seine Vernünftigkeit hin beurteilt, kann sich eine Haltung von gläubiger Hoffnung entwickeln. In sektiererischen Gruppen werden hingegen religiöse Führer idealisiert und ihre Lehren ideologisiert, um den Glauben an eine absolute Wahrheit mit Gewissheit und Sicherheit festhalten zu können. Die reife gläubige Hoffnung hingegen zeichnet sich dadurch aus, dass sie Zweifel zulässt und dennoch zu einem Handeln aus gläubiger Zuversicht motiviert.

Die Spirale Richter-Gott – Minderwertigkeit – hohes Ich-Ideal – Selbstbestrafung – Schuldgefühle kann sich derart verfestigen, dass es zu einer generellen Lebensverneinung kommt. Wenn solche Menschen dann noch in eine negative Askese flüchten, wird eine Therapie langwierig und schwierig. In ihrem Urmisstrauen gegen den unerbittlichen Richter, der keine Gnade kennt und den Sünder klein machen und büßen lassen will, züchtigen und kasteien sie sich selbst und zahlen ihm so im Voraus den Preis für das Weiterleben.

Der destruktive Teufelskreis der Selbstbestrafung und Lebensverneinung ist letztlich nur aufzulösen in dem Maße, in dem das einseitige Pseudo-Gottesbild als krankmachend entlarvt und durch positive Gottesbilder aus der biblischen Überlieferung ersetzt wird. Dies erfordert aber die Bereitschaft zu einer kritischen Auseinandersetzung mit der eigenen Vergangenheit, was in der Regel schmerzhaft und anstrengend ist. Für die lebendige Weiterentwicklung der Gottesbeziehung sind also Krisen nicht die Ausnahme, sondern ein elementarer Bestandteil: „Alles Menschliche will Dauer, Gott die Veränderung" (Ricarda Huch). Die Umsetzung dieses Mottos erfordert Mut und Entschlossenheit, sich an der menschlichen

---

34 Bucher, 2004.

Entwicklungsdynamik zu orientieren und Gewohnheiten immer wieder kritisch in Frage zu stellen. „Unterwegs zu sein bedeutet, das Gottesbild ständig zu hinterfragen und Gottes nicht habhaft sein zu wollen. Das bedeutet aber auch, offen zu sein für den Gott in den kleinen Dingen, im Alltag, nicht nur in den großen Momenten, an den Wendezeiten des Lebens oder in Momenten der Not, der Grenze und des Scheiterns".[35] Dieses Zitat aus einem modernen Glaubenskurs belegt eindrücklich, wie intensiv auch in den Kirchen mittlerweile nach Wegen authentischer Glaubensvermittlung gesucht wird – inklusive der damit verbundenen Krisen.

2.3. Dysfunktionale Gottesbilder

Trotz aller empirisch belegten Gesundheitseffekte positiver Religiosität und Spiritualität darf ihr Missbrauchspotenzial nicht vergessen werden. Zahlreiche Patienten wurden durch eine unterdrückende religiöse Erziehung psychisch krank. Die Mitgliedschaft in religiösen Sekten geht häufig mit pathologischen Auffälligkeiten einher.[36] In seinen Bestseller „Gottesvergiftung" rechnete der bekannte Psychoanalytiker Tilmann Moser mit dem strafenden Richtergott seiner Kindheit ab.[37] Sein Gottesbild zeigte einen gewalttätigen und unbarmherzigen Patriarchen, der über den absoluten Gehorsam seiner Untergebenen wacht. Durch Kenntnisnahme von empirischen Befunden, die unmissverständlich einen positiven Einfluss des Glaubens auf die Gesundheit belegen, sowie erstaunliche eigene Erfahrungen bei Patienten mit positiven Gottesbildern änderte sich seine Einstellung. Heute kann Moser bestimmte religiöse Glaubenshaltungen als eine Quelle von Kraft und seelischem Reichtum würdigen.[38]

Zwingmann, Klein und Jeserich haben in einem neuen Sammelband empirische Beiträge der dunklen Seite von Religiosität zusammengestellt.[39] Dabei kommen negative Gottesbilder, das Konzept der „ekklesiogenen Neurose" sowie die Herausforderungen des

---

35 Hense et al., 2000: 44.
36 Utsch, 2012.
37 Moser, 1976.
38 Moser, 2011.
39 Zwingmann et al., 2017.

wachsenden religiösen Fundamentalismus zur Sprache. Gerade bei einer repressiven Erziehung entstehen destruktive Gottesbilder, die seelische Störungen fördern. Frielingsdorf hat das Gottesbild von knapp 600 Katholiken, hauptsächlich im Kirchendienst stehend, analysiert.[40] Über die Hälfte der Befragten beklagte einen starken inneren Widerspruch zwischen dem Selbsterleben und der öffentlichen Darstellung: „Meine Predigt von einem barmherzigen, liebevollen Vatergott gilt mir selber nicht". Die Gottesbilder der meisten Befragten waren vielmehr von negativen Vaterbildern überlagert, ein „dämonisches Gottesbild" führte zu einem geringen Selbstbewusstsein und teilweise zu Depressivität.

Auch heute gibt es noch streng moralisierende Erziehungskonzepte, in den Gott als unbarmherziger Richter instrumentalisiert wird. Dadurch entstehen Gottesbildprobleme bis hin zu religiös bedingten Zwangsstörungen, die behandlungsbedürftig sind. Früher hat man das ekklesiogene („kirchenbedingte") Neurose genannt.[41] Störungen dysfunktionaler Religiosität, aber auch religiöse Zwänge sind auch heute noch verbreiteter als man denkt. Experten für Zwangserkrankungen gehen von über 120.000 behandlungsbedürftigen religiös bedingten Zwangserkrankten in Deutschland aus.[42] Zusammen mit einem Seelsorger haben sie Ursachen und Behandlungsmöglichkeiten untersucht und eine Strategie entwickelt, wie Betroffene sich von einem einseitig-verzerrten Gottesbild befreien und ihren Glauben neu als Kraftquelle entdecken können. Das bedeutet aber für die religiöse Erziehung Verantwortlichen in der Konsequenz, die dunklen Seiten Gottes nicht auszusparen, ohne daraus eine „Drohbotschaft" zu machen. In der religiösen Erziehung wird es künftig darauf ankommen, „wenn Gott das Zentrum religiöser Erziehung ist", so der Bamberger Religionspädagoge Werner Ritter, „sowohl dessen Nähe, Zuwendung und Barmherzigkeit als auch dessen Ferne, Verborgenheit und Abwesenheit im Blick zu haben und sich erzieherisch zwischen diesen beiden Polen zu bewegen".[43]

---

40 Frielingsdorf, 1992.
41 Röhl, 2015.
42 Ciupka-Schön & Becks, 2018.
43 Ritter, 2011: 322.

3. Glaubenskrisen als wachsende Offenheit gegenüber der Verborgenheit Gottes

Nach christlichem Verständnis kann der Mensch Gott nur sehr bruchstückhaft erkennen, weil die Kluft zwischen Schöpfer und Geschöpf unüberwindlich ist. Dabei lebt der Mensch in der Spannung einer tiefen Sehnsucht nach der innigen Nähe zu seinem Schöpfer. Andererseits bleibt Gott zeitlebens das ferne, unnahbare Geheimnis. Eine phänomenologisch exakte Beschreibung seines Ringens um eine Gottesbegegnung, die er nach vielen durchlebten Krisen als „Ankommen des Umfassenden im Versunkenheitsbewusstsein" beschreiben konnte, hat ein Bremer Arzt protokolliert.[44]

In der christlichen Mystik sind vielfältige Wege zur Gottesbegegnung entwickelt worden. Die meisten gehen von einer Stufenfolge aus, durch die der Glaube in der entwicklungstypischen Form der jeweiligen Phase ausgedrückt wird. Ein klassisches Modell der stufenweisen Annäherung an Gott geht nach Scaramelli von einem meditativen Dreischritt aus, der in der christlichen Tradition als Gebet, Meditation und Kontemplation beschrieben wurde, in den asiatischen Versenkungswegen als Bewusstseinssammlung, Bewusstseinszentrierung bis hin zur Bewusstseinsleerung.[45] Bei näherer Betrachtung der verschiedenen Stufen wird schnell deutlich, dass sich die Aufgaben und Ziele der einzelnen Stufen stark voneinander unterscheiden. Eine Fertigkeit, die mehr zu Bewusstseins-Sammlung geholfen hat, steht unter Umständen in der Phase der Bewusstseinsleerung im Weg. Es liegt auf der Hand, dass solche Erfahrungen krisenhaft verarbeitet werden, weil frühere Lernerfahrungen nicht genutzt werden können.

In der christlichen Theologie wird der Dreischritt in der klassischen Terminologie „Läuterung – Erleuchtung – Vereinigung" oder „Reinigung – Durchlichtung – Einung" genannt. Der bedeutende französische Konzilstheologe Louis Bouyer fasst in seiner Einführung in die christliche Spiritualität zusammen: „Auf dem Weg der Läuterung herrscht die Ausrottung der Fehler vor, auf dem Weg der Erleuchtung die Entfaltung der göttlichen Tugenden, besonders der Liebe, auf dem Weg der Vereinigung sind es die sieben Gaben des

---

44 Albrecht, 1990: 254.
45 Scaramelli, 2001.

Heiligen Geistes".[46] Im Aufgreifen der mittelalterlichen Mönchstheologie beschreibt Bouyer das geistliche Leben als einen inneren Kampf, bei dem es vor allem um die Auseinandersetzung mit den eigenen Gedanken und Leidenschaften geht: „Es geht darum, die innere Zerrissenheit – dipsyché, wie sie die Autoren der Frühzeit nannten, zu überwinden und die ‚Herzenseinfalt' wieder herzustellen".[47] Die Glaubensentwicklung ist damit kein Wellness-Programm, dem man sich genussvoll hingeben kann, sondern setzt den Mut zur Ehrlichkeit, Konfliktbereitschaft und eine große Entschlossenheit zur inneren Weiterentwicklung auch angesichts der zu erwartenden Krisen voraus.

Krisen sind also elementarer Bestandteil der Glaubensentwicklung. Neben dem hinführenden Gebet (oratio) und dem meditierenden Nachdenken (meditatio) über den Bibeltext begriff Martin Luther die Anfechtung (tentatio) als die dritte Säule der Meditation. Nach Luther muss ein Meditierender mit gefühlsmäßiger Anfechtung und intellektuellem Zweifel rechnen und diesen standhalten. In dieser Auseinandersetzung wachsen ihm jedoch innere Kräfte zu, diese schwierige Wegstrecke zu bewältigen.

Die Tradition der Karmeliter-Spiritualität hat eine psychologisch differenzierte Sicht der Glaubenseinübung entwickelt, die in der „Dunklen Nacht" einen unverzichtbaren Schritt auf dem Weg kontemplativer Gotteserkenntnis sieht. Im Laufe der Zeit ist hier eine Fülle von Studien zur Glaubensentwicklung vorgelegt worden, die das Krisenhafte und Unverständliche Gottes nicht übergeht, sondern in den Mittelpunkt gestellt hat.[48] Der bekannte spanische Mystiker Johannes vom Kreuz hat seine Anfechtungen bei der Suche nach Gott als dunkle Nacht der Seele bezeichnet. Mit dem Begriff der „Nacht" kennzeichnete er die Erfahrung der Verdunkelung, weil sich Gott nicht mehr in gewohnter Weise zeigte. Nach früheren, tiefgreifenden Erfahrungen göttlicher Nähe und Liebe musste er die Krise der Gottesferne erleben. Im Alter von 36 Jahren entführten ihn Mönche eines rivalisierenden Klosters und sperrten ihn neun Monate in ein dunkles Verlies ein, ohne dass er mit jemandem sprechen konnte.

---

46 Bouyer, 1965: 254.
47 Ebd.: 228.
48 vgl. Mager, 1946; Scaramelli 2001.

Diese Monate beschrieb Johannes im Rückblick als „dunkle Nacht der Seele". Er spricht von ihr als dem eigentlichen Weg zu dem rätselhaft verborgenen Gott. Nach dieser existenziellen Krise ist er davon überzeugt, dass Gott nur finden kann, wer sich ohne jede Hoffnung in die eigene Dunkelheit kauert und die Verlassenheit von Gott erleidet. Später kann Johannes vom Kreuz darin ein bewusstes Handeln Gottes sehen, um ihn auf einen Weg der Läuterung und Reifung zu bringen. In dieser Dunkelheit werde der Mensch aller Selbsttäuschungen ledig, nur Gott könne ihn ausfüllen. In seiner Verlassenheit blieb Johannes nur der nackte Glaube, der nichts mehr hat, sich festzuhalten. Zur Verdeutlichung dieses schmerzhaften Läuterungsprozesses verwendet Johannes das Bild von einem Holzscheit, das im göttlichen Feuer brennt und dabei selbst immer mehr dem Feuer ähnlich wird. Die Psychologin Regina Bäumer und der Karmelit Michael Plattig betonen: „Die Dunkle Nacht ist ein Teil des Weges zu Gott, sie ist ein Phänomen der ‚transformatio', der Umformung des Menschen in und durch Gott, die sich im ganzen Leben vollzieht. Oder anders gesagt – zum Weg zu Gott, der wesentlich auch der Unbegreifliche ist, der sich uns eigentlich nur in der Dunkelheit zeigen kann".[49]

In einer qualitativen Studie wurden die Leiter deutscher Klosterseminare nach ihrer Deutung von Nachterfahrungen befragt, von denen Priester in einer aktuellen, umfangreichen Seelsorgestudie berichtet haben. Die Seminarleiter betrachteten die „spirituelle Trockenheit" der Priester nicht nur als Zeichen für belastete Beziehungen zu Gott oder zu Menschen oder als ein Zeichen der Nachlässigkeit im Beten, sondern auch als Herausforderung für geistliches Wachstum und als „Wüste", in der Gottesbegegnung möglich wird.[50] Die psychologisch differenzierte Spiritualität der Karmeliter hat für diesen therapeutischen Veränderungsprozess das Konzept „Umformung" als zentrale Kategorie beschrieben.[51] Eine bekannte Mystikerin in dieser Tradition, Teresa von Avila, hat in ihrer bekannten „Seelenburg" ein differenziertes Stufenmodell der kontemplativen Entwicklung vorgelegt. Bis heute liefert es „eine unvergleichliche Fundgrube an

---

49 Bäumer & Plattig, 2008: 115.
50 Frick et al., 2018.
51 Bäumer & Plattig, 2014.

wertvollem Material für die Probleme und Krisen auf dem Weg der Erleuchtung".[52] Die spanische Nonne, die zusammen mit Johannes vom Kreuz eine Reformbewegung der Karmeliter gründete, verglich den geistlichen Wachstums- und Umformungsprozess mit der Entwicklung einer Seidenraupe.

„*Aus einem winzigen Ei entwickelt sich eine kleine Raupe, die allmählich größer wird, sich in einem Kokon einspinnt und schließlich als anmutiger Schmetterling in den Himmel aufsteigt. Das Ei ist Symbol für den Menschen, der am Beginn des geistlichen Lebens steht. Virtuell enthält es bereits die Gestalt des Schmetterlings, zu der es ausreifen soll. Gott schenkt diesem winzigen Etwas alles, was es zum Wachstum braucht: Wärme und Nahrung. Der Mensch darf dies annehmen und sich damit stärken. So hilft er selbst mit, heranzuwachsen und sich symbolisch gesprochen zu einer weiten Raupe zu entwickeln. Auch äußerlich ist diese Entwicklung sichtbar. Ab einem bestimmten Zeitpunkt wird dann jedoch ein anderer Beitrag des Menschen notwendig: wie die Seidenraupe muss er einen Kokon spinnen, in dem er äußerlich zur Ruhe kommt, aber innerlich umso tief greifender verwandelt werden kann. Den geistlichen Kokon spinnt der Mensch, indem er betet. Die Gebete sind wie feine Seidenfäden, die den Menschen ganz eng mit Gott umschlingen. Alles weitere muss der Mensch dann Gott überlassen. Wie die Seitenraupe muss er abwarten, was mit ihm in dieser Zeit der äußeren Ruhe geschieht. Geduld ist dann notwendig. Lange Zeit geschieht vielleicht gar nichts. Doch irgendwann schlüpft aus dem engen Kokon ein kleiner Schmetterling. Dieser erlebt eine neue Freiheit, eine ungekannte Weite. Zwischen Himmel und Erde flattert er sehnsüchtig umher, immer höher und höher. Aber dann spürt er, dass er auch jetzt nicht ans Ziel kommen kann. Er kann den Himmel nicht als Ruheplatz erreichen, er muss immer wieder zur Erde zurückkehren. Auch der Schmetterling muss letztlich sterben, sagt Teresa, damit nichts mehr den Menschen schwer macht und auf der einmal erreichten Entwicklungsstufe festhält. Wenn der Schmetterling gestorben ist, gelangt der Mensch in einem neuen Zustand der selbstvergessenen Liebe*

---

52 Piron, 2012: 4.

zu Gott und den Menschen. Dies ist die äußerste Stufe des geistlichen Reifungsprozesses, die wir hier auf Erden erreichen können."[53]

Der niederländische Karmelit Kees Waaijman hat in seinem Handbuch der Spiritualität das Entwicklungsprojekt der gott-menschlichen Umformung ausführlich beschrieben und fasst in theologisch dichter Sprache zusammen: „Die wirkliche Umformung (lat. metamorphosis) geht von Gott aus. Das Muster (lat. schema) der Welt muss verlassen werden, und die Form Gottes muss uns wieder gestalten … Die Umformung in Liebe kann von der Seele in keiner Weise herbeigeführt werden. Das einzige, womit diese Umformung vorbereitet werden kann, besteht darin, die Dinge, den Verstand, den Willen und die Erinnerung ruhig und still zu machen, damit der Geliebte sich selbst ohne Form schenken kann".[54] Diese mystische Beschreibung der Gottesbegegnung deutet auf die Schwierigkeiten hin, frei von Erwartungen und Vorstellungen sich auf eine größere Wirklichkeit einzulassen, wobei die Folgen der Begegnung nicht abzuschätzen sind. Aber gerade diese Offenheit und Neugierde scheinen die besten Voraussetzungen für eine fortschreitende Glaubensentwicklung zu sein.

Der bekannte evangelische Theologe Jörg Zink hat in seinem Alterswerk „Gotteswahrnehmung" verschiedene Wege der religiösen Erfahrung beschrieben.[55] Er schilderte auch eigene mystische Erlebnisse, die seine Wahrnehmung schärfen und als „Türöffner für eine größere und wahrere Wirklichkeit" dienten. Die persönlichen Erfahrungen eines umfassenderen Bewusstseins als das der gewöhnlichen Alltagswahrnehmung ließen in ihm ein Grundvertrauen wachsen, dass auch die Kriegswirren überstand. In der transpersonalen Psychologie findet er hilfreiche Ansätze, die diesen Erfahrungen auf der Spur sind. Aufgrund eigener Lebenserfahrungen von der verlässlichen Liebe Gottes und dem Zeugnis zahlreicher christlicher Mystikerinnen und Mystiker kann er aufzeigen, dass ein Grundvertrauen auch im Angesicht von Leid und Nacht möglich ist. Als Beleg führt

---

53 Die Seidenraupe: Umformung in Gott nach Teresa von Avila (nach Hense 2006: 95).
54 Waaijman, 2005: 164 und 177.
55 Zink, 2009.

er ein Gedicht des zweiten UN-Generalsekretär Dag Hammerskjöld an, das er verfasste, kurz bevor er im Kongo einem Flugzeugattentat zum Opfer fiel:

„*Glaube ist Gottes Vereinigung mit der Seele in einer dunklen Nacht. Des Glaubens Nacht – so dunkel, dass wir nicht einmal den Glauben suchen dürfen. Es geschieht in der Gethsemane-Nacht, wenn die letzten Freunde schlafen, alle anderen deinen Untergang suchen und Gott schweigt, dass die Vereinigung sich vollendet.*"[56]

Literatur

Albrecht C: *Psychologie des mystischen Bewusstseins*. Mainz: Grünewald, 1990.

Bäumer R, Plattig M (Hrsg.): *„Dunkle Nacht" und Depression. Geistliche und psychische Krisen verstehen und unterscheiden*. Mainz: Grünewald, 2008.

Bäumer R, Plattig M: *Umformung durch Aufmerksamkeit – Aufmerksamkeit durch Umformung. Gesammelte Beiträge zur Geistlichen Begleitung*. St. Ottilien: EOS, 2014.

Bouyer L: *Einführung in die christliche Spiritualität*. Mainz: Grünewald (französisches Original Tournai 1960), 1965.

Bucher A: *Psychobiographien religiöser Entwicklung. Glaubensprofile zwischen Individualität und Universalität*. Stuttgart: Kohlhammer, 2004.

Bucher A: *Psychologie der Spiritualität*. Weinheim: Beltz PVU, 2. Aufl., 2014.

Bucher A: Stuf' um Stufe? Modelle der spirituellen Entwicklung. In Hofmann L, Heise P (Hrsg.). *Spiritualität und spirituelle Krisen*. Stuttgart: Schattauer, 2017: 81–92.

Ciupka-Schön B, Becks H: *Himmel und Hölle. Religiöse Zwänge erkennen und bewältigen*. Ostfildern: Patmos, 2018.

Cole B, Pargament K: Spiritual surrender: a paradoxical path to control. In: Miller W (Hrsg.). *Integrating spirituality in treatment*. Washington (APA), 1999: 181–199.

Frick E, Baumann K, Büssing A, Jacobs C, Sautermeister J: Spirituelle Trockenheit – Krise oder Chance? *Wege zum Menschen* 2018; 70: 61–77.

Frielingsdorf K: *Dämonische Gottesbilder. Ihre Entstehung, Entlarvung und Überwindung*. Mainz: Grünewald, 1992.

---

56 zit. nach Zink, 2009, 278.

Gast U, Markert EC, Onnasch K, Schollas T: *Trauma und Trauer. Impulse aus christlicher Spiritualität und Neurobiologie.* Stuttgart: Klett-Cotta, 2009.

von Gontard A: *Spiritualität von Kindern und Jugendlichen. Allgemeine und psychotherapeutische Aspekte.* Stuttgart: Kohlhammer, 2013.

Hauser J: *Vom Sinn des Leidens. Die Bedeutung systemtheoretischer, existenzphilosophischer und religiös spiritueller Anschauungsweisen für die therapeutische Praxis.* Würzburg: Königshausen & Neumann, 2004.

Hardt J, Springer A: Psychotherapie und Religion – einige kulturgeschichtliche Anmerkungen. *Psychotherapeutenjournal* 2012; 3: 210–212.

Hense E: Umformung. In Plattig M, Hense E (Hrsg.). *Grundkurs Spiritualität des Karmel.* Stuttgart: Katholisches Bibelwerk, 2006: 95–110.

Hense E, Plattig M, Menting P, Dienberg T (Hrsg.): *Grundkurs Spiritualität.* Stuttgart: Katholisches Bibelwerk, 2000.

Ingram BL: *Clinical case formulations. Matching the integrative treatment plan to the client.* Hoboken: Wiley, 2012.

Jacobiwitz S: Spirituelle Krisen in der Gestalt seelischer Nachterfahrungen. In Hofmann L, Heise P (Hrsg.). *Spiritualität und spirituelle Krisen.* Stuttgart: Schattauer, 2017: 191–202.

Keller B, Klein C, Streib H: Das Interview zur Glaubensentwicklung. Zur Exploration von Spiritualität im psychotherapeutischen Setting. *Spiritual Care* 2013; 2: 35–43.

Kluitmann K: *„Die Letzte macht das Licht an?" Eine psychologische Untersuchung zur Situation junger Frauen in Ordensgemeinschaften.* Münster: Dialog-Verlag, 2008.

Mager A: *Mystik als seelische Wirklichkeit. Eine Psychologie der Mystik.* Salzburg: Pustet, 1946.

Miller L (Hrsg.): *The Oxford Handbook of Psychology and Spirituality.* New York: Oxford University Press, 2012.

Moser T: *Gottesvergiftung.* Frankfurt: Suhrkamp, 1976.

Moser T: *Gott auf der Couch. Neues zum Verhältnis von Psychoanalyse und Religion.* Gütersloh: Gütersloher Verlagshaus, 2011.

Murken S, Möschl K, Müller C, Appel C: Entwicklung und der Validierung der Skalen zur Gottesbeziehung und zum religiösen Coping. In: Büssing A, Kohls N (Hrsg.). *Spiritualität transdisziplinär.* Berlin: Springer, 2011: 75–92.

Pargament K: *The psychology of religion and coping. Theory, research, practice.* New York: Guilford, 1997.

Piron H: Die Seelenburg von Theresa von Avila und ihre Bedeutung für die Psychotherapie. *Bewusstseinswissenschaften* 2012; 18: 4–19.

Plattig M, Hense E (Hrsg.): *Grundkurs Spiritualität des Karmel.* Stuttgart: Katholisches Bibelwerk, 2006.

Rahner K: *Visionen und Prophezeiungen. Zur Mystik und Transzendenzerfahrung,* Freiburg: Herder, 1989.

Ritter W: Religiöse Erziehung als Schwarze Pädagogik. Beobachtungen und Überlegungen zum destruktiven Potenzial religiöser Erziehung. In: Leuzinger-Bohleber M, Klumbies PG (Hrsg.). *Religion und Fanatismus. Psychoanalytische und theologische Zugänge.* Göttingen: Vandenhoeck & Ruprecht, 2011: 308–324.

Röhl UM: *Macht Religion krank? Die Frage nach den „ekklesiogenen Neurosen".* Marburg: Tectum, 2015.

Scazzero P: *Glaubensriesen – Seelenzwerge? Geistliches Wachstum und emotionale Reife.* Gießen: Brunnen 2013 (amerik. Original Nashville 2006), 2008.

Scaramelli GB: *Wegbegleitung in der mystischen Erfahrung* (Neubearbeitung, Original Venedig 1754). Würzburg: Echter, 2001.

Schaap-Jonkers H, Eurelings-Bontekoe E, Zock H, Jonker E: Development and Validation of the Dutch Questionnaire God Image: *Mental Health, Religion & Culture* 2008; 11: 501–515.

Schowalter M, Richard M, Murken S, Senst R, Rüddel H: Die Integration von Religiosität in die psychotherapeutische Behandlung bei religiösen Menschen – ein Klinikversuch. *Zeitschrift für Klinische Psychologie, Psychiatrie und Psychotherapie* 2003; 51: 361–374.

Staemmler FM: *Das dialogische Selbst. Postmodernes Menschenbild und psychotherapeutische Praxis.* Stuttgart: Schattauer, 2015.

Stalsett G, Austad A, Gude T, Martinsen E: Existential Issues and Representations of God in Psychotherapy: A Naturalistic Study of 40 Patients in the VITA Treatment Model. *Psyche & Geloof* 2010; 2: 76–91.

Tacey D: *The Spirituality Revolution: The Emergence of Contemporary Spirituality.* Ove: Routledge, 2004.

Tausch R: Sinn in unserem Leben. In: Auhagen AE (Hrsg.). *Positive Psychologie. Anleitung zum „besseren" Leben.* Weinheim: Beltz PVU, 2008: 97–113.

Utsch M: Psychologische Hilfen zur Förderung der spirituellen Entwicklung. In: Greiner D, Raschzok K, Rost M (Hrsg.). *Geistlich begleiten. Eine Bestandsaufnahme evangelischer Praxis.* Leipzig: Evangelische Verlagsanstalt 2011: 106–118.

Utsch M: Die Bedeutung von (Gottes-)Bildern für die religiöse Entwicklung. In: Gräb W, Cottin J (Hrsg.): *Imaginationen der inneren Welt. Theologische, psychologische und ästhetische Reflexionen zur spirituellen Dimension der Kunst.* Frankfurt: Peter Lang, 2012: 103–121.

Utsch M: Postmaterialistische Wissenschaft? Hinweise auf eine zunehmende Spiritualisierung der Psychotherapie. *Materialdienst der EZW* 2014; 77: 54–58.

Utsch M: Glaubenskrisen – Veränderungen und Neuorientierungen auf einem religiösen Weg. In: Hofmann L, Heise P (Hrsg.). *Spiritualität und spirituelle Krisen.* Stuttgart: Schattauer, 2017: 156–167.

Utsch M: Spirituelle Krisen. In: Sautermeister J, Skuban T (Hrsg.). *Handbuch psychiatrisches Grundwissen für die Seelsorge.* Freiburg: Herder, 2018: 705–724.

Utsch M, Bonelli RM, Pfeifer S: *Psychotherapie und Spiritualität. Mit existenziellen Konflikten und Transzendenzerfahrungen professionell umgehen.* 2. Aufl. Berlin: Springer, 2018.

Wagener HJ, Kießling K: Quantitativ-empirischer Zugang zu Geistlicher Begleitung. Forschungsergebnisse. In: Kießling K (Hrsg.). *Geistliche Begleitung.* Göttingen: Vandenhoeck & Ruprecht, 2010, S. 105–169.

Waaijman K: *Handbuch der Spiritualität.* Bd. 2: Grundlagen. Mainz: Grünewald (niederl. Original Kampen 2000), 2005.

Wirtz U: Die spirituelle Dimension der Traumatherapie. *Transpersonale Psychologie und Psychotherapie* 2003; 9: 7–15.

Wirtz U: Traumatische Erfahrungen und Bewusstseinstransformation. In: Hofmann L, Heise P (Hrsg.). *Spiritualität und spirituelle Krisen.* Stuttgart: Schattauer, 2017: 244–255.

Yalom I: *Existenzielle Psychotherapie.* Köln: Edition Humanistische Psychologie, 1995.

Zollner H: Die Rolle der Psychologie in der Priesterausbildung. *Geist und Leben* 2009; 82: 373–380.

M. Paulin Link OSF

Umgang mit geistlicher Trockenheit: Geistliche Begleitung

1. Einleitung

Geistliche Trockenheit ist eine Urerfahrung des Menschseins, in der Bibel am Beispiel Hiobs bis zum Notschrei Jesu am Kreuz.

„Doch geh ich nach Osten, er ist nicht da, nach Westen, so merke ich nichts von ihm. Wirkt er im Norden, ich erblicke ihn nicht, wendet er sich nach Süden, ich sehe ihn nicht." (Hiob 23,8–9)

„Von der sechsten Stunde an trat Finsternis ein über das ganze Land bis zur neunten Stunde. Und um die neunte Stunde rief Jesus mit lauter Stimme: „Eli, Eli, lema sabachtani?" das heißt: „Mein Gott, mein Gott, warum hast du mich verlassen?" (Mt 27,45–46)

Trockenheit – diese Bild wurde uns in diesem Sommer 2018 sehr vertraut. Menschen und Tiere, ja, die Natur leidet. Es gibt zu wenig Wasser, der Rhythmus der Ernte ändert sich, Flüsse trocknen aus. Wir kennen die Bilder von anderen Erdteilen, wo das Leben unter langandauernder Trockenheit bedroht ist. Was wir aber auch erfahren dürfen, wie die Wüste nach monatelanger Trockenheit, nach einem Regen über Nacht erblüht. Ein Zeichen des Lebens und der Hoffnung, dass Trockenheit nicht nur das Ende bedeutet.

Geistliche Trockenheit: Die Bilder unseres erlebten Alltags mögen ein wenig erklären, was es für die Menschen bedeutet, die davon betroffen sind, und diese Bilder geben uns gleichzeitig Auskunft darüber, was in der Begleitung dieser Menschen zu beachten ist.

2. Einige Grundhaltungen

Einige ganz wichtige Grundhaltungen seien zu Beginn gleich auf den Punkt gebracht. Sie werden im Fortgang der Betrachtung noch eine Rolle spielen, sollen doch schon einmal zu Beginn aufgrund ihrer Wichtigkeit benannt werden:

- Die Situation der zu Begleitenden wahrnehmen, hören
- Keine noch so gut gemeinten Ratschläge geben
- Miteinander suchen, wie diese Zeit angenommen, gelebt werden kann
- Wegbegleiter sein, „Cum-pane" (Mit-brot, Teil-gabe, Lebensspende)
- Aushalten – warten können – vertrauen

3. Erfahrungen mit geistlicher Trockenheit

Hinweise auf Erfahrungen geistlicher Trockenheit finden sich sowohl in meinen eigenen Tagebuchaufzeichnungen als Begleiterin als auch in den Zeugnissen geistlicher Menschen. Es ist oftmals sehr hilfreich, gerade auch im Geschehen der geistlichen Begleitung, sich die eigenen Erfahrungen mit diesem Thema vor Augen zu führen – und auch Impulse der reichen geistlichen Tradition aufzunehmen.

3.1 Meine Tagebuchnotizen:

- Silvester 1976: *„Herr, was ist das nur? Tränen, Tränen ... Enttäuschung. Ich glaube an dich – Du bist verlässlich. Auch wenn ich nichts von dir merke, ich weiß, Du bist!"*
- 18.12.2014: Ausgangspunkt: Ex 3: Mose vor dem brennenden Dornbusch
  „Der Dornbusch in der Wüste ist wertlos, trocken, leer – aber wenn Gott in ihm brennt und der Mensch sich in Demut ihm naht oder ihn bemerkt, ihn annimmt, dann geschieht Großes, Begegnung. Es ist so, dass Gott sich im Dornbusch offenbart als der „Ich bin da!"
  „Ich bin, der ich bin!"

- „*Gott offenbart sich in der Menschwerdung Jesu. Es ist nicht das Können und Machen des Menschen, es ist das Projekt Gottes. Der brennende Dornbusch (wertlos, trocken, leer) – und ich???*"
- 13.08.2016: „*Meine Seele, warum bist du so betrübt und bist so unruhig in mir? Harre auf Gott …*" *(Ps 42/43). Mir fällt ein, dass ich diesen Psalm in meiner Anfangszeit im Kloster (Kandidatur und Postulat) am liebsten gebetet habe. Das war meine Wahrheit. Da war kein Gefühl eines da-seienden Gottes. Die Frage: Was bist du betrübt meine Seele und bist so unruhig in mir? Das war meine unbeantwortete Frage. Sie hat mein Leben hindurch bestanden. Meine Seele in mir mit ihrer Unruhe und ihrem Sehnen. Psalm 63:* „*Gott, du mein Gott, dich suche ich, meine Seele dürstet nach dir. Nach dir schmachtet mein Leib wie dürres, lechzendes Land ohne Wasser (V 1–2).*"

Wichtig wurden mir auch Schriftstellen aus dem Johannesevangelium. In Joh 4 geht die Frau zur Mittagszeit zum Jakobsbrunnen, um Wasser zu schöpfen. Eine gute Übung ist für mich in Zeiten der Trockenheit „meinen Brunnen" (eine Bank außerhalb des Geländes) aufzusuchen und einfach da zu sein.

Oder die Begegnung des Auferstandenen mit Maria aus Magdala (Joh 20), die gefragt wird: „Frau, warum weinst du? Wen (was) suchst du?" Dieses Angesprochen-Werden, das Interesse Jesu an meiner Trostlosigkeit, meinen Tränen, auch wenn ich keine Antwort geben kann oder muss, ist mir Hilfe und lässt mich aushalten.

In den Zeugnissen unterschiedlicher geistlicher Menschen gibt es viele Hinweise auf das Erleben Geistlicher Trockenheit.

3.2 P. Alfred Delp SJ: Im Angesicht des Todes

„*Die Wüsten müssen bestanden werden, die Wüsten der Einsamkeit, der Weglosigkeit, der Schwermut, der Sinnlosigkeit, der Preisgegebenheit … Da haben wir Verheißungen gehört und Botschaften geglaubt und Sendungen gespürt, und, plötzlich hängen wir allein im Schicksal. Da im Wort bleiben, unerschüttert und unermüdet stehenbleiben: das ist die große Antwort, die ein Mensch Gott geben kann.*"[1]

---

1 Delp, 2007: 200 ff.

3.3 Mutter Teresa: Wenn Gott sich entzieht

In persönlichen Dokumenten (Beichtnotizen und Briefen), die 2007 veröffentlicht wurden, schildert Mutter Teresa in schonungsloser Offenheit die Qualen ihrer jahrzehntelang andauernden „inneren Finsternis" und spirituellen Dürre.[2]

So schrieb sie 1959 an ihren Beichtvater:

> „In meiner Seele fühle ich eben diesen furchtbaren Schmerz des Verlustes – dass Gott mich nicht will – dass Gott nicht Gott ist – dass Gott nicht wirklich existiert ... – Wofür arbeite ich? Wenn es keinen Gott gibt – kann es auch keine Seele geben. – Wenn es keine Seele gibt, dann, Jesus, bist du auch nicht wahr. – Der Himmel, welche Leere – (...) In meinem Herzen gibt es keinen Glauben – keine Liebe – kein Vertrauen – dort ist so viel Schmerz – der Schmerz des Verlangens, der Schmerz, nicht gewollt zu sein."

„Seit den Jahren 49 und 50", so Mutter Teresa rückblickend, traf sie völlig unvermittelt „dieses furchtbare Gefühl der Verlorenheit, diese unbeschreibliche Dunkelheit, diese Einsamkeit", das Gefühl, „von Gott abgeschnitten zu sein."

> „In meinem Innersten ist es eiskalt. Ich möchte Ihn lieben, wie er noch nie geliebt wurde – und doch ist da diese Trennung – diese furchtbare Leere, das Gefühl der Abwesenheit Gottes."[3]

1961 schrieb sie: „Zum erste Mal in diesen elf Jahren habe ich meine Dunkelheit geliebt, denn ich glaube jetzt, dass sie ein ganz kleiner Anteil an Jesu Dunkelheit und Qual auf Erden ist."[4] Von da an akzeptierte sie ihren Schmerz als wichtigen Teil ihrer Arbeit.

3.4 Karl Rahner: Gebete des Lebens

> „Die eigentlich heiligen Stunden sind die Stunden, in denen die Not des Leibes und der Seele sich erdrückend auf mich legt; die Stunden,

---

2 Kolodiejchuk, 2010: 227 ff.
3 Ebd.
4 Ebd.

da Gott mir den Kelch des Leidens reicht; die Stunden, da ich weine über meine Sünden, die Stunden, in denen ich zu deinem Vater, o Jesus, rufe, scheinbar ohne Erhörung zu finden; die Stunden, da der Glaube zur qualvollen Not wird, die Hoffnung sich in Verzweiflung zu wandeln, die Liebe im Herzen tot zu sein scheint. (...) Gib mir in solchen Stunden die Gnade zu beten, selbst wenn der Himmel bleiern und verschlossen zu sein scheint, selbst wenn das tödliche Schweigen Gottes mich begräbt, selbst wenn alle Sterne meines Lebens erloschen, selbst wenn Glaube und Liebe in meinem Herzen tot zu sein scheinen, selbst wenn der Mund Gebetsworte stammelt, die dem zermalmten Herzen wie Lügen klingen. Dann bete durch deine Gnade noch in mir die kalte Verzweiflung, die mein Herz töten will, ein Bekenntnis zu deiner Liebe: dann sei die vernichtende Ohnmacht einer Seele in Todesangst, einer Seele, die nichts mehr hat, woran sie sich klammern könnte, noch ein Schrei empor zu deinem Vater. Dann sei – es dir jetzt schon gesagt, wo ich vor dir Knie – alles versenkt in deine Todesangst am Ölberg und von ihr umschlossen. Erbarme dich unser, o Jesus, wenn der Engel unseres Lebens uns, wie dir, den Kelch reicht."[5]

3.5 Andreas Knapp: Sehnsucht nach Gott

Von Gott aus gesehen ...

*ist unser suchen nach gott
vielleicht die weise wie er uns auf der spur bleibt
und unser hunger nach ihm das mittel
mit dem er unser leben nährt*

*ist unser irrendes pilgern
das zelt in dem gott zu gast ist
und unser warten auf ihn
sein geduldiges anklopfen*

---

5 Rahner, 1988, 91 ff.

ist unsere sehnsucht nach gott
die flamme seiner gegenwart
und unser zweifel der raum
in dem gott an uns glaubt[6]

Auf einer Spruchkarte fand ich diese menschliche Erfahrung: „Zu unseren dunkelsten Stunden kann niemand tröstend herein. Sie müssen einsam getragen und ausgelitten sein. Und auch die liebste Seele muss vor der Schwelle stehen, weil unsre schwersten Stunden in Gottes Hände gehen." (M. Wörner)
Taborstunde – Ölbergstunde – Damaskusstunde – Emmausstunde – Nacht – Stunde des Menschen vor Gott: Biblisch gesehen haben Jesus, Apostel wie Petrus und Paulus, die Emmausjünger solche Stunden erlebt. Es sind Stunden des Menschen vor Gott und nicht ohne Gott.

4. Das Begleitungsgeschehen

Der Begleiter, die Begleiterin hat den Auftrag, selbst geistlich zu leben und zu versuchen, sein und ihr Leben als ein geistliches zu begreifen. Nicht ich selbst habe das Begleitungsgeschehen im Griff, sondern in allem, was mir widerfährt und begegnet, sind Spuren von Gottes Handeln in der Welt und am Menschen zu erkennen und zu erspüren.

4.1 Was ist bei Franziskus von Assisi über die Begleitung abzulesen

4.1.1. Gebet des vor Gott Armen im Brief an den Orden

„Allmächtiger, ewiger, gerechter und barmherziger Gott, verleihe uns Elenden, um deiner selbst willen das zu tun, von dem wir wissen, dass du es willst und immer zu wollen, was dir gefällt, damit wir, innerlich geläutert, innerlich erleuchtet und vom Feuer des Heiligen Geistes entflammt, den Fußspuren deines geliebten Sohnes, unseres Herrn Jesus

---

6 Knapp, 2010: 19.

Christus folgen können und allein durch deine Gnade zu dir, Allerhöchster, zu gelangen vermögen, der du in vollkommener Dreifaltigkeit und einfacher Einheit lebst und herrschest und verherrlicht wirst als allmächtiger Gott durch alle Ewigkeiten der Ewigkeiten. Amen."[7]

Dieses Gebet des heiligen Franziskus macht deutlich, worum es in der Begleitung geht: um den Willen Gottes. Ihn gilt es zu erspüren und dem anderen dabei zu helfen, diesen Willen Gottes zu finden, oder auch einfach die Trockenheit, die empfundene Gottferne, die Enttäuschung und Trauer über die Leere mitzutragen. Gott wirkt, und der Heilige Geist ist die Kraft, wie es Pfingstsequenz wunderschön zum Ausdruck bringt. Das ist leicht gesagt, doch schwer in die Praxis umzusetzen. Es erfordert eine gehörige Selbstdisziplin und ein intensives geistliches Leben.

In allem geht es darum, Vertrauen zu haben, dass der Heilige Geist als Wirklichkeit im geistlichen Leben wirkmächtig ist, dass ich Mitarbeiter/Mitarbeiterin Gottes bin und mich auf seine Arbeit verlassen kann, ihm trauen und vertrauen kann.

4.1.2. Brief an Bruder Leo

„Bruder Leo, dein Bruder Franziskus wünscht dir Heil und Frieden. So sage ich dir, mein Sohn, wie eine Mutter: Alle Worte, die wir auf dem Weg gesprochen haben, fasse ich kurz in dieses Wort und diesen Rat, und danach ist es nicht mehr nötig, wegen eines Rates zu mir zu kommen, weil ich dir so rate: Auf welche Weise auch immer es dir besser erscheint, Gott dem Herrn, zu gefallen und seinen Fußspuren und seiner Armut zu folgen, so tut es mit dem Segen Gottes, des Herrn, und mit dem gehorsam gegen mich. Und wenn es dir um deiner Seele oder deines sonstigen Trostes willen notwendig ist und du zu mir zurückkommen willst, so komm."[8]

Der Brief an Bruder Leo, ein kleiner Zettel, 6 cm breit und 13 cm hoch, ist der einzige noch erhaltene Brief, den Franziskus mit eigener Hand geschrieben hat. Der Brief ist ein Zeugnis für sein

---

7 Franziskus-Quellen: Der Brief an alle Brüder oder den gesamten Orden (50–52). In: Lehmann & Berg, 2009: 114 ff.
8 Franziskus-Quellen: Brief an Bruder Leo. In: Lehmann & Berg, 2009: 107.

Einfühlungsvermögen. Er kommt auf das unterwegs Gesprochene zurück. Da ging es um das Wohl des anderen, die Zweifel, die wach werden, die Grenzen, die deutlich zu spüren sind, die Abgründe, die sich im Leben immer wieder auftun. Da braucht es mütterliches Vertrauen, geschwisterliche Solidarität. Franziskus will, dass Leo in Freiheit seinen Weg der Nachfolge geht. Er lebt die Beziehung, lässt frei und lädt ein. Einfühlungsvermögen in die jeweilige Situation, Eigenständigkeit zulassen, ja fordern und Einladung, das ist Begleitung!

4.2 Kriterien und Konsequenzen für geistliche Begleitung

4.2.1. Vertrauen

Es geht primär nicht darum, Methoden zu entwickeln, Ratschläge zu geben oder den Betreffenden Patentrezepte an die Hand zu geben. Damit ist den zu Begleitenden nicht geholfen. Jeder Mensch hat in sich die Fähigkeit, eigene Wege zu finden und zu entwickeln, mit dem zurechtzukommen, was sein Leben ausmacht, was es behindert oder auch bereichert, lähmt oder nicht wachsen lässt. Es gilt als Begleiterin, das Vertrauen in den Menschen zu setzen. Voraussetzung ist, dass ich mir selbst trauen kann und mir einiges in Bezug auf mich selbst zutraue – wahrhaftig mit mir und meiner Geschichte umgehen, dann kann ich auch den anderen lassen und ihm das Finden seines eigenen Weges selbst zutrauen. Nicht leichtfertig, sondern im Wissen und Glauben an den großen Gott und seinen Weg mit dem Menschen.

4.1.2. Spiritualität, nicht Methode

Mit Blick auf Christus ist es Aufgabe der Begleitung, sich ganz in den Dienst an den zu Begleitenden zu stellen, d. h. sehr genau und einfühlig zu hören, was bei dem anderen „dran" ist, wo er steht, worunter er leidet und welcher nächste Schritt ihm wohl guttun könnte: Hören können, der Wahrheit und dem Menschen dienen, sich in den Dienst nehmen lassen. Der Dienst ist Gottesdienst – es geht um Gott und um die Begegnung und das Erkennen der Spuren Gottes im Leben des Einzelnen.

4.1.3. Geistlich leben – die eigenen Quellen

Für mich als Begleiterin ist es wesentlich, selbst ein geistlich lebender Mensch zu sein und mich aus den Quellen zu nähren. Weil der eigene Weg nie fertig ist, weiß ich und habe Erfahrung mit Dunkelheiten, Trockenheit, mit Lauheit und Routine. Sie dürfen nicht aus dem eigenen Leben ausgeblendet werden, sondern bieten den Raum für die Demut, den zu Begleitenden zu achten und mit ihm auf die Anstöße des Gottesgeistes zu hören, zu warten.

4.1.4. Scheitern

Geistlich leben und geistlich begleiten bedeutet, dem Scheitern einen Raum einräumen, im eigenen Leben, im Leben des anderen und auch in der Form der Begleitung. Alles, was zum Leben gehört, auch die Niedrigkeiten und Dunkelheiten gehören zum Begleitungsweg. Und gerade in diesen Erfahrungen gilt es, Gott mehr zuzutrauen als unserem eigenen Wollen und Können, eben in allem die Spuren Gottes erspüren lernen und ihm zutrauen, dass er auch auf krummen Linien schreiben kann oder dass sein Herz größer ist als das, was wir erleben und ersehnen.

4.1.5. Wider die Harmonie

Konflikte aushalten, keine schnellen Lösungen anstreben und nicht harmonisieren, das ist eine Kunst, die erlernbar ist. Ich kann dem anderen seinen Weg nicht abnehmen. Ich darf und soll Wegbegleiter sein. So ist Jesus auch mit den beiden Jüngern nach Emmaus den ganzen Weg ihrer Enttäuschung, Dunkelheit mitgegangen, hat zugehört, gefragt und ließ sich einladen.

4.1.6 Grenzen und Gefahren

Jede Begleitung hat ihre Grenzen, ihre Fallen und Gefahren. Wie schnell und leicht ist es, dem anderen Ratschläge und Tipps mit auf den Weg zu geben aus der eigenen oder den vielfältigen Erfahrungen der Begleitung heraus oder aus dem Wissen, wie etwas gehen könne oder gehen müsse. Begleitung braucht immer die Mitbestimmung und die Möglichkeit des nächsten Schrittes für den zu Begleitenden. Dabei gilt es die Geschöpflichkeit, die Ohnmacht oder selbst die Nacht anzunehmen. Spirituell gesehen ist es ein Prozess der Armut:

sich selbst immer wieder zurück zu nehmen und Gott die Initiative zu überlassen.

4.1.7. Loslassen können

Abgeben können – das ist und sollte eine der Grundhaltungen der Begleitung sein. Gott Gott sein zu lassen und offen zu werden für sein Eingreifen, für sein „Zeitmanagement", für seine Gnade. Beten für den zu Begleitenden, mit ihm zusammen die Stille und Leere aushalten, nicht Schnelllösungen anbieten oder – wenn auch wahre – Heilsworte zusagen.

4.1.8. Erbarmen

Umgang mit geistlicher Trockenheit braucht auch die Gabe, die eigenen Dunkelheiten aushalten zu können, die Nichttröstungen bis hin zur Erschütterung über sich selbst und darin an das Erbarmen Gottes zu glauben und mit sich selbst Erbarmen zu haben. Es geht um Menschwerdung, nicht um Sündenbewusstsein oder ritualisierte Handlungen. In einer Begleitung darf der andere nie beschämt, niemals entlarvt oder gedemütigt werden. Herausforderung ist gut, hat aber ihre Grenzen. Wenn Hilfe angeboten werden soll, dann in Form von Ermutigung, sich selbst nicht durchzustreichen, sondern den guten Blick Jesu zulassen.

5. Umgang mit „Geistlicher Trockenheit": Geistliche Begleitung

„Und glaubet mir auf mein Wort, dass keine Drangsal im Menschen entsteht, es sei denn, Gott wolle eine neue Geburt in ihm herbeiführen." – Das sind markante Worte des Mystikers Johannes Tauler im 14. Jahrhundert. Für Pierre Stutz sind diese Worte in einer Lebenskrise zur Lebenshilfe geworden.[9] Er beschreibt, wie er die Orientierung verloren hat. Gott, die anderen, das Lebenskonzept – alles war fraglich geworden.

Wenn uns der Boden unter den Füßen schwindet, wenn nichts mehr in uns fließt, wenn alles leer, fragwürdig, ja sinnlos erscheint,

---

9 Stutz, 2018, 8. Kapitel: Krise als Weg.

wenn sich unsere Gebete wie leeres Gerede ohne Beteiligung des Herzens anfühlen, dann erfahren viele dieses als Krise in der Gottesbeziehung, als Gottferne, ja als echte Glaubenskrise. Es gibt diese Erfahrung in mir als geistliche Begleiterin, und ich erlebe sie in der Begleitung von Menschen, die sich in einer solchen Situation befinden.

„Such dir einen Begleiter und mach dich auf die Reise" (Tobit 5,3), so sagt der alte Tobit zu seinem Sohn Tobias. Also nicht in seinem Elend verharren, ohnmächtig und gelähmt werden, sondern diese schwierige Situation ernst nehmen, als meine Wirklichkeit, auch als mein Leiden und Kreuz. Und dann jemanden suchen, der tatsächlich begleitet – und nicht billig tröstet und befriedigt oder schönredet, sondern einen Weggefährten, einen Menschen, dem ich offen und ohne Scham mitteilen kann, wie es in mir aussieht. Geistliche Begleitung wird dann die Chance, die Zeit der Trockenheit nicht nur zu überstehen, sondern sie als Lebenszeit zu achten, auszuhalten, sie zu lieben und an ihr zu leiden.

Was hat sich für mich als hilfreich erwiesen?

5.1 Rituale

„Deus meus et omnia" – das Gebet des hl. Franziskus
Ich kann mit meinem Körper ausdrücken, was in mir steckt an Not, Leere, Frage, Suche, Zweifel, Sehnsucht und Leiden. Ich darf mir und meiner Situation in Wahrheit begegnen und diese Begegnung zulassen.

„Das Kreuz umarmen"
Im Dastehen mit ausgebreiteten Armen, in Kreuzform im Zimmer, im Garten, im Wald, verinnerliche ich, dass das Kreuz – das ist das Schwere, das Leid, das Dunkle – zum Leben gehört. Ich verschließe mich ihm nicht – mit ausgebreiteten Händen öffne ich mich. Das Kreuz zu umarmen, lässt mich den mitschreienden Gott erahnen, der uns einem neuen Morgen entgegenführt."[10]

---

10 Stutz, 2018: 109.

„Fünf Minuten täglich lieben" – meine fünf Finger an der Hand!
Gute Gedanken und Liebe je eine Minute aussenden: Ich denke an Menschen, die zu mir gehören, die ich liebe (1 Min.), eine Minute für Menschen, für die ich Sorge trage (Eltern, Kinder, Mitarbeiter, ...), eine Minute Liebe für Gott, eine Minute für Menschen, die mir nicht liegen, mit denen ich mich schwer tue, und eine Minute für mich selbst. Das sind fünf intensive Minuten, die mir die Möglichkeit geben, nicht Ichverhaftet zu bleiben, sondern der Liebe Raum zu geben.

5.2 Gebet – Fragen können, dürfen, mit Fragen leben kann eine Hilfe sein.

Gott, du großes altes Schweigen, wann endlich redest du?
Morgenglanz der Ewigkeit, wann endlich leuchtest du in der Nacht?
Wann schickst du noch einmal einen Stern?
Oder einen Blitz – wenn auch nur in Gedanken?
Gott, du ewiges Sehen, wann hörst du auf, zuzuschauen?
Wann bewegst du etwas mit deinen großen Händen du starke Kraft?
Wann tust du, was in deiner Macht steht? Kannst du nicht oder willst du nicht?
Und ist das ein Gesetz, das ich nicht verstehe?
Oder Gnade um unseretwillen?[11]

Der Umgang mit geistlicher Trockenheit und die Möglichkeitem für die Begleitung sind in der folgenden Geschichte vom Regenmacher zusammengefasst: kurzum geht es darum, die Situation anzunehmen, sie auszuhalten und dabei ein Mensch der Hoffnung zu bleiben. Es nimmt die Trockenheit nicht weg, aber sie wird ein Stück meines Lebens und meines Menschseins.

---

11 Christina Brudereck: Quelle unbekannt.

„Der Regenmacher" (nach Willigis Jäger[12])

In einem weit abgelegenen Dorf in Guayana hatte es lange Zeit nicht geregnet. Alle Gebete und Beschwörungen halfen nichts: Der Himmel blieb verschlossen. In ihrer größten Not wählten die Dorfbewohner die drei Ältesten aus, um nach dem großen Regenmacher zu suchen. Es dauerte lange, bis sie ihn gefunden und überredet hatten, mit in ihr Dorf zu kommen. Bei seiner Ankunft bat er um eine Hütte am Dorfrand und um etwas Brot und Wasser für einige Tage. Dann schickte er die Leute zu ihrer täglichen Arbeit.

Nach drei Tagen begann es zu regnen, und es regnete und regnete. Voll Freude verließen die Menschen des Dorfes ihre Arbeit und versammelten sich vor der Hütte des Regenmachers. Sie fragten ihn nach dem Geheimnis des Regenmachens. Er antwortete ihnen: „Ich kann keinen Regen machen." „Aber es regnet doch", sagten die Leute. Der Regenmacher erklärte ihnen: „Als ich in euer Dorf kam, sah ich die äußere und innere Unordnung; ja, ich spürte die Unordnung, die durch eure Lieblosigkeit und Feindschaft entstanden war. Ich ging für mehrere Tage in die Hütte, betete und brachte mich selbst in Ordnung. Als bei euch alles wieder geordnet war, kamen auch eure Umwelt und die Natur wieder in Ordnung. Und als die Natur in Ordnung war, regnete es.

Der Regenmacher wird zu einer Lebensgemeinschaft von Menschen gerufen, die am Rand ihrer Verzweiflung stehen und weder ein noch aus wissen. Da sie keine Möglichkeit sehen, der „Trockenheit" Abhilfe zu schaffen, ist alles in ihnen in Unordnung geraten. Der „Regenmacher", der einen Teil dieser unguten Spannungen in sich aufgenommen hat, erbittet sich Zeit und Ruhe, um seine Beziehung zu sich selbst und zu Gott wiederherzustellen. Nachdem er wieder in sich selbst ruht, wandelt sich die Trostlosigkeit derer, die ihn gerufen haben, in Frieden. Dies wird symbolisch ausgedrückt durch den „Regen", der nach langer, langer Zeit wieder fällt und das brachliegende Land bewässert und belebt.

Manchmal geschieht das Wunderbare, an das allerdings niemand glaubt, durch Zurückziehen und das Alleinsein, im sich öffnen einem Gott gegenüber, der in Jesus selbst die Einsamkeit und

---

12 Jäger, 2009: 17.

Gottverlassenheit durchlebt hat. Die Trostlosigkeit und Verzweiflung wollen auch in der Begleitung gesehen und ausgehalten werden. In der tief in Gott gründenden Ruhe ordnet sich nicht nur die Innerlichkeit, sondern auch Störfaktoren lösen sich auf. Auf natürliche Weise wird aus der Unordnung wieder eine Ordnung, sodass alles „Verrückte" wieder seinen richtigen Platz findet. Dann kann das Leben wieder gesunden und gespürt werden, ja vor allem erneut Freude machen. Aber es braucht Zeit, den Mut, die Trockenheit anzunehmen, auszuhalten und dabei die Hoffnung an einen mitgehenden und erbarmenden Gott nicht zu verlieren."

Literatur

Delp A: *Im Angesicht des Todes*, Würzburg: Echter, 2007.
Jäger W: *Über die Liebe*, München: Kösel, 2009.
Knapp A: *Höher als der Himmel*. Würzburg: Echter 2010.
Kolodiejchuk B (Hrsg.): *Mutter Teresa. Komm sei mein Licht. Die geheimen Aufzeichnungen der Heiligen von Kalkutta*, München: Knaur, 2010.
Lehmann L, Berg D (Hrsg.): *Franziskus-Quellen. Die Schriften des heiligen Franziskus, Lebensbeschreibungen, Chroniken und Zeugnisse über ihn und seinen Orden*. Im Auftrag der Provinziale der deutschsprachigen Franziskaner, Kapuziner und Minoriten, Kevelaer: Butzon & Bercker, 2009.
Rahner K: *Gebete des Lebens*, Freiburg: Herder, 1988.
Stutz P: *50 Rituale für das Leben*, Freiburg: Herder, 2018.

Eckhard Frick

Geistliche Trockenheit: Ein spirituelles „Symptom" in ärztlich-psychotherapeutischer Perspektive

1. Die Schwermut ist etwas zu Schmerzliches ...

..., und sie reicht zu tief in die Wurzeln unseres Daseins hinab, als dass wir sie den Psychiatern überlassen dürften.[1] Die Psychiater haben es mit der Schwermut zu tun wie im folgenden Fall:

> *„Zur Aufnahme auf die gerontopsychiatrische Station eines Bezirkskrankenhauses wird eine siebzigjährige russlanddeutsche Frau gebracht. Die Angehörigen schildern dem aufnehmenden Arzt eine ausgeprägte depressive Symptomatik: Seit Wochen komme die alte Dame kaum noch aus dem Bett, habe an nichts Interesse, sie esse kaum noch, weine viel. Sie selbst äußert gegenüber dem aufnehmenden Kollegen: „Der Herr Jesus spricht nicht mehr zu mir." [...] Am Folgetag wird die Patientin vom Stationsarzt gesehen, der auch die Angehörigen kennenlernt. Es handelt sich um eine sehr traditionelle russlanddeutsche Familie, die in altertümlichem Dialekt die Patientin noch mit „Ist Euch wohl, Frau Mutter?" anspricht. Auch diesem Arzt gegenüber gibt die Patientin an: „Der Herr Jesus spricht nicht mehr zu mir!", was sie sehr traurig mache. Bei Nachfragen erfährt er, dass die evangelische Frau Zeit ihres Lebens täglich in der Bibel gelesen und ihr Leben nach ihrem Glauben ausgerichtet hat – wie übrigens auch die ganze Familie".[2]*

Die Unfähigkeit zu beten, die Bibel zu lesen und ihr Leben nach ihrem Glauben auszurichten, verschwindet – soweit sich dies aus der

---

1 Guardini, 1983.
2 Roider, 2018: 27.

Dritte-Person-Perspektive ärztlicher Diagnostik sagen lässt – mit der Besserung des depressiven Syndroms. Zwischen dem Stationsarzt und der Patientin besteht, wie Gabriele Stotz-Ingenlath im zitierten Buch den Bericht kommentiert, in religiöser Hinsicht eine „Passung". So erschließt sich dem Arzt „die Situation und die Erkrankung der Patientin aus einer zusätzlichen Perspektive, aus der heraus er ihr in der Behandlung besser gerecht werden kann". Diese zusätzliche Perspektive ist im Rahmen des von Guardini eröffneten anthropologischen Horizonts eine spirituelle. In der ärztlich-diagnostischen Dritte-Person-Perspektive ist die Klage der Patientin („Der Herr Jesus spricht nicht mehr zu mir") ein depressives Symptom. In der Zweite-Person-Perspektive des spirituellen Dialogs nimmt der Arzt eine geistliche Not wahr, ein Nicht-Beten-Können, das zwar im Kontext einer pathologischen Schwermut steht, aber viel tiefer „in die Wurzeln unseres Daseins hinabreicht", nämlich in die Transzendenzverwiesenheit des Menschen. Dass wir Wesen der Transzendenz sind, erfahren wir auf positive oder negative Weise: Positiv können wir diese Transzendenzverwiesenheit nicht nur als denkende Wesen reflektieren, sondern auch im Beten und Singen, im Ausrichten unserer Lebenspraxis nach dem Glauben erleben. Negativ erleben wir sie, wenn wir all dies schmerzlich vermissen, wenn wir unter spiritueller Trockenheit leiden und uns nach Eindruck und Ausdruck der Transzendenzverwiesenheit sehnen.

2. Trockenheit: Eine komplexe zweistufige Metapher

Sowohl unsere Alltags- und Wissenschaftssprache als auch die Sprache des geistlichen Lebens und der Psychotherapie sind auf Vergleiche (Metaphern) angewiesen. Wir wissen, was Trockenheit der Erde nach wochenlanger Dürre und Regenlosigkeit ist, was Trockenheit unserer Schleimhäute ist, *und* wir können das Konzept „Trockenheit" metaphorisch gebrauchen, auf die Beziehung zu anderen Menschen oder zu Gott übertragen wie Teresa von Jesus:

> *„Einer, der anfängt, muss sich bewusst machen, dass er beginnt, auf ganz unfruchtbarem Boden, der von ganz schlimmem Unkraut durchwuchert ist, einen Garten anzulegen, an dem sich der Herr erfreuen*

GEISTLICHE TROCKENHEIT: EIN SPIRITUELLES „SYMPTOM"

soll. Seine Majestät reißt das Unkraut heraus und muss dafür die guten Pflanzen einsetzen. Stellen wir uns nun vor, dass dies bereits geschehen ist, wenn sich ein Mensch zum inneren Beten entschließt und schon begonnen hat, es zu halten. Mit Gottes Hilfe haben wir als gute Gärtner nun dafür zu sorgen, dass diese Pflanzen wachsen, und uns darum zu kümmern, sie zu gießen, damit sie nicht eingehen, sondern so weit kommen, um Blüten hervorzubringen, die herrlich duften, um diesem unseren Herrn Erholung zu schenken, und er folglich oftmals komme, um sich an diesem Garten zu erfreuen und sich an den Tugenden zu ergötzen" (Teresa von Jesus Vida XI,6).

Vergleiche, wie der aus Teresas Garten-Metaphorik zitierte, dienen dazu, eine Sache durch eine andere zu verstehen, in diesem Fall die Gottesbeziehung durch die Gärtnerei. Lakoff und Johnson[3] zeigen, dass Metaphern nicht in erster Linie sprachliche Formen in Dichtung, Rhetorik, Alltagsgespräch sind, sondern grundlegend unsere Begriffe und unser Handeln ausmachen:

„*Das Wesen der Metapher besteht darin, daß wir durch sie eine Sache oder einen Vorgang in Begriffen einer anderen Sache bzw. eines anderen Vorgangs verstehen und erfahren können.*"[4]

Als Beispiel führen sie die Kriegsmetaphorik des Argumentierens (angreifen, schießen, verteidigen, Boden gutmachen usw.) an und weisen nach, dass diese kämpferische Metaphorik unser „schlagendes" Argumentieren strukturiert. Am selben Beispiel wird deutlich, dass unser Denken und Handeln in Metaphern verleiblicht („embodied") ist: Wir verwenden Ausdrücke, die dem eigenleiblichen Spüren entnommen sind, um unsere Beziehungen zu gestalten. Es gibt Parlamente, in denen die Abgeordneten im wahrsten Sinn des Wortes miteinander raufen, ohne dass die Glocke der Parlamentspräsidentin sie davon abhalten kann. Aber auch in ‚zivilisierteren' Parlamenten werden für die Argumentation, die begleitende Wut und andere Affekte leibliche Metaphern verwendet: Sich auseinandersetzen, auf Distanz zum anderen gehen, auf jemanden losgehen usw.

---

3 Lakoff & Johnson, 1980/2008.
4 Lakoff & Johnson, 1980/2008: 13.

Lakoff und Johnson sprechen vom metaphorischen „Mapping",
wodurch Denkmuster vom Quell- auf den Zielbereich übertragen
werden. Dieses Mapping kann für Teresas Garten-Metapher folgendermaßen formuliert werden:

Tabelle 1: Gartenmetaphorik Teresas von Jesus[5]

Zielbereich		Quellbereich
Seele	ist	Garten
Gott	ist	Ursprünglicher Pflanzer
Menschen	sind	Gärtner
Sünde	ist	Unkraut
Tränen	sind	Wasser
Gebet	ist	Bewässern des Gartens
Tugenden	sind	Blumen, Blüten, Früchte

Teresas naturale Metaphorik ist biblischen Vorbildern nachgestaltet, z. B.[6]

- Ps 42,3: „Meine *næfæš* (Seele, Kehle) dürstet nach Gott, nach dem lebendigen Gott. Wann darf ich kommen und Gottes Antlitz schauen?"
- Jer 8,23a: „Ach, wer wird mein Haupt zur Quelle machen, mein Auge zum Tränenquell?"
- Ps 56,9: „Mein Elend ist aufgezeichnet bei dir. Sammle meine Tränen in einem Krug, zeichne sie auf in deinem Buch!"
- Jes 5,1–7: „Ich will ein Lied singen von meinem geliebten Freund, ein Lied vom Weinberg meines Liebsten …"
- Jes 27,2–6: „An jenem Tag gibt es einen prächtigen Weinberg. Besingt ihn in einem Lied! Ich, der Herr, bin sein Wächter, immer wieder bewässere ich ihn. Damit niemand ihm schadet, bewache ich ihn bei Tag und bei Nacht."

Lakoff und Johnson unterscheiden zwischen primären und komplexen Metaphern. Bei primären Metaphern stammt der Quellbereich

---

5 nach Friend, 2012.
6 Park, 2015.

aus fundamentalen, sensorisch-perzeptuellen Erfahrungen, die kulturübergreifend sind. Hingegen sind komplexe Metaphern eher kulturspezifischer Art. Primäre Metaphern stammen oft aus der Orientierung im Raum, z. B. zwischen unten und oben. So werden die folgenden geistigen Zustände dem Oben zugeordnet: glücklich, bewusst, gesund, lebendig, kontrollierend. Lakoff hat im Lauf der Jahre unterschiedliche Klassifikationen von primären und komplexen Metaphern vorgeschlagen und versucht, diese bestimmten neuronalen Vernetzungen zuzuordnen.[7] Komplexe Metaphern sieht er als Zusammensetzungen von primären, z. B. aus den primären Metaphern „change is motion" und „purposes are destinations".

„Purposes are destinations": Diese leibnahe Metaphern, dass Zwecke Ziele sind, die wir (räumlich) zu erreichen versuchen, ist auch ein Element der teresianischen Garten-Metapher, das Bewegungsmuster des Jätens und Bewässerns. Komplex wird diese Metapher durch die kontemplative Dimension des Wachstums, biblisch gesprochen durch das „automatische" (von selbst) Wachsen der Pflanzen, während der Pflanzer schläft (Mk 4,26–28).

Der Übergang von der aktiv-gestaltenden zur kontemplativ-abwartenden Metapher bereitet eine zweite Stufe der Metapher vor, die man als Öffnung zur Transzendenz bezeichnen kann. Durch die Arbeit der Gärtner und ihr Warten auf das Wachstum entsteht ein Raum (Lakoff und Johnson: ein Container), in den der Besitzer des Gartens eintreten, in dem er sich gern hin- und her bewegen kann.

3. Beispiel Auge

In mehreren medizinischen Fachgebieten spielt die Trockenheit von Haut oder Schleimhäuten eine Rolle, z. B. bei der Neurodermitis, in der Gynäkologie/Andrologie und Sexualmedizin, in der Augenheilkunde. Beim „trockenen Auge"[8] differieren die vom Augenarzt erhobenen objektiven Befunde und die Beschwerdeschilderung der Patienten, die oft erheblich unter der Augentrockenheit leiden. Unterschieden werden ein hyposekretorischer und ein hyperevaporativer

---

7 Lakoff, 2014.
8 Jacobi & Messmer, 2018; Nepp, 2016.

Typ. In Deutschland ist mit 15 Millionen Betroffenen zu rechnen. Risikofaktoren für die Entstehung von Augentrockenheit sind:

- zahlreiche Allgemeinerkrankungen
- Angst und Depression
- Medikamente
- Umweltfaktoren wie Abgase, trockene Heizungsluft oder mehrstündige tägliche PC-Arbeit („office eye syndrome")

In der Physiologie des Tränenapparates können ein sekretorischer und ein ableitender Anteil unterschieden werden, die getrennt oder gemeinsam gestört sein können: Beim „feuchten (evaporativem) trockenem Auge" kommen eine erhöhte reflektorische Tränensekretion und eine erhöhte Verdunstung (Evaporation) des Tränenfilms zusammen.[9] In den wenigen augenärztlichen Arbeiten, die sich mit psychosomatischen Aspekten der Tränenproduktion beschäftigen, werden Angst, Depression und andere psychische Störungen als Begleiterkrankungen (Komorbiditäten) abgehandelt, ohne dass das ganzheitliche Erleben des weinenden oder nicht weinen könnenden Menschen reflektiert wird. Diese Abspaltung der Emotionalität von einem wichtigen Ausdrucksorgan der Emotionalität ist umso erstaunlicher, als die überwältigende Erfahrung von Lachen und Weinen zentral zum Menschsein gehört.[10]

Dass die „Hypersekretion von Tränenflüssigkeit" eine psychosomatische und spirituelle Bedeutung hat, lässt sich an der mystischen Erfahrung des Ignatius von Loyola ablesen, die in seinem fragmentarisch erhaltenen geistlichen Tagebuch dokumentiert ist:

> *„Als ich die Messe beginnen will, große Berührungen und intensivste Andacht zur heiligsten Dreieinigkeit, nach dem Beginn mit soviel Andacht und Tränen, dass ich beim Fortfahren mit der Messe durch viel beträchtlichen Schmerz den ich in einem Auge spürte, durch das Weinen mir Gedanken kamen, ich könnte es verlieren, wenn ich mit den Messen fortfahre, und ob es besser wäre, sie [die Augen] zu bewahren etc., mit den Tränen aufzuhören, obwohl mit viel Gnadenbeistand,*

---

9 Schargus & Geerling, 2017.
10 Frick, 2015; Plessner, 1941/1970.

eher nachher im größten Teil der Messe ließ der Beistand nach". (Tagebuch 107)

Sein Mitbruder Gonçalves da Câmara schildert, wie der medizinische und der spirituelle Aspekt bei den Tränen des hl. Ignatius zusammenhängen:

"Der Vater pflegte fortwährend so viele Tränen zu haben, dass er sich, wenn er in der Messe nicht dreimal weinte, für ungetröstet hielt. Der Arzt gebot ihm, nicht zu weinen und so nahm er es um des Gehorsams willen an. Und indem er es so um des Gehorsams willen annimmt, wie er es bei diesen Dingen zu tun pflegt, hat er jetzt viel mehr Tröstung ohne zu weinen, als er vorher hatte."[11]

4. Unterscheidung der Geister

Ignatius von Loyola formulierte und systematisierte die Unterscheidung der Geister am Beginn der Neuzeit: als individuellen Weg (in den Spirituellen Exerzitien[12]) und als Prinzip der Organisationsentwicklung (in dem von ihm gegründeten Jesuitenorden sowie in zahlreichen Bildungs- und Seelsorgeeinrichtungen). Die auf den suchenden Menschen einwirkenden „Geister" manifestieren sich Ignatius zufolge in den „Bewegungen" (mociones) der Seele, die Ignatius dichotom denkt, nämlich als Wechselspiel von Trost (consolación) und Trostlosigkeit (desolación). In dem eben zitierten geistlichen Tagebuch ringt er um Klarheit, nicht nur für sich selbst, sondern auch für den jungen Jesuitenorden, insbesondere in der Frage des Armutsgelübdes. Im Prozess der spirituellen Unterscheidung erlebt er durch die Gabe der Tränen Momente der Sicherheit (Bestätigung, confirmación). Offenbar war das Übermaß an Tränen für ihn selbst aber auch eine Belastung, für seine Mitbrüder und Ärzte Grund zur Sorge, sodass er allmählich lernt, das Überwältigtwerden durch Tränen und die Tröstung zu differenzieren, also eine „trockene" Tröstung zu erleben.

11 Knauer, 1988.
12 Knauer, 1978.

Abbildung 2: Regeln zur Unterscheidung der Geister (Ignatius, Directorio autógrafo 11 f.)

Der gute Geist bewirkt …	Der böse Geist bewirkt …
inneren Frieden	Bekämpfung des Friedens
geistliche Freude	Traurigkeit
Hoffnung, Glaube, Liebe	Verlangen nach Niedrigem
Tränen	Trockenheit
Erhebung des Geistes	Schweifen des Geistes in niedrigen Dingen

Wie erleben geistlich suchende Menschen heute die Erfahrung spiritueller Trockenheit, wie gelingt ihnen die Unterscheidung der Geister zwischen den Polen des Überwältigtwerdens durch Tränen oder andere Zeichen des Ergriffenseins einerseits und der extremen „Dürre" andererseits? Was könnten Kriterien für ein ignatianisches Getröstetsein in der Mitte zwischen diesen Extremen sein?

Im Rahmen der deutschen Seelsorgestudie[13] wurden in einer Teilstudie insgesamt 763 katholische Priester zum Thema „spirituelle Trockenheit" und zu diesbezüglichen Bewältigungsstrategien quantitativ befragt,[14] von denen sich 157 in Freitextantworten zu der offenen Frage nach ihren Strategien zum Umgang mit dem Phänomen spiritueller Trockenheit äußerten. In einer qualitativen Folgestudie[15] wurden diese schriftlichen Äußerungen in einem mehrstufigen Verfahren den folgenden acht Hauptkategorien zugeordnet:

    I. Explizite spirituelle Praxis
   II. Spirituelle Haltungen
  III. Interpersonelle Kommunikation
  IV. Diakonisches Handeln
   V. Selbstsorge
  VI. Vermeidungsstrategien
 VII. Begleitete Selbstreflexion und -erfahrung
VIII. Sonstiges

---

13 Baumann et al., 2017.
14 Büssing et al., 2017.
15 Sautermeister et al., 2017.

Strategiegruppe I beinhaltet spirituelle bzw. religiöse Praktiken, mit denen die Respondenten auf das Erleben spiritueller Trockenheit reagieren, z. B. persönliches Gebet, sakramentale Praxis (Eucharistiefeier oder Beichte), Lektüre der Heiligen Schrift, Teilnahme an Exerzitien. Die genannten Praktiken stützen sich entweder auf tradierte und bewährte religiöse Formen oder auf neuartige spirituelle Übungen, die teilweise aus anderen Kulturkreisen entlehnt und adaptiert werden.

Strategiegruppe II umfasst Haltungen, welche die spirituelle Trockenheit weniger als Belastung und eher als Herausforderung annehmen, z. B. die habituelle Bereitschaft, Gott in seiner Fremdheit Gott sein zu lassen. Hier finden sich Formulierungen wie Gottvertrauen, eine innere Ausrichtung auf Jesus Christus, Geduld bzw. Ausdauer, die Bereitschaft durch Vorbilder zu lernen, Offensein für Neues, eine Haltung der spirituellen Deutung des Lebens im Sinne der ignatianischen Spiritualität („Gott in allen Dingen finden").

Bei *Strategiegruppe III* geht es vor allem um die soziale Beziehungsdimension, neben der eigenen Familie und Freunden mit Kollegen. Ferner werden genannt: geistliche Gemeinschaften und das Gespräch mit Menschen anderer Berufsgruppen oder sonstigen Personen. Strategie III zielt darauf ab, zur spirituellen Trockenheit gegenläufige positive zwischenmenschliche Beziehungserfahrungen zu machen, entweder im Sinne der Kompensation oder zur Klärung des inneren Konfliktes bzw. zur Orientierung.

Strategiegruppe IV wirkt durch die dem diakonischen Handeln innewohnende Sinnevidenz der spirituellen Trockenheit entgegen, was z. B. in den folgenden Äußerungen zum Ausdruck kommt: „Hinwendung zu anderen, vor allem zu Kranken und Ärmeren, Menschen, die schlechter dran sind als ich" und: „Als Priester im Ruhestand kann ich mich mehr um einzelne Menschen kümmern, ihre Sorgen anhören und ihnen oft helfen. Dabei finde ich viel Anerkennung."

Strategiegruppe V ist ganzheitlich, leiblich-seelisch ausgerichtet und umfasst sowohl selbststeuernde Strategien der Selbstbelohnung als metakognitive der Selbstreflexion, wie auch bewusstes Aufsuchen anregender, ansprechender oder erholsamer Tätigkeiten: Privatleben pflegen, Freizeit genießen, Stille aufsuchen, Urlaub bzw. Ferien machen, Sport und Bewegung, Umgang mit Tieren, Musik machen oder hören, Literatur lesen usw.

Strategiegruppe VI umfasst, psychoanalytisch gesprochen, Abwehrmechanismen wie Verdrängen, Sich-Zurückziehen, Sich-Ablenken, ein generalisiertes Abwerten der äußeren Bedingungen oder auch ein Rationalisieren der persönlichen spirituellen Not. Analog zum psychotherapeutischen Kontext gilt auch für diese Strategiegruppe: Abwehr entspringt einem Schutzbedürfnis, das möglicherweise im Rahmen eines Entwicklungsprozesses zu einem gegebenen Zeitpunkt für die Betroffenen notwendig und von beobachtenden oder helfenden Personen zu respektieren ist.

Zur *Strategiegruppe VII* gehören verschiedene durch professionelle Begleitung unterstützte Formen der Selbsterfahrung und Selbstreflexion, sowohl die eben bereits erwähnte Psychotherapie als auch geistliche Begleitung, Supervision.

5. Psychosomatik: Predictive Processing

Die wahrscheinlichkeitstheoretisch fundierte Theorie des Predictive Processing besagt, dass unser Organismus ständig auf Grund von Vorerfahrungen und -Annahmen ein Selbst- und Weltmodell entwirft und (vorwiegend unbewusste) Zuschreibungen bezüglich der sensorischen Quellen vornimmt (außen oder innen?, laut oder leise?, gefährlich oder harmlos?, angenehm oder unangenehm?, usw.). Auf diese Weise regelt der Organismus ebenso das innerorganismische Gleichgewicht (Homöostase: Temperatur, Stoffwechsel, Blutdruck usw.) wie auch die Allostase, die Auseinandersetzung mit der Umwelt.

Symptome (überraschende Vorhersagefehler) stellen mein unbewusstes Selbst- und (Außen-)Weltmodell in Frage. In der Psychoanalyse codieren wir Symptome als Ichleistung und Ausdruck eines unbewussten Konflikts. Die Codierung der evidenzbasierten Medizin hingegen ist technisch, auf Messung und kausale Problemlösung ausgerichtet. Wer unter Symptomen leidet und Hilfe sucht, passt sich meist der professionellen Denk- und Handlungsweise des jeweiligen Gegenübers an. Deshalb werden Symptomschilderung und Codierung im Notarztwagen und im psychoanalytischen Behandlungszimmer verschieden sein. Umgekehrt sollten Beraterinnen, Ärzte,

Psychoanalytiker usw. die Vielfalt möglicher Codierungen und die erwähnten wechselseitigen Beeinflussungen im Blick haben.[16] Symptome motivieren dazu, *eine Beratungssituation aufzusuchen* (Medizin, geistliche Begleitung, Psychotherapie, Exerzitien usw.), z. B. mit der folgenden Beschwerdeschilderung und dem dazugehörigen Veränderungswunsch: „Ich leide unter Trockenheit, möchte wieder in Fluss kommen!"
Symptome können auch *innerhalb einer Beratungsbeziehung entstehen* und beim therapeutischen Paar auslösen:

- Unmittelbares Handeln
- Angebot von Abhilfe
- Beobachten
- Verstehen
- Metaphorisches Mentalisieren

Welche Intervention die begleitende Person für angemessen hält und welche das Begleitungspaar miteinander wählt, hängt von Art und Schweregrad der Symptomatik ab: Eine blutende Wunde, die sich ein Exerzitant beim Spaziergang zugezogen hat, wird man vor Ort oder im nächsten Krankenhaus versorgen.

Die „Symptomatik" spiritueller Trockenheit erfordert eher Interventionen am entgegengesetzten Spektrum des Begleitungsverhaltens: Zunächst Beobachtung über einen gewissen Zeitraum, Versuch des Verstehens und dann Aufgreifen der Trockenheits-Metaphorik. Dies geschieht zunächst so, wie sie vom Gesprächspartner angeboten wird, also mit dessen biografischem und geistlichem Hintergrund. Erst in einem zweiten Schritt kann es angebracht sein, „amplifizierend" (erweiternd) auf Vorbilder oder hilfreiche Texte (Bibel, Teresa, Ignatius …) zurückzugreifen. Beides hat das „Mentalisieren" zum Ziel, d. h. die zunächst störende, befremdliche, irritierende Erfahrung der Trockenheit wird in die eigene Geschichte und in die Geschichte mit Gott eingeordnet, findet eine Sprache, die zur Beziehung und zur Transzendenz hin öffnet.

---

16 Ronel & Frick, 2019.

6. Desiderium desiderii: ein Prozess

> *„Man solle diejenigen, die in den Orden aufgenommen werden wollen, fragen, ob sie in sich eine Sehnsucht (desiderium) verspüren, dem gekreuzigten Herrn mit allen Konsequenzen nachzufolgen. Wenn sie wegen der menschlichen Schwäche diese Sehnsucht nicht hätten, soll man sie fragen, ob sie denn wenigstens die Sehnsucht nach solcher Sehnsucht verspürten; das genüge zur Aufnahme". (Ignatius, Examen Generale 101f.)*

Was Ignatius hier für die Aufnahmeprozedur im Jesuitenorden formuliert, gilt in analoger Weise auch für das geistliche Leben insgesamt: Das Desiderium, die Sehnsucht ist der Motor der spirituellen Suche und Entwicklung. Unter dem Eindruck der geistlichen Trockenheit kann diese spirituelle Flamme ausgelöscht erscheinen. Dann kommt es darauf an, an die Sparflamme des „desiderium desiderii" zu erinnern, also der Sehnsucht nach der Sehnsucht.

Mit „Flamme"/Gefahr des Verlöschens habe ich eine andere Metapher gewählt, die im Quellbereich der Garten-, Feuchtigkeits- und Trockenheits-Metapher entgegengesetzt ist, im Zielbereich jedoch dasselbe meint: Die Lebendigkeit des geistlichen Lebens.

Ähnlich wie in der ärztlich-psychotherapeutischen Beziehung müssen wir auch in der geistlichen Begleitung sorgsam mit Metaphern umgehen. Metaphern können dem Schutz vor Tiefe und Beziehung dienen (Abwehr), insbesondere wenn sie inflationär oder zur Spiritualisierung von aufgeschobenen Alltagsproblemen ge(miss-)braucht werden. Gleichwohl: Die Sprache der Liebe, der Beziehung und der Gottsuche ist metaphorisch. Lebens- und entwicklungsdienlich sind Metaphern dann, wenn sie als geteilter Raum des Wachstums und des Miteinanderarbeitens verstanden werden, wie Teresa dies in ihrer Gartenmetapher vorschlägt.

Literatur

Baumann K, Büssing A, Frick E, Jacobs C, Weig W: *Zwischen Spirit und Stress. Die Seelsorgenden in den deutschen Diözesen.* Würzburg: Echter, 2017.

Büssing A, Sautermeister J, Frick E, Baumann K: Reactions and strategies of Catholic priests to cope with phases of spiritual dryness. *Journal of Religion & Health* 2017; 56: 1018–1031.

Frick E: *Psychosomatische Anthropologie. Ein Lern- und Arbeitsbuch für Unterricht und Studium* (2. Aufl.). Stuttgart: Kohlhammer, 2015.

Friend EF: *The writing life: Narrative, metaphor, and emotion in the spiritual autobiographies of Teresa of Avila and Sarah Edwards*, Graduate Theological Union, 2012.

Guardini R: *Vom Sinn der Schwermut*. Mainz: Matthias Grünewald, 1983.

Jacobi C, Messmer EM: Diagnostik des trockenen Auges. *Ophthalmologe* 2018; 115: 433–450.

Knauer P (Hrsg.). *Ignatius von Loyola, Geistliche Übungen und erläuternde Texte*. Leipzig: St. Benno, 1978.

Knauer P (Hrsg.). *Gonçalves da Câmara, Luis (1520–1575): Memoriale (Erinnerungen an unseren Vater Ignatius)*. Frankfurt a. M.: Selbstverlag, 1988.

Lakoff G: Mapping the brain's metaphor circuitry: Is abstract thought metaphorical thought? *Frontiers In Human Neuroscience*, 2014: 8: 958. https://doi.org/10.3389/fnhum.2014.00958

Lakoff G, Johnson M: *Leben in Metaphern. Konstruktion und Gebrauch von Sprachbildern*. Heidelberg: Carl Auer, 1980/2008.

Nepp J: Psychosomatische Aspekte beim trockenen Auge. *Ophthalmologe* 2016; 113: 111–119.

Park DJ: *YHWH is a gardener and Zion his garden: A study of the garden metaphor in the book of isaiah*. [Order No. 3663206]. Philadelphia: Westminster Theological Journal, 2015.

Plessner H: Lachen und Weinen. Eine Untersuchung der Grenzen menschlichen Verhaltens. In Dux G, Marquard O, Ströker E (Hrsg.), *Gesammelte Schriften*. Frankfurt a. M.: Suhrkamp, 1941/1970: 201–398.

Roider S: Der Herr Jesus spricht nicht mehr zu mir. In Frick E, Ohls I, Stotz-Ingenlath G, Utsch M (Hrsg.), *Fallbuch Spiritualität in Psychotherapie und Psychiatrie*. Göttingen: Vandenhoeck & Ruprecht, 2018: 27–28.

Ronel J, Frick E: Zwischen technischer und psychoanalytischer Codierung. In Frick E, Hamburger A, Maasen S (Hrsg.), *Psychoanalyse in technischer Gesellschaft. Streitbare Thesen*. Göttingen, Vandenhoeck & Ruprecht, 2019.

Sautermeister J, Frick E, Büssing A, Baumann K: Wenn die Sinnquelle zu versiegen droht … Erfahrungen mit spiritueller Trockenheit und Wege ihrer Bewältigung aus der Sicht katholischer Priester. *Spiritual Care* 2017; 6: 197–207.

Schargus M, Geerling G: Diagnose und Behandlung des tränenden Auges. *HNO* 2017; 65: 69–84.

Theo Paul

Geistliche Trockenheit – Eine Karsamstags-Christologie

Es war 1990. Ein Tag der Seelsorgerinnen und Seelsorger in unserem Bistum Osnabrück mit Jesuitenpater Georg Mühlenbrock. Um unsere pastorale Situation zu verdeutlichen, zitierte er ein Gedicht von Ulrich Schaffer[1]:

Wir hängen dazwischen.
Altes ist leer geworden,
es klingt hohl,
bringt nichts mehr zum Schwingen in uns.

Worte,
Lieder,
Gesten,
Bewegungen,
Gedankengebäude,
sie betreffen uns nicht mehr,
und darum sind wir nicht betroffen.
Es geschieht etwas an uns
aber nicht in uns.

Wir warten.
Wir überlegen.
Wir sind unsicher.
Wir ahnen.

Das Neue ist noch nicht da.
Vorsichtig hat es sich angedeutet.
Wir haben es in inneren Bildern gesehen.

1 Schaffer, 1984.

*Wir wissen, daß es kommen wird,
weil wir das Alte verloren haben.*

Dieser Text ist mir auch nach 28 Jahren noch lebendig. Er beschreibt den Karsamstag. Vieles von unserem kirchlichen und pastoralen Engagement steuert der Null-Linie zu – befindet sich im winterlichen Zustand. Neue Aufbrüche, die überzeugend und glaubwürdig sind, zeigen sich im Alltag nur wenige. „Wie geht es weiter?", ist eine immer wieder gestellte Frage.

1. Visionen und Anknüpfungspunkte

Im Bistum Osnabrück haben wir folgende Bistumsvision entwickelt: „Wir wollen Kirche und Menschen einander näher bringen im Dialog mit den Menschen. Wir wollen ihre Vorräte an Lebens- und Glaubenserfahrung, an Kraft und Kreativität, an Veränderungs- und Hoffnungspotential fruchtbar machen für den weiteren Weg in unserem Bistum:

Deshalb gestalten wir unser Bistum in Gemeinden und allen Lern- und Lebensorten des Glaubens so,

- dass Menschen den Glauben als sinnstiftend und erfüllend erleben,
- dass sie sich in ihrer Lebenswirklichkeit angenommen fühlen und
- dass sie ein Zuhause und Gemeinschaft finden.

Wir lassen uns davon leiten, kirchliches Leben vor Ort in großer Vielfalt zu ermöglichen. Es geht um gemeindliche und kategoriale Präsenz, die in kritischer Zeitgenossenschaft eine Pastoral der Weite und Tiefe praktiziert.

Pastoral der Weite meint: Wir möchten als Kirche ein ernstzunehmender Gesprächs- und Koalitionspartner im öffentlichen Leben sein und bleiben. Wir nehmen unsere Aufgabe als religiöses Dienstleistungsunternehmen ernst. Wir achten die Kirchentreuen und Kirchenfremden. In einer kulturellen Diakonie mit niederschwelligen Angeboten gehen wir auf religiöse, ethische, diakonische, pädagogische und soziale Bedürfnisse ein. Wir praktizieren einladende Kirche, die mit qualifizierten und transparenten Angeboten ein Anbieter unter vielen ist.

Die Pastoral der Tiefe schafft ein wirksames Gegengewicht zur Kirche als Dienstleister. Es entwickeln sich neue Glaubensmilieus, Biotope des Glaubens, die als Bibelkreise, Gottesdienstgemeinden, in Pfarrgemeinden und anderen kirchlichen Einrichtungen den Glauben in unserer Zeit vorschlagen. Dabei geht es nicht nur um eine Gegenkultur zur Moderne. Vielmehr wird aus der Mitte des christlichen Glaubens und seiner Tradition der Dialog mit der Moderne gesucht.

Für uns ist entscheidend: Eine Pastoral der Weite und der Tiefe stehen nicht in Konkurrenz, sondern bilden ein wechselseitiges Korrektiv. Die praktische Erfahrung zeigt: Beide haben ihre Stärken und Schwächen.

Für eine Pastoral der Weite und Tiefe hat unser Bischof Dr. Franz-Josef Bode sieben Anknüpfungspunkte festgemacht.

1.1. Territoriale Zugehörigkeit

Im Bistum Osnabrück gibt es 72 Gemeindeverbünde und sogenannte pastorale Räume im städtischen Kontext (z. B. in Bremen). Diese Einteilung hängt wesentlich mit den Lebensgewohnheiten der Menschen zusammen. Ermutigt durch die Anregungen von Papst Franziskus, ist für uns wichtig, dass Pfarreien überschaubare Sozialräume bleiben, in denen Menschen Freude und Leid aus ihrem Glauben heraus miteinander im Alltag teilen. Die Pfarreien brauchen ehrenamtliche Leiter/Leiterinnen, wenn Priester oder hauptamtliche pastorale Mitarbeiter/Mitarbeiterinnen nicht zur Verfügung stehen. Auch die sonntäglichen Gottesdienstfeiern vor Ort benötigen gegebenenfalls ehrenamtliche Vorsteherinnen und Vorsteher (Wortgottesdienste mit Kommunionfeiern). Dieses sonntägliche Zusammenkommen derer, die kirchliche Gemeinschaft im Alltag miteinander leben, lässt sich nicht generell zentralisieren und kann auch nicht Woche für Woche von Ort zu Ort wandern. Es geht darum, Kirche vor Ort lebendig zu halten und nach neuen Wegen auch der Verortung zu suchen. Der Papst spricht in diesem Zusammenhang von einer Pfarrei mit einer Struktur im Nahbereich. Die Pfarrei muss „inmitten der Häuser ihrer

Söhne und Töchter" leben, und das setzt voraus, dass sie nicht zu einer weitschweifenden, von den Leuten getrennten Struktur wird oder zu einer Gruppe von Auserwählten, die sich selbst betrachten (Evangelii Gaudium 28).[2] Die Pfarrei, die sich inmitten der Häuser befindet, „ist keine hinfällige Struktur" (Evangelii Gaudium 24), betont er. Er spricht in einem seiner Interviews von einer „Garagenkirche", die in den Großstädten präsent ist.

1.2. Ernstnehmen bestimmter lebensprägender Orte

Als Kirche sind wir mit unseren Einrichtungen wie Kindertagesstätten, Schulen, Krankenhäusern, Altenheimen und Beratungsstellen, aber auch mit unseren Seelsorgerinnen und Seelsorgern auf unterschiedliche Weise „dazwischen", von der Küste mit den ostfriesischen Inseln und der Urlauberseelsorge bis nach Bad Laer und seinem Maria-Elisabeth-Haus als Lebensmittelpunkt und Zuhause für erwachsene Frauen und Männer mit einer geistigen und/oder mehrfachen Behinderung.

1.3. Die personale Dimension

Wir haben in unserem Bistum die Zahl der hauptamtlichen Mitarbeiterinnen und Mitarbeiter nicht verringert. Für uns ist wichtig, dass es ein qualifiziertes personales Angebot in den verschiedenen Bereichen des kirchlichen Handelns gibt. In den vergangenen Jahren haben wir mehr Personen eingestellt, um eventuellen Engpässen in Zukunft begegnen zu können. Für uns ist bei allen Finanzdiskussionen eine Verlässlichkeit in der Personalentwicklung unserer verschiedenen Tätigkeitsfelder wichtig.

---

2 vgl. Papst Franziskus: Apostolisches Schreiben *Evangelii gaudium*, 24. November 2013.

1.4. Geistliche Orte, Wallfahrtsorte, Klöster

Solche Orte haben eine hohe Akzeptanz auch oder gerade bei Menschen, die ihren Glauben eher sporadisch ausdrücken wollen. Viele Gäste besuchen das Birgittenkloster mitten im Trubel der Weltstadt Bremen, sie nehmen teil an Führungen im Kloster Esterwegen neben der dortigen Gedenkstätte für die Opfer des Nazi-Terrors, sie sind bei der Kreuztracht in Lage und besuchen dort die Dominikanerinnen in der Kommende. Sehr viele haben in den vergangenen Jahren auch auf Juist Exerzitien bei den Ordensschwestern gemacht. Für uns ist hier entscheidend, suchenden Menschen Orte anzubieten, wo sie qualifizierte seelsorgliche Begleitung erhalten können.

1.5. Temporale Verbindungen

Es gibt Menschen, die ihre Beziehung zur Kirche temporal ausdrücken, zu Weihnachten, an Ostern, im Urlaub. Es geht darum, diese Anknüpfungspunkte positiv zu gestalten und den Menschen Wertschätzung entgegenzubringen. Ich kenne eine ganze Reihe von Urlaubern, die ihre Gottesdienstbesuche mit den Ferien auf Baltrum verbinden.

1.6. Sakramentale Pastoral

Eine für uns unerlässliche Dimension ist die sakramentale Pastoral, das Erschließen und Deuten und Feiern von Taufe, Firmung und Eucharistie. Die Grundvollzüge christlicher Existenz (liturgia, martyria, diakonia, koinonia) werden bei allen Veränderungen in den Zugangswegen eine zentrale Bedeutung behalten.

1.7. Globale Zugehörigkeit

Wir sind in eine große Lerngemeinschaft von einer West- zu einer Weltkirche eingebunden. Diese globale Zugehörigkeit ist eine unverwechselbare Chance und Stärke der katholischen Kirche.

2. Karsamstag-Christologie

Soweit unsere Bistums-Vision und unsere Anknüpfungsversuche an die Wirklichkeit der Menschen. Welche Bedeutung hat nun für solche Pastoral und in der ihr zugrundeliegenden Christologie der „Karsamstag"? Vor Jahren schon hat Johann Baptist Metz die Notwendigkeit einer Karsamstags-Christologie betont:

> *„Ist uns nicht in der Christologie, wenn ich so sagen darf, der Weg zwischen dem Karsamstag und dem Ostersonntag abhandengekommen? Haben wir nicht zu viel reine Ostersonntags-Christologie?.... Müsste nicht gerade in einer Karsamstagschristologie jenes Wissen um das Entzogensein des Christus, jenes Christusvermissen entfaltet werden, das unser christliches Bewusstsein von seiner bleibend-herausfordernden Gegenwart ‚nach' der Auferstehung und ‚seit' der Himmelfahrt begründet und prägt?"*[3]

So kann eine Konsequenz aus der Situationsanalyse unserer Gegenwart sein, eine stärkere Karsamstagssprache in unseren Gebeten zu gebrauchen, um glaubwürdig zu sein gegenüber den Fragen und Zweifeln, den Unsicherheiten derer, die nicht glauben können.

> *„Es kommt darauf an, sichtbar zu machen, dass christliche Religion nicht dazu da ist, um alle Fragen für uns beantwortbar zu machen, sondern um von uns unbeantwortbare Fragen unvergesslich zu machen."*[4]

Glaubende haben nicht unbedingt eine Antwort, sondern gerade auch eine Frage zu viel, die sie in Gebete verwandeln können, in Gebete, die auch in Jubel oder in Schreien münden können.

Karsamstags-Menschen sind Menschen, die immer noch etwas zu erwarten haben, nicht nur für sich selbst, auch für die anderen, für die Menschheit. Ein Wort von Karl Rahner im neuen Gotteslob ist mir da kostbar: „Glauben heißt, die Unbegreiflichkeit Gottes ein Leben lang aushalten." (GL 380)

---

3 Metz, 2011: 157–158.
4 Metz: 2011: 159.

3. Wir hängen dazwischen – Erfahrungen mit dem Karsamstag

Sind wir nicht als Christen in einen großen Karsamstag gestellt? (J. Ratzinger)
Der Karsamstag ist zutiefst eine Anfrage an unser Gottesbild. Was meinen wir, wenn wir „Gott" sagen. Dieser Tag fordert uns heraus, „Gott" mit den Erfahrungen der Trockenheit und der Enttäuschungen neu durchzubuchstabieren. Karsamstag ist Ahnung, nicht Erfahrung Gottes (B. Schellenberger). Seit Karfreitag sind alle Phantasien eines „Alleskönner-Gottes", der unangreifbar und unanfechtbar über der Welt thront, gekreuzigt. Im Gegensatz zum naturwüchsigen Stiergott als Inbegriff vitalistischer Potenz offenbart sich unser Gott im Laufe der Karwoche nicht durch ständige Machterweiterung, sondern durch wachsenden Machtverzicht bis hin zum eigenen Tod.

Gottes Allmacht ist die Ohnmacht seiner Treue und Liebe, die den Weg des Menschen bis zum Äußersten mitgeht (Kamphaus). „Wenn ich schwach bin, dann bin ich stark." Diese Worte des Apostel Paulus (2 Kor 12,10) beschreiben den Weg Gottes, die Botschaft der Karwoche.

> *„Der Karsamstag ist der Tag der ausgeweinten Augen: keine Tränen sind mehr übrig. Es ist der Tag nach den Schmerzen: das Leid hat seinen Höhepunkt und seine äußerste Toleranzschwelle überschritten, und Schmerz und Schmerzlosigkeit fallen jetzt zusammen. Er ist der Tag der Empfindungslosigkeit: er birgt weder Freude noch Trauer, denn die Freude ist unglaubwürdig geworden oder noch nicht erreichbar, und die Trauer ist nicht mehr zu fassen. Er ist der Tag der Wortlosigkeit: alle Wörter sind abgegriffen, haben den Klang der Phrase, können nicht helfen, sondern nur übertönen. Er ist der Tag ohne Gebet: denn das Wort des Vaters selbst ist verstummt in seiner radikalen Auslieferung. Der Karsamstag ist der Tag des Nullpunkts, an dem ich nur noch sagen kann – und nur noch zu sagen brauche: Ja, so ist es."*[5]

Können wir uns eingestehen, dass wir in unserem Glauben, in unserem Leben, in unserer Kirche im Dunkeln tappen? Dass wir an einem

---
5 Schellenberger, 1980: 103.

toten Punkt – an der Null-Linie – angekommen sind und nicht recht weiterwissen? Spiegeln die vielen organisatorischen oder liturgischen Aktivitäten des Karsamstags nur unser Verdrängen der Ohnmacht wieder?

Für Karl Rahner war der Karsamstag Zeichen für die Durchschnittlichkeit des Lebens, das sich in der Mitte hält zwischen dem abgründigen Entsetzen des Karfreitags und dem Jubel von Ostern. Karsamstag ist Symbol für die Gewöhnlichkeit des Lebens, Rüsttag auf Ostern hin mit dem Durchhalten einer Hoffnung.[6] Karsamstag ist das Hochfest der radikalen Säkularisierung.[7] Karsamstag ist ein christliches Hochfest, aber nur fassbar in negativer Theologie. Karsamstag ist Tag der Gotteskrise, nicht nur der Glaubenskrise.

In den zurückliegenden Jahren haben sich neue Fakten herausgebildet, die uns mit der Gotteskrise und Glaubenskrise konfrontieren. Welche Konsequenzen hat der sexuelle Missbrauch oder der geistliche Machtmissbrauch für theologische Reflexion? Die Opfer haben ein Recht, dass ihre Leiden auch in der theologischen Reflexion ernstgenommen werden. Gibt es einen Zusammenhang zwischen triumphaler Osterverkündigung und Machtmissbrauch im realen Leben? Welche Auswirkungen hat die Erfahrung von sexuellem Missbrauch durch Priester oder andere Mitarbeiter auf den persönlichen Gottesglauben der Opfer?

Um unseres Gottes willen können wir die Katastrophen im persönlichen Leben, in der Natur, in der Kirche nicht übergehen. Der Bedeutungsverlust des christlichen Glaubens in unserer Gesellschaft hängt auch wesentlich mit einer Harmlosigkeit in der Verkündigung zusammen. Die Chance des Karsamstags für die Verkündigung ist, dass unsere Zeit unterbrochen wird. Das Leben ist nicht einfach eine lineare Zeit. Es gibt Krisen und radikale Leere. Der Karsamstag kann uns zur Möglichkeit werden, wodurch das Hinabsteigen in das Grab – den Kerker – aufgebrochen wird und der Abgrund sich in einen Weg verwandelt. Diese Hoffnungsperspektive leben wir nicht allein. Der Karsamstag ist auch der Tag der Gemeinschaft mit einer Solidarität für alle Lebenden und Toten. Die Toten sind in Solidarität an unserer Seite. Unsere Geschichte ist nicht zu Ende. Auch

---

6 Rahner, 1987: 249–251.
7 Diekmann, 2018.

mit unserem Ende nicht.[8] Am Karsamstag unserer Tage wird unsere geistliche Trockenheit deutlich. Alle Gesten, die Zeremonien, Gebete und guten Gedanken, alles womit wir unsere Wirklichkeit darstellen, können zugleich die Wirklichkeit verstellen. Am Karsamstag gibt es eine Leere und Dürre, die wir nicht verdrängen müssen, an die wir anknüpfen können. Wir sollten es tun.

Literatur

Diekmann M: Nachdenken über Karsamstag. *Geist und Leben* 2018; 91(2): 151 ff.

Franziskus: *Apostolisches Schreiben Evangelii Gaudium* des Heiligen Vaters Papst Franziskus an die Bischöfe, an die Priester und Diakone, an die Personen geweihten Lebens und an die Christgläubigen Laien über die Verkündigung des Evangeliums in der Welt von heute. 24. November 2013. Libreria Editrice Vaticana. https://w2.vatican.va/content/francesco/de/apost_exhortations/documents/papa-francesco_esortazione-ap_20131124_evangelii-gaudium.html

Metz JB: *Mystik der offenen Augen. Wenn Spiritualität aufbricht.* Freiburg: Herder, 2011.

Rahner K: *Das große Kirchenjahr* (Hrsg. Albert Raffelt), Freiburg: Herder, 1987.

Schaffer U: *Neues umarmen. Für die Mutigen, die ihren Weg gehen.* Stuttgart: Edition Schaffer im Kreuz Verlag, 1984.

Schellenberger B: *Ein anderes Leben. Was ein Mönch erfährt*, Freiburg: Herder, 1980.

---

8 Diekmann, 2018.

Ricarda Moufang

Dunkle Nacht und östliche Weisheit

1. Einführung

„Der Kopf ist rund, damit das Denken die Richtung wechseln kann." Dieser geniale Satz des französischen Künstlers Francis Picabia lässt sich, meine ich, wunderbar auf den Prozess der dunklen Nacht beziehen. Denn in diesem Prozess wird definitiv ein Umdenken, ein Neudenken gefordert – oft um 180 Grad. Es ist ein spannendes Bild: Meine Gedanken machen kehrt und düsen jetzt anders herum (irgendwie muss ich da jetzt an die Formel I denken ...).

„Dunkle Nacht und östliche Weisheit" ist der Titel dieses Artikels. Das Thema ist spannend. Ich kenne mich mit *beiden* Wegen ganz gut aus, mit dem christlichen und dem buddhistischen. Meine Glaubens-Biografie ist eine im Innenraum der Kirche zwar eher untypische, im modernen Leben des späten 20. Jahrhunderts jedoch eine eher typische Geschichte. Evangelisch getauft und konfirmiert, mit 17 Jahren aus der Kirche ausgetreten, Suche zunächst in der Politik (Kommunistisches Manifest), später in der Esoterik (8oer Jahre); schließlich die Begegnung mit einem seriösen tibetischen Lehrer des Buddhismus (Gendün Rinpoche). Ich war über zehn Jahre im Buddhismus zu Hause. Ich habe, wie man sagt, „Zuflucht genommen" zur Lehre, zum Buddha, zur Gemeinschaft der Praktizierenden. Ich habe die Lehren ausführlich studiert, Meditation gelernt und praktiziert. Später kam dann eine erneute Hinwendung zu Jesus Christus und dem personalen Gott, Wiedereintritt in die evangelische Kirche, Aufenthalt im Kloster, dann Konversion zum katholischen Glauben im Jahr 2007. (Mal sehen, wie mein Weg weiter geht ...)

Mein *eigener* Weg war und ist bestimmt von der Sehnsucht nach Transzendenz, heute bestimmt von der Sehnsucht nach dem Gott Jesu.

Anselm Grün schreibt zur Motivation der inneren Wege beider Religionen:

> *„Uns eint die gleiche Sehnsucht, die im Christentum, im Buddhismus und in allen mystischen Religionen angesprochen wird: die Sehnsucht, mit Gott eins zu werden, die Sehnsucht, vom göttlichen Wesen durchdrungen und von allen Verschmutzungen gereinigt zu werden. Und es ist die Sehnsucht, die menschliche Vergänglichkeit und Hinfälligkeit zu überwinden, teilzuhaben an etwas, das bleibt, das unzerstörbar ist."*[1]

Und zum Unterschied zwischen den beiden Wegen schreibt er:

> *„Im Christentum werden wir vergöttlicht, weil Gott in Jesus Mensch geworden ist. Im Buddhismus gelangt der Mensch, der sich auf den spirituellen Weg macht, zur Vergöttlichung. Darin liegt ein wesentlicher Unterschied der beiden Religionen".*[2]

„Glaubens-Krisen" auf dem buddhistischen Weg – also Zweifel an der Lehre oder am Leben Gautama Buddhas – hatte ich damals nicht. Dafür gibt es Gründe.

2. Die Akzeptanz des Dunklen im Buddhismus und ihre Parallelen in der christlichen Mystik

Die buddhistische Weltanschauung ist sehr nüchtern. Leiden und Dunkelheit in jeder Form gehören dazu, wie die Nacht zum Tag, wie die Krankheit zur Gesundheit, wie der Tod zum Leben. Phasen von Dunkelheit und Zweifel werden daher weder als dramatisch noch als persönliche Katastrophe angesehen.

Es ist eher dem Materialismus bzw. der Konsum-Mentalität der *westlichen* Kultur geschuldet, dass viele europäische Buddhisten sich ewige Glückseligkeit und Erfolg von der Meditation versprechen (und es gibt genug „Meister*innen", die sehr gut von dieser Mentalität leben!). Diese fehlgeleitete Tendenz des westlichen Buddhismus haben seriöse buddhistische Lehrer*innen schon in den 70er-Jahren

---

1 Grün, 2006: 53.
2 Grün, 2006: 53.

als „spirituellen Materialismus" bezeichnet.[3] Diese materialistische Einstellung ist eine Entwicklung weg von den authentischen Grundlagen der buddhistischen Weltanschauung. Ähnliches lässt sich in manchen christlichen Freikirchen beobachten, die materiellen Erfolg und Glauben eng verknüpfen. Für beide Traditionen jedoch gilt: Erfolg ist kein Name Gottes bzw. Erfolg ist kein Name der Erleuchtung. Im Gegenteil: Der geistliche und finanzielle Missbrauch, der mit dieser Einstellung einher geht, richtet großen seelischen Schaden an und führt viele Menschen in die Krise – nämlich dann, wenn Geld und Erfolg trotz intensiver Glaubenspraxis ausbleiben.

3. Das Loslassen der Bilder

Spirituelle Krisen sind im Buddhismus auch deshalb nicht so existentiell wie auf dem christlichen Weg, weil es grundsätzlich darum geht, die vielen Bilder und Vorstellungen vom Leben und von der Welt loszulassen. Im christlichen Glauben haben wir es jedoch mit einer Fülle von – mehr oder weniger festen – Vorstellungen und Bildern zu tun. Diese werden erlernt und gelehrt, sie prägen sich im individuellen und kollektiven Gedächtnis ein. Deshalb ist es – meiner Erfahrung nach – auf dem christlichen Weg doch viel mühsamer „loszulassen". Die Angst der Kirchen lässt sich mit folgender Frage ausdrücken: Brechen mit den Bildern denn nicht auch die Grundlagen von Glaube und Kirche weg? Das ist der wunde Punkt. Das scheint viel bedrohlicher als im Buddhismus. Darf ich das Alte loslassen? Oder ist dann alles weg?[4]

Andererseits fordern die christlichen Mystiker genau dieses Loslassen, allen voran Meister Eckhart, der wegen seinem radikalen Beharren auf Bildlosigkeit schließlich als Häretiker verfolgt wurde. Heute studieren viele buddhistische Lehrerinnen und Lehrer seine Theologie mit großem Interesse. Denn seine Einheitserfahrungen ähneln in manchem der buddhistischen Erleuchtungserfahrung. Auch Johannes vom Kreuz wird von Buddhisten vielfach rezipiert.

3 Chögyam Trungpa, 2015.
4 dazu ausführlicher: Striet, 2018.

Das Bild der „Dunklen Nacht" ist ja auch eine Metapher für Bildlosigkeit – im Dunkeln ist nun mal nichts zu sehen ...

4. Die geistliche Krise auf dem buddhistischen Weg

Aber selbstverständlich geraten auch buddhistisch orientierte Menschen in Krisen. Wie äußern sich spirituelle Krisen im Buddhismus? In der christlichen Glaubenskrise fühle ich mich verlassen von Gott, ich spüre keine Beziehung mehr zu Jesus Christus, Rituale und Texte berühren mich nicht mehr. Im Buddhismus kommt es eher zu einer Krise des Selbstvertrauens, weil der Weg stark von meinem eigenen Handeln abhängig ist.

Wie ist es nun im Buddhismus? Die bekannte buddhistische Lehrerin Sylvia Wetzel nennt drei typische Elemente einer geistlichen Krise:[5]

„Was geschieht, wenn wir im Laufe unseres Lebens in eine tiefe Krise geraten, ausgelöst durch äußere Umstände – Krankheit, Trennung, Verlust des Arbeitsplatzes, politische Ereignisse, Tod geliebter Menschen oder innere Zweifel? Bezogen auf den spirituellen Weg fragen wir uns vielleicht, ob der Buddha wirklich gelebt hat. Ob das, was wir kennengelernt haben, auch authentische Lehren sind, und ob sie auch für westliche Menschen anwendbar sind.

Was geschieht, wenn sich der Meister/die Meisterin (Roshi, oder Lama oder Rinpoche), wenn sich also mein Vorbild nicht so verhält, wie sie oder er das unserer Meinung nach tun müsste? Wenn sie oder er sich z. B. ungesund ernährt, unsere Probleme nicht versteht oder politisch unmögliche Ansichten äußert oder sogar Alkohol trinkt, Drogen nimmt, schnelle Autos oder teure Kleider liebt, viel zu viel Geld verdient oder Affären mit Schülerinnen oder Schülern hat? [RM: Das ist ja auch für Christen/Katholiken brandaktuell im Hinblick auf die Missbrauchs-Thematik.]

---

5 Wetzel, 2017: 2.

> *Was geschieht, wenn die Entfaltung wunderbarer Fähigkeiten auch nach jahrelanger Praxis auf sich warten lässt? [RM: Das ist ein Versprechen der buddhistischen Praxis.] Was geschieht, wenn wir bemerken, dass unser Leben in einigen Bereichen vielleicht etwas runder läuft, aber wir trotz aller Übung krank werden, immer noch mit nahen Menschen streiten, alte Muster uns immer wieder das Leben schwer machen, wir manchmal keine Lust zum Üben haben und in politischen oder spirituellen Weltschmerz verfallen?"*

Ein Buddhist in der Krise stellt Fragen wie: Warum bin ich nach 20 Jahren Meditationspraxis noch nicht erleuchtet? Werde ich jemals eine gute Meditiererin? Habe ich die richtigen Lehren bzw. den richtigen Lehrer? Kann ich mir den buddhistischen Weg überhaupt zutrauen? Bin ich der Erleuchtung überhaupt würdig?

Hier gibt es durchaus Parallelen zu den Fragen, die sich in der Glaubenskrise stellen. z. B.: Bin ich der Erlösung würdig? Bin ich eine gute Beterin? Warum kann ich mein Laster nicht endlich überwinden? Bin ich bei dem richtigen geistlichen Begleiter*in?

5. Trost

Der buddhistische Trost in der Krise findet man in folgenden Ratschlägen:

1. Nimm die Dunkelheit an, sie gehört zum Leben dazu. Vertraue auf den Weg, die Buddha-Natur ist in jedem Menschen angelegt. Vermeide schädliches Handeln, gib deine Meditationspraxis nicht auf.
2. Alles ist unbeständig: Auch diese Krise geht vorüber.
3. Habe den Mut, alte Bilder loszulassen und akzeptiere die damit verbundenen Schmerzen. Am Ende müssen alle Bilder losgelassen werden.

Dazu noch einmal Sylvia Wetzel:

> *„[Im Zen-Buddhismus] spricht man von den Drei Pfeilern: große Entschlossenheit, großer Zweifel und großes Vertrauen.*

Mit großer Entschlossenheit gehen wir den Weg, der uns in große Zweifel führt, und wir geben uns dem Zweifel mit Leib und Seele hin und finden so das große Vertrauen, das uns trägt, was immer auch geschieht."[6]

Ist das wirklich so weit weg von dem, wie z. B. Johannes vom Kreuz den Prozess der dunklen Nacht beschreibt? Nein. Im Gegenteil: Eine ganze Reihe dieser Ratschläge finden sich fast eins zu eins in der mystischen Literatur und in der Praxis christlicher Begleitung wieder. Vielleicht gibt sich der Christ dem Zweifel nicht „hin mit Leib und Seele", wie es von Sylvia Wetzel formuliert wird. Doch soll er bzw. sie auch die Zweifel zulassen und nicht verdrängen.

Die buddhistischen Tipps zum Krisenmanagement klingen vernünftig und entsprechen der typischen Nüchternheit. Die buddhistische Lehre geht generell sehr viel unpersönlicher an Krisen heran. Das hat mit der o. g. Weltsicht zu tun: Dunkelheit und Leiden im Leben lassen sich nur sehr begrenzt verringern und sind dieser Welt und allen Wesen für immer eingeschrieben (Stichwort Samsara, zyklische Geschichtsanschauung). Die buddhistischen Heilmittel für einen „gutes Leben", für einen gelingenden geistlichen Weg, sind Gelassenheit, Gleichmut und Mitgefühl.

Die Gefahren dieser Weltsicht sind Lethargie und Gleichgültigkeit, wobei ich persönlich diese Einstellungen als falsch verstandenen und falsch praktizierten Buddhismus halte (siehe auch „engagierter Buddhismus"). – Dasselbe Phänomen gibt es übrigens auch bei bestimmten Frömmigkeitspraktiken im christlichen Glauben (Wunderglaube, Wallfahrten usw. in Erwartung einer Verfügbarkeit Gottes), wo Gott „es schon richten wird".

Im christlichen Glauben, in jeder theistischen Religion, ist das zwangsläufig anders. Wenn ich eine enge Beziehung zu Gott, eine enge Beziehung zu Jesus habe und sie in der Nachterfahrung verliere, dann ist das nicht nur sehr schmerzlich, sondern existentiell. Und der Glaube ist ja etwas ganz Persönliches – bei einem personalen Gottesbild und einem Glauben, der auf einer Person (Jesus) aufbaut, kann er gar nicht anders als persönlich sein.

---

6 Wetzel, 2017: 4.

Aber Vorsicht: Hier liegt die Gefahr in einer evtl. aufkommenden Egozentrik, nach dem Motto: Warum hat Jesus ausgerechnet mich verlassen? Warum bin ich der schlechteste Mensch auf der Welt, dass er mich so bestraft? Da muss ich als Christ aufpassen, um nicht in Selbstmitleid zu versinken ...

Im Buddhismus wird das Auf und Ab des Lebens nicht immer als persönliches Versagen und persönliche Kränkung angesehen. Klar, es gibt mein persönliches „Karma", d. h.: die Folgen meiner Einstellung und meiner Handlungen. Aber die generelle Unkontrollierbarkeit des Lebens wird im Buddhismus viel stärker betont und akzeptiert. Für Westler bleibt das schwierig. Um ein weiteres, bekanntes Sprichwort zu zitieren: „Shit happens!" – Und ein Buddhist würde ergänzen: „... und es ist nichts persönliches". Oder, ein wenig differenzierter: „... und es ist nicht immer etwas Persönliches ..."

Und dennoch muss ich mich im Buddhismus selbst auf den Weg der Meditation und des Mitgefühls machen. Das wird im Westen oft missverstanden und abgewertet als so genannte „Selbsterlösungsreligion". Dazu schreibt Anselm Grün:[7]

> *„Man wirft dem Buddhismus oft vor, dass er eine Religion der Selbsterlösung sei. Dieser Vorwurf zielt zu kurz. Auch in den buddhistischen Religionen ist es letztlich (ein bildloser) Gott, der erleuchtet, der erlöst, wenn man sich auf dem achtfachen Pfad buddhistischer Tugenden seinem Wirken öffnet. Nur wird das Wirken Gottes hier nicht personal und nicht so aktiv beschrieben wie im Christentum."*

Ein/e seriöser buddhistischer Lehrer/in wird dies immer bestätigen: Erleuchtung kann man nicht *machen*. Aber man kann sich darauf vorbereiten (= leer werden).

Weiter sagt Grün:

> *„Für Christen geschieht die Erlösung durch Jesus Christus. Aber vom Buddhismus können wir lernen, dass es auch an uns liegt, in die Gesinnung des Loslassens hinein zu wachsen, die Jesus uns vorgelebt hat. Erlösung hat immer auch mit der inneren Loslösung von dieser Welt und ihren Maßstäben zu tun. Das hat Paulus gemeint, wenn er sagt, die Welt sei ihm durch das Kreuz gekreuzigt, durchgestrichen,*

---

7 Grün, 2006: 168.

entmachtet. (Gal 6,14) Die Maßstäbe der Welt haben keine Macht mehr über ihn."[8]

Das Einüben dieser inneren Loslösung ist auch einer der wichtigsten Punkte im Buddhismus.

6. Ausblick

Können Christen etwas vom buddhistischen Umgang mit geistlichen Krisen lernen? Dazu erinnere ich an mein Zitat vom Anfang:

„*Der Kopf ist rund, damit das Denken die Richtung wechseln kann*".

Vielleicht ist dieser Satz ja auch hilfreich in der Krise? Wenden wir ihn einmal auf die Dunkle Nacht an:

- *Ich gerate ins Dunkel?* – Sehe ich das Dunkel doch einmal als *Sackgasse*, in der meine momentane Marschrichtung gelandet ist. Schicke ich nicht nur meine *Gedanken*, sondern auch *mich selbst* in die andere Richtung. Gerne mit Hilfe von Gesprächen und Austausch.
- *Ich kann nicht mehr beten?* – Das sollte gerade für Christen kein Drama sein, denn: der Geist betet in uns (Röm 8,26 ff.).
- *Ich fühle mich verlassen?* – Sehe ich es doch mal so: „Es ist nichts persönliches", sondern Teil des Schmerzes dieser Existenz auf Erden. Teil des Schmerzes, den alle teilen. (Und auch Jesus fühlte sich verlassen ... vgl. Mk 15,34)
- *Die Kirche in Deutschland schrumpft scheinbar unaufhaltsam?* – Dazu eine christliche und eine provozierende Antwort:
  1. Die Hl. Ruach will uns vielleicht ganz andere, neue Formen ihres Wirkens zeigen?
  2. So ist der Lauf der Welt, alles kommt und geht – Kulturen, Ethnien, Umweltveränderungen, ja sogar Galaxien – und auch Religionen und Weltanschauungen. (Ja, das ist provokativ, aber das soll es auch sein!)

---

8 Grün, 2006: 166.

Was gilt für die dunkle Nacht, für Christen UND für Buddhisten? Für mich gilt:
Ich mache meinen Glauben nicht, ebenso mache ich – als Buddhist – die Erleuchtung nicht. Ich mache als Christin eigentlich gar nichts – ich lerne zu lieben. Ich lerne, und das ist für mich die Lektion der dunklen Nacht: Ich lerne, auch in der Dunkelheit zu lieben.

Literatur

Chögyam Trungpa: *Spirituellen Materialismus durchschneiden.* Stuttgart: Theseus, 2015.
Grün A: *Der Glaube der Christen.* 4. Aufl. Würzburg: Vier-Türme-Verlag, 2006.
Striet M: *Ernstfall Freiheit,* Freiburg: Herder, 2018.
Wetzel S: Vertrauen in guten und in schlechten Zeiten. *Buddhismus aktuell* 2017/1 https://buddhismus-aktuell.de/artikel/ausgaben/20171/vertrauen-in-guten-und-in-schlechten-zeiten.html (abgerufen am 4. Juli 2018).

Ralph Kunz

Erfahrungen des biblischen Beters – ein Fallbeispiel mit Überlegungen zur Psalmentherapie und Trockenseelsorge

1. Einleitung

Herr B. hat die Diagnose Alzheimer, eine fortschreitende neurodegenerative Erkrankung, die mit kognitiven Einschränkungen und Demenz einhergeht. Die Aussicht zu sterben ist für den 85-Jährigen nicht beängstigend. Er war sein Leben lang religiös. Aber die Vorstellung, dass er bald nicht mehr in der Lage sein wird, seine Gebete zu sprechen, seine Lieder zu singen und seine Bibel zu lesen, macht ihm Angst! Was ihm von seiner Gottesbeziehung noch bleibe, wenn alles vergessen geht, fragt er mich. Es komme ihm vor wie eine negative Pilgerreise. Die Krankheit sei eine Wallfahrt mit schwindender Kraft und das Ziel dürres Land. Weit und breit sei keine grüne Aue in Sicht, kein Stecken und Stab, an dem man sich halten könne.

Ich darf Herrn B. auf seiner Reise ins Nebelland begleiten und möchte von unserer Weggemeinschaft erzählen. Es ist ein Reisebericht mit Bildern aus dem Psalter. Es sind wirklichkeitsnahe Schilderungen einer Situation, die in der Lehre der Seelsorge erst wenig Beachtung fand.[1] Was passiert im Übergang in eine Krankheit, die aus der Perspektive der noch intakten Erinnerung des Erkrankten ein höchst bedrohliches und erschreckendes Szenario beinhaltet. Das Reich des Vergessens ist fremdes und verwüstetes Territorium. Die

---

1 Grundlegend ist Lena-Katharina Roy (2013), die mit Bezug auf theologische, medizinische, sozialpsychologische und pflegewissenschaftliche Ansätze einen praktisch-theologischen Ansatz für die Beschreibung und Begleitung demenzkranker Menschen entwickelt.

Ausweglosigkeit und Aussichtslosigkeit der gravierenden Prognose wird auch zur Anfechtung für die Begleitung.[2] Was ist ihre Aufgabe? Den „Stecken und Stab" (Ps 23,4), den ich in dieser Weggemeinschaft gefunden habe, nenne ich versuchshalber *Trockenseelsorge*. Es handelt sich um eine Seelsorge, die nur mit kleinen Verheißungen arbeiten kann. Sie darf nicht zu viel versprechen. Sonst schwemmt sie die kleinen Samen der Resthoffnung weg. Sie muss sich dem Samen entsprechend, der sich tief eingräbt und auf den Frühlingsregen wartet, anpassen und mit dem Verheißungsminimum begnügen. Dass Gott denen nahe ist, die zerschlagenen Herzens sind (Ps 34,19). So wird das Armutszeugnis des „elenden Psalter-Ich"[3] zum dritten Wanderer in der Weggemeinschaft.[4] Sein Trost ist immer nur eine kurze Rast. Sein Proviant nur Manna und sein Haus nur Provisorium in der Wüstenwanderung.

Das alles lernt die Trockenseelsorge unterwegs, indem sie sich dem Habitat anpasst. Sie *wird* zur palliativen Begleitung. Sie meidet die Fülle, die der ausgedorrte Hals nicht mehr erträgt und spendet den lindernden Segenstropfen, den ihr der dritte Wanderer gibt.

2. Begleitung – auf dem Weg in die Wüste

Mein Weggefährte ist immer noch rüstig. Auf den ersten Blick erscheint er vital und wach. Man merkt ihm die Erkrankung noch nicht an. Das ist ihm recht, denn sein Umfeld soll von seiner Diagnose

---

2 Das Thema beschäftigt mich seit einigen Jahren; vgl. dazu Eglin et al., 2014; Kunz 2016; Kunz, 2018.
3 Bader, 2009: 390–392.
4 In Anspielung auf die Emmausgeschichte (Lk 24,13–35), in der sich elementare Bausteine einer seelsorglichen Weggemeinschaft wiedererkennen lassen, die als Weggeleit partnerschaftlich und freundschaftlich strukturiert ist. Der unbekannte Fremde geht mit, passt sich dem Tempo der beiden Jünger an, stellt eine Frage, hört zu und lässt die beiden ihren Kummer ausdrücken. Er deutet das, was ihm erzählt wurde, tröstet seine Weggefährten, aber konfrontiert sie auch mit unbequemen Wahrheiten. Michael Klessmann (2009: 211) spricht von einer „idealtypischen Seelsorgeszene". Für Christoph Morgenthaler (2009: 72) zeigt sich anhand dieser Geschichte die Kraft der Wurzelmetapher „Weg". Und Michael Herbst (2012: 30) versteht die Geschichte als eine „Auslegung von Begleitung" und meint, „was wir [hier] zu sehen bekommen, nennen wir heute Seelsorge".

noch nichts wissen. Herr B. ist Ordensbruder. Ihm liegt daran, dass die Gemeinschaft, in der er lebt, ihn als den Menschen wahrnimmt, den sie achtet und den sie für voll nimmt. Nur eine Vertrauensperson weiß Bescheid. Sie beobachtet ihn und interveniert, wenn sie den Eindruck hat, dass sich die Krankheit nicht mehr verbergen lässt. Erst dann werden die Brüder informiert.

Die behandelnde Ärztin hat Herrn B. zu mir geschickt. Er brauche ein Ohr, jemanden, dem er sich anvertrauen kann. Er sei allein. Das ist auch eine Konsequenz seiner Entscheidung. Ich hinterfrage sie nicht. Wir vereinbaren regelmäßige Treffen. Das ist das Arrangement. Es ist für uns beide Neuland. Wir wissen nicht, wie lange es hält. Ich frage ihn, wie er mit dieser Ungewissheit umgehe und was ihn am meisten ängstige? Er habe Panikattacken. Es sei manchmal schwer auszuhalten. Die Konzentration sei weg. Herr B. zeigt auf seine Stirn. Das Hirn funktioniere nicht mehr richtig. Nichts, was ihm ein Leben lang Halt gegeben habe, trage ihn jetzt. Es sei bodenlos. Am schlimmsten sei es für ihn, dass der Gedanke an Gott ihn nicht tröste. Er habe keine Lust mehr auf den Gottesdienst. Es sage ihm nichts, weil er merke, wie sich sein Gehirn weigert, in den Rhythmus des Betens einzuschwingen. Lesen sei schwierig, selbst auswendig Gelerntes verschwinde im Nebel. Es sei alles zu viel.

Wir reden über seine Frömmigkeit. Er ist ein in Exerzitien geübter Beter. Die Sehnsucht nach Gott sei schon ein Gebet, erinnert er sich. Wer sagte es? Rahner? Augustin? Tut nichts zur Sache. Er habe *keine Sehnsucht*. Wir schweigen. Ich wage einen Einwurf. Offensichtlich schmerze ihn die geistliche Trockenheit. Er nickt. Ob nicht schon die Sehnsucht nach der Sehnsucht ein Gebet sei? Er schaut mich an: „Schreiben Sie das bitte auf. Das hilft mir." Wir vereinbaren ein nächstes Gespräch.

3. Auf dem Weg – Versatzstücke

Ein paar Wochen danach bringt er das Blatt mit dem Satz, den ich notiert habe: „Auch die Sehnsucht nach der Sehnsucht nach Gebet ist ein Gebet." Wir sprechen über das dunkle Tal und über die Kräfte, die schwinden. (Ps 23) Er kennt seine Psalmen. Ihm fehle die Aussicht auf grüne Auen. Kein Stecken und Stab in Sicht. Er zeigt auf den Kopf: Was bleibt von Gott, wenn der nicht mehr funktioniert? Er sehe in den Abgrund, in das Land des Vergessens. (Ps 88) „Kann denn Staub dich preisen, deine Treue verkünden?" (Ps 30,10b) Das Bild einer negativen Wallfahrt stellt sich ein. Am Ende sind nicht die Vorhöfe des Tempels. (Ps 84,10) Das Ziel, das er vor sich sieht, ist das Tränental. Was jetzt noch von Zion erkennbar sei, löse sich auf. Wo jetzt DU ist, wird ES sein. Ich widerspreche nicht. Er weiß, wovon er spricht. Und alles, was ich ihm leihen kann, ist ein Ohr und manchmal auch den Widerspruch. Im Wissen, dass der Tag kommt, an dem ich ihn nicht mehr verstehe und er sich nicht mehr mitteilen kann. Wir haben zwei Rollen in einem Bibliodrama: Er spielt Kohelet und ich den Deuterojesaja.

Auf dem Tisch liegt, wie beim letzten Mal, das weiße Blatt. Ich wage einen Schritt ins Unbekannte und nehme das Bild der Reise auf und schreibe den Satz auf: „Ich verlasse mich auf Gott." Wir diskutieren. Wie kann ich mich verlassen, wenn ich mich nicht auf Gott verlassen kann? Wo finde ich Gelassenheit? Ich unterstreiche die drei Worte ich verlasse mich. Er ist sichtlich bewegt. Wir reden weiter, finden weitere Sätze. Es sind Versatzstücke. Für einen Text reicht es nicht. Wieder nimmt er das Blatt mit.

4. Auf dem Weg – Lichtblick

Beim nächsten Treffen steht auf der Rückseite in roter Schrift eingerahmt der Satz: „Ich bin da." Ich frage nach und Herr B. erzählt: „Das war ein lichter Moment! Eine Gnade. Ich sagte Ja zu meinem Weg. Die Krankheit – sie gehört dazu. Ich war so glücklich." Ich schaue ihn an. Vielleicht liest er es in meinen Augen, den Wunsch, ihm zu sagen: „Sehen Sie! Es ist doch nicht alles umsonst." Aber er bleibt Kohelet. „Es war doch nur ein Moment. Er ging vorbei. Ich werde ihn vergessen."

Aber noch geht es. Und das Blatt mit Kernsätzen, die wir finden, wird zur Wegbegleitung. Es ist nicht so, dass unser Gespräch kreist. Wir gehen. Und das weiße Papier auf dem leergeräumten Tisch, an dem wir sitzen, wird zur kargen Sinninsel, auf der nur wenig wächst. Ein paar stachlige, kurze Distelsätze. Und immer wieder der eine oder andere Lichtblick.

Wir diskutieren. Was bleibt von der vertikalen Resonanz, wenn die Empfangsstation gestört ist? Was bleibt von der Er-Innerung im Resonanzraum des ausgedorrten Körpers? Was geschieht mit der Seele, die nur noch lechzt, aber nicht mehr trinken kann? Mein Gegenüber kennt das mehr oder weniger tröstliche Wissen, das die Demenzliteratur bietet. Ich muss ihm nicht mit Körpergedächtnis oder Validation kommen. Es tröstet ihn nicht.

Heute liegt seine Agenda auf dem Tisch. Sie wird zum Symbol. Er deutet auf sie – das externe Gedächtnis. „Das hier gibt mir mehr Halt als mein Glaube. Sehen Sie? Die Tagesstruktur, die Seiten, die Linien und Einträge. Sie stehen für das gelebte Leben und für eine absehbare Zukunft, für das was planbar ist und sich erfüllen wird."

Wir reden weiter, finden einen neuen Halt und vereinbaren einen nächsten Termin. Herr B. notiert sorgfältig in seine Agenda und murmelt: „Das kann ich noch."

5. Am Rand der Verwüstung

Das war ein Wegbericht. Ich weiß nicht, wie es weitergeht. Aber es ist schon merkwürdig. Mit jedem Treffen wächst das Vertrauen. Herr B. kommt gerne. Er ist dankbar. Und ich freue mich auf unsere Treffen. Es ist traurig und doch eindrücklich, bereichernd und berührend. Wir erfahren etwas am Rand der Verwüstung.

Es ist sicher kein Zufall, dass mir im Gespräch mit Herrn B. immer wieder Erinnerungen der biblischen Beter ins Wort fallen. Sie zeugen von der immensen Bildproduktivität, die Menschen in Grenzsituationen erleben.[5] Es sind Bilder, die entstehen, weil sich der Glauben *als* Verlusterfahrung Luft machen muss. Günter Bader nennt es in seinem Buch über das Psalterspiel das Armutszeugnis des elenden „Ich". Es ist ein „Ich", das im Übergang und Untergang noch die Kraft findet zur Klage. Es ist das „Ich", das noch nicht verstummt ist.

Aber die Tonlagen differieren und die Bilder konkurrieren sich. Da ist die Klage der Verzweifelten, die das Joch eines unverschuldeten

---

5 Eine Zürcher Forschergruppe hat sich mit der Bildproduktion in Todesnähe beschäftigt: vgl. Peng-Keller, 2017.

Leids tragen. Sie versinken im Boden und finden keinen Halt. Sie sind verloren, weil die Feinde in der Überzahl sind. Die Verdunkelung von Gottes Antlitz wird zur Qual. Es ist beinahe nicht auszuhalten. Ist es das, woran Herr B. leidet? Man kann das Buch Hiob zu Rate ziehen.[6] Es ist das Zeugnis eines leidenden Ich, das klagt. Seine Worte gehen unter die Haut:

> *Hiob antwortete und sprach: Wenn man doch meinen Kummer wägen und mein Leiden zugleich auf die Waage legen wollte! Denn nun ist es schwerer als Sand am Meer; darum sind meine Worte noch unbedacht. Denn die Pfeile des Allmächtigen stecken in mir; mein Geist muss ihr Gift trinken, und die Schrecknisse Gottes sind auf mich gerichtet. (Hiob 6,1–4)*

Hiob schreit sein Leid heraus. Er wählt ein drastisches Bild. Gott wird zum Gift. Es ist Gott, der ihn quält:

> *Könnte meine Bitte doch geschehen und Gott mir geben, was ich hoffe! Dass mich doch Gott erschlagen wollte und seine Hand ausstreckte und mir den Lebensfaden abschnitte! So hätte ich noch diesen Trost und wollte fröhlich springen – ob auch der Schmerz mich quält ohne Erbarmen –, dass ich nicht verleugnet habe die Worte des Heiligen. (Hiob 6,8–10)*

Aber Hiob ist erschöpft.

> *Was ist meine Kraft, dass ich ausharren könnte; und welches Ende wartet auf mich, dass ich geduldig sein sollte? (Hiob 6,10)*

Bitter enttäuscht von einem Gott, der ihm zum Feind geworden ist, beklagt sich Hiob auch über die geistliche Begleitung seiner Freunde. Sie sind es, die ausgetrocknet sind.

> *Meine Brüder sind trügerisch wie ein Bach, wie das Bett der Bäche, die versickern, die erst trübe sind vom Eis, darin der Schnee sich birgt, doch zur Zeit, wenn die Hitze kommt, versiegen sie; wenn es heiß wird, vergehen sie von ihrer Stätte: Karawanen gehen ihren Weg dahin, sie gehen hin ins Nichts und verschwinden. Die Karawanen*

---

6 vgl. dazu Crüsemann, 2004: 251–268; Gärtner, 2016: 75–81; Bernd Janowski, 2016: 95–143; Jones, 2007: 47–58; Schmidt, 2011; Schnabl Schweitzer, 2014: 583–595.

von Tema blickten aus auf sie, die Karawanen von Saba hofften auf sie; aber sie wurden zuschanden über ihrer Hoffnung und waren betrogen, als sie dahin kamen. So seid ihr jetzt für mich geworden; weil ihr Schrecknisse seht, fürchtet ihr euch. (Hiob 6,15–18)

Am Rand der Verzweiflung wagt das elende Ich Dinge zu sagen, die sich für einen Frommen nicht geziemen. Was sich Hiob erlaubt, ist eigentlich ungehörig. Er hinterfragt die gute Schöpfung. Er zweifelt daran, dass Gott es gut meint und wünscht sich den Tod.

Es wird schließlich doch noch alles gut. Hiob wird ins Recht gesetzt. Aber es bleibt ein Unbehagen. Gott lässt ihn zu lange leiden. Die satanischen Verse am Anfang des Buches haben einen Schaden angerichtet. Das Gottesdonnern des Herrn Zebaoth wirkt nach dem langen Schweigen wie ein theologischer Überknall.

6. Wüstenspeise

Mein Herr B. ist kein Hiob. Er ist dankbar für sein langes reiches Leben. Er weiß, dass sein Erlöser lebt und braucht keine Donnerpredigt. Was ihm Kummer macht, ist die Trockenheit. Das Wissen sagt ihm nichts mehr. Hiob leidet daran, weil er sich an Gottes Güte erinnert. Sein Leiden umhüllt den Glauben mit dem Mantel des Zweifels. Dennoch bleibt es ein Gebetsmantel, wenn auch sein Stoff Trotzfäden enthält. Sollte Gott vergesslich sein? Hiob erinnert Gott daran, dass er der „Ich-bin-für-Euch-da" ist.

Herr B.s Feind ist sein eigenes Vergessen. Er ist dem Prediger näher als Hiob. Er fühlt sich dem, der alles hinterfragt, was die religiöse Vernunft zustande bringt, näher als dem Rebellen. Es ist eine ausgesprochen trockene Spiritualität, die auf dem Boden der kritischen Weisheit wächst. Ihr *feu sacré* ist auf Sparflamme. Weniger trotzig und mehr resigniert.

Herr B. vermisst den Durst. Und wenn der Psalmist von seiner Kehle spricht, die wie eine Hirschkuh nach Wasser lechzt, wird ihm die Erinnerung an den Gottesdurst, den er einst selbst spürte, zum Stachel der Anfechtung. Das Vermisste wird vermisst. Geistliche Trockenheit ist eine Erfahrung mit der Erfahrung des biblischen Beters, dem die Erfüllung versagt bleibt.

Ist das nur trostlos? Nein, denn in dieser Ableitung beginnen die Texte wieder neu zu sprechen. Vielleicht nur in Versatzstücken. Die Verheißungsfragmente spenden kurze Lichtblicke, die einen engen Spielraum der Interpretation erhellen. Sie lassen Hoffnung aufkeimen, *weil* sie sich der Negativität der Situation nicht verschließen. Paradigmatisch in Psalm 63 ist der Wechsel der Blickrichtung:

> *Ein Psalm Davids, als er in der Wüste Juda war.*
> *Gott, du bist mein Gott, den ich suche,*
> *meine Seele dürstet nach Dir.*
> *Mein Leib schmachtet nach Dir*
> *Im dürren, lechzenden Land ohne Wasser.*
> *So schaue ich Dich im Heiligtum*
> *Und sehe Deine Macht und Herrlichkeit.*
> (Ps 63,1–3)

Was man daraus schließen kann? Dass Ehrlichkeit eine Qualität der geistlichen Trockenheit ist. Der *homo religiosus* ist am Ende seiner Weisheit. Die ausgedorrte Seele spricht unverblümt, direkt und ohne Kalkül. „Herr, erhöre mich bald, es verschmachtet mein Geist." (Ps 143,7) Die Seele ist an einem Punkt angelangt, an dem sie erschöpft ist. „Mein Geist verzagt in mir, das Herz erstarrt in meiner Brust." (Ps 143,4)

Das Motiv der Trockenheit verknüpft das Körperliche mit der Landschaft. Die ausgetrockneten Bäche im Negev – sie werden zum Symbol für die *Nephesh* (die lebendige Seele), die vom Lebensstrom abgeschnitten ist. Der Segen bleibt aus. Und das ist zutiefst verstörend. Denn Gott ist gut. Der biblische Beter vertraut darauf:

> *Alle Augen warten auf Dich Herr und die gibst ihnen ihre Speise zu seiner Zeit. Du tust Deine milde Hand auf und sättigest alles, was da lebt. (Ps 145,15)*

Und der Psalter endet, ja mündet in den großen kosmischen Lobgesang: „Alles, was Atem hat, lobe den Herrn, Halleluja." (Ps 150,6) Das ist der Barak-Kreislauf – die göttliche Lebensordnung, an der sich der königliche Mensch, der gekrönt ist mit Gnade und Erbarmen (Ps 103,6) orientiert. Darum ist Trockenheit eine Störung und nicht Schicksal.

Walter Brueggemann, der amerikanische Alttestamentler, bringt die Erfahrung der Psalmbeter auf einen einfachen Dreisatz: Orientierung an der Ordnung, Desorientierung durch die Chaosmächte und die Reorientierung auf den Schalom, der kommt.[7] Die Trockenheit ist gefährlich und bedrohlich, weil sie in der Orientierungslosigkeit stecken bleibt. Das macht Angst, aber kann auch zum Harren werden. Sie ahnt, es ist noch nicht das Ende. Sie kann zum Habitat werden, zum dürren Land, in dem die Seele warten muss. Das Armutszeugnis des elenden „Ich" kann, in diesem Licht betrachtet, als eine Überlebensstrategie gelesen werden, die sich am Vorbild der Wüstenbewohner orientiert. Die Gefahr, dass es noch lange dauert bis zum Frühlingsregen, erzwingt eine Reduktion der Lebensäußerungen. Man muss haushälterisch mit Reserven umgehen. Übertragen auf den inneren Menschen heißt es, die vulnerablen Seelenteile zu verdecken, damit Weiches nicht ganz verhärtet.[8] Die Seele, die nach Gott schreit, verkapselt sich im Überlebensmodus. Sie passt sich der Nahrung an, die in der Wüste gereicht wird.

Der Mensch lebt nicht vom Brot allein. Er lebt auch vom Wort, das trocken ist wie Zwieback. Das Zeugnis der Armen, die selig gesprochen werden, das Versprechen Gottes, denen nahe zu sein, die ein zerschlagenes Herz haben, sind harte Worte. Sie geben definitiv kein Gastmahl her, aber nähren wenigstens so viel, um den Tag zu überstehen und die Hoffnung am Leben zu lassen, die um den nächsten Morgen bittet:

Sättige uns am Morgen mit Deiner Gnade, so werden wir jubeln und uns freuen alle unsere Tage. (Ps 90,14 (vgl. 143,8))

7. Trockenseelsorge – Wüstenweisheit

Was ist Trockenseelsorge? Ich beschränke mich auf eine Skizze und verbinde ein paar der Linien, die schon sichtbar geworden sind. Ein erstes Merkmal: Sie hält sich zurück mit den großen Verheißungen. Sie weiß, dass die ausgedorrte Kehle keinen Wein verträgt. Die Zeit

---

7 vgl. Brueggemann, 2002.
8 vgl. dazu Bieler, 2017.

des gedeckten Tisches im Angesicht der Feinde (Ps 23) ist noch nicht gekommen. Auf dem Buffet steht eine Notration. Fette markige Speisen (Jes 25) wären tödlich. Es sind Segenstropfen, die verabreicht werden. Es ist das kurzlebige und rationierte Manna, gerade mal schnabelgroße Speise, die ein Rabe bringen kann (1 Kön 17) und nur der schmale Schatten eines Ginsterstrauches und kein Schirm des Allmächtigen (Ps 91,1), unter dem es sich ruhen lässt.

Trockenseelsorge steht an der Furt mit Jakob und ringt um den Segen (1 Mose 32,22–32). Sie weiß um den bitteren Kelch und betet: Dein Wille geschehe (Mt 26,42). Noch ist es Nacht und die Morgenröte wird mehr erahnt als erwartet. Die großen Sprachbrocken sind Erinnerung. Sie bleiben im Mahlwerk des Zweifels stecken, werden kleiner gemacht. Es ist Reduktion um der Liebe willen. Das Kleine will den Schmerz erträglicher machen, aber hält ihn doch auf kleiner Flamme wach.

Trockenseelsorge ist zweitens „ambivalenzsensibel".[9] Sie ist sich der endlichen Ressourcen der Seele bewusst und zählt auf den Geist, der mitseufzt.[10] Sie sieht im Fragment das Ganze, aber verschont das Gegenüber mit der Zumutung der Selbstbelebung. Sie leidet mit, zweifelt mit und geht mit dem, der sich auf den Weg in die Wüste macht. Sie verzichtet darauf, die gebeugte Seele aufzurichten – weil sie es nicht kann. Aber sie hütet den glühenden Docht und steht beim geknickten Rohr. Sie hofft für den Anderen, der sich nicht zu hoffen traut. Sie macht nicht den Fehler der Freunde Hiobs und versucht Gottes Ruf oder sein Image zu retten. Das meint ambivalenzsensibel.

Trockenseelsorge passt sich der Wüste an, aber weiß, dass das Gegenüber Experte des Leidens ist.[11] Sie ist lernende und demütige Seelsorge. Sie hört die Klage und sieht die Schönheit der Gebetsdisteln. Sie gewinnt ein Verständnis für den Tiefensinn der Bitte um Schutz und Hut, für das Elementare, das am Grund wieder auf Gott stösst, der mit allen Wegen vertraut ist und das Werk seiner Hände nicht fahren lässt (Ps 138,8).

Die knappe Skizze ist eher Wegbericht als Lehre. Die Einbettung der Trockenseelsorge in den Theorierahmen der Pastoraltheologie

---

9 Zum Konzept der Ambivalenz vgl. Dietrich et al., 2009.
10 vgl. dazu Kunz, 2017: 159–176.
11 Ein Kernanliegen von Henning Luther, 1988: 475–484.

und Spiritualitätstheologie ist ein Desiderat. Mögliche Anknüpfungspunkte bieten eine palliativ erweiterte *ars moriendi* und natürlich die Krankenseelsorge. Aber die Geschichte ist noch nicht zu Ende. Es ist zu früh, eine Lehre daraus zu ziehen. Die Erfahrungen der biblischen Beter raten zur Vorsicht. Herr B. ist mein Weggefährte und wir sind *zusammen* unterwegs. Wir sind zusammen *unterwegs* und wissen nicht, was auf der Wanderung noch alles geschieht. Vielleicht wandert ein Dritter Weggefährte mit, den wir erst erkennen, wenn es Abend wird.

Literatur

Bader G: *Psalterspiel: Skizze einer Theologie des Psalters*, Tübingen: Mohr Siebeck, 2009.

Bieler A: *Verletzliches Leben. Horizonte einer Theologie der Seelsorge*. Göttingen: Vandenhoeck & Ruprecht, 2017.

Brueggemann W: *Spirituality of the Psalms*. Minneapolis, MN: Fortress Press, 2002.

Crüsemann F: Der Gewalt nicht glauben. Hiobbuch und Klagepsalmen – zwei Modelle theologischer Verarbeitung traumatischer Gewalterfahrungen. In: Crüsemann F, Crüsemann M, Janssen C (Hrsg.): *Dem Tod nicht glauben. Sozialgeschichte der Bibel*. Gütersloh: Gütersloher Verlagshaus, 2004: 251–268.

Dietrich W, Lüscher K, Müller C: *Ambivalenzen erkennen, aushalten und gestalten. Eine neue interdisziplinäre Perspektive für theologisches und kirchliches Arbeiten*. Zürich: Theologischer Verlag Zürich, 2009.

Eglin A, Huber E, Kunz R, Urfer C, Stahlberger K, Wuillemin R, Schröder B: Das Leben heiligen. *Spirituelle Begleitung von Menschen mit Demenz. Ein Leitfaden*. Zürich: Theologischer Verlag Zürich, 2008.

Gärtner J: Lebensstark aus der Klage. Traditionen der Hebräischen Bibel in der Perspektive von Resilienz am Beispiel von Ps 22. *Praktische Theologie* 2016; 51(2): 75–81.

Herbst M: *Beziehungsweise. Grundlagen und Praxisfelder evangelischer Seelsorge*. Neukirchen-Vluyn: Neukirchener Verlag, 2012.

Janowski B: Das erschöpfte Selbst. Zur Semantik der Depression in den Psalmen und im Ijobbuch. In: Schnocks J (Hrsg.): *„Wer lässt uns Gutes sehen?" (Ps 4,7). Internationale Studien zu Klagen in den Psalmen*. Freiburg: Herder, 2016: 95–143.

Jones LC: The Psalms of Lament and the Transformation of Sorrow. *Journal of Pastoral Care & Counseling* 2007; 61(1–2): 47–58.

Klessmann M: *Seelsorge. Begleitung, Begegnung, Lebensdeutung im Horizont des christlichen Glaubens. Ein Lehrbuch.* Neukirchen-Vluyn: Neukirchener Verlag, 2009.

Kunz R: Demenz als Metapher oder vom Glück und Elend des Vergessens. Eine religionsgerontologische Deutung. *Zeitschrift für Theologie und Kirche* 2014; 111(4): 437–453.

Kunz R: Demenz und Spiritualität – eine inklusive Sicht. In: Bopp-Kistler I (Hrsg.): *Demenz. Fakten, Geschichten, Perspektiven.* Zürich: rüffer & rub, 2016: 563–569.

Kunz R: Beten in der Anfechtung. Praktisch-theologische Annäherungen an Gebete, die nicht auf Resonanz stossen. In: Peng-Keller S (Hrsg.): *Gebet als Resonanzereignis, Annäherungen im Horizont von Spiritual Care.* Göttingen: Vandenhoeck & Ruprecht, 2017: 159–176.

Kunz R: Das Schicksal Demenz und Hiobs Botschaft. In: Zimmermann H-P (Hrsg.): *Kulturen der Sorge. Wie unsere Gesellschaft ein Leben mit Demenz ermöglichen kann.* Frankfurt a. M./New York: Campus Verlag, 2018: 153–162.

Luther H: Diakonische Seelsorge. *Wege zum Menschen* 1988; 40: 475–484.

Morgenthaler C: *Seelsorge.* Gütersloh: Gütersloher Verlagshaus, 2009.

Peng-Keller S: *Sinnereignisse in Todesnähe. Traum- und Wachvisionen Sterbender und Nahtoderfahrungen im Horizont von Spiritual Care.* Berlin/Boston: de Gruyter, 2017.

Roy L-K: *Demenz in Theologie und Seelsorge.* Berlin/New York: De Gruyter, 2013.

Schmidt J: *Klage. Überlegungen zur Linderung reflexiven Leidens.* Tübingen: Mohr Siebeck, 2011.

Schnabl Schweitzer CL: Psalms as Resources for Pastoral Care. In: Brown WP (Hrsg.), *The Oxford Handbook of the Psalms.* Oxford/New York, NY: Oxford University Press, 2014: 583–595.

Heribert Leibold OFMCap

„Er gewährt sich im Entziehen"

„*Christo tuo venienti occurentes* – Lass uns deinem kommenden Christus entgegeneilen." Unter dieses Wort hatte der verstorbene Bischof von Münster, Reinhard Lettmann, seinen bischöflichen Dienst gestellt. Dieses Wort begleitet mich seit vielen Jahren. Für mich ist es die Erinnerung daran, dass das Geheimnis, das wir „GOTT" nennen, immer schon den ersten Schritt auf mich zugemacht hat, bevor ich mich dazu entschlossen habe, mein Leben auf IHN hin zu gestalten, meine Beziehung zu IHM intensiver zu leben und zu pflegen. Und ER macht auch immer wieder den ersten Schritt auf mich zu, wenn ich auf meinem geistlichen Weg weiterwachsen will und mich von IHM dabei führen lasse.

„Jedem Anfang wohnt ein Zauber inne […]" (Hermann Hesse, Gedicht: „Stufen"). Diesen Zauber verspürt jede und jeder, die/der sich auf den Weg macht. Da gibt es die anfänglichen Momente spirituellen Erlebens, in denen Gottes Nähe und Liebe intensiv erfahren wird: Innerer Friede, Ruhe, Sammlung und das Wissen von Gottes Liebe gehalten zu sein, sind das bestimmende Lebensgefühl. Doch sehr bald schon stehen nicht mehr diese Gefühle im Vordergrund, sondern genau das Gegenteil. Den ich gerade erst als einen mir Nahen erfahren habe, entzieht sich mir, weil ER mich weiterführen will, weil ER mich lockt, IHN immer wieder neu und tiefer zu suchen. Es scheint so, dass, wenn mein geistliches Leben sich verschattet, Gott sich gerade in dieser Weise mir mitteilen will.

Wir leben unser Leben vorwärts, verstehen und deuten können wir es meist nur rückwärts. Auf meinem geistlichen Weg war die eben erwähnte Erfahrung für mich so etwas wie „göttliche Pädagogik", ein notwendiger Schritt, um im geistlichen Leben erwachsen zu werden. Wie im normalen Leben gibt es auch im Glaubensleben Wachstum. Und dieses Wachstum zielt darauf, dass mein Leben auch geistlich zur Reife kommt. Ich kann nicht für immer wie ein Säugling an der Brust der Mutter hängen bleiben. Das gewöhnliche, tägliche

Leben ist geistliches Leben und die Tiefe des persönlichen geistlichen Lebens ist ein Indikator für die eigene geistliche Reife. In dieser Phase auf dem Weg gilt es als Erstes zu realisieren: Gott ist unverfügbar, ER ist nicht handhabbar.

Jeder, der nach einer Eheschließung ein glücklich lächelndes Paar sieht, wünscht ihnen, dass dieses Hochgefühl sie immer tragen möge. Und doch weiß jeder, dass es im Alltag schnell anders aussieht. Ehe ist nicht immer romantisch, nicht immer einem roten Faden folgend, sondern unterliegt Entwicklungen, Phasen und braucht Arbeit und Anstrengung, um am Leben gehalten zu werden. Im geistlichen Leben gibt es für jede und jeden ähnliche Erfahrungen.

1. Nackter Glaube

Geistliches Leben braucht Struktur und eine Form, wenn es zu einer Lebenshaltung werden soll. Die Formen sind und müssen, je nach Lebenssituation, individuell verschieden sein: Das Stundengebet der Kirche, eine tägliche Meditationszeit, das sogenannte „Herzensgebet", regelmäßige Einkehr- oder „Wüstentage", tägliche Bibellese oder schlicht eine bestimmte Zeit des stillen Verweilens vor einem Kreuz oder einer Ikone.

In meinem Zimmer hängt eine Ikone meines Primizbildes, vor der ich täglich zweimal, wenn möglich auch dreimal, eine Zeit in Stille verbringe. Dabei orientiere ich mich an den Konstitutionen des Kapuzinerordens. Dort heißt es im Kapitel über unser Gebetsleben: „Jeder Bruder, wo immer er sich aufhält, nehme sich täglich für das innere Gebet genügend Zeit, etwa eine volle Stunde." (Konst. des Kapuzinerordens, III. Kapitel; Nr.55,2).

Ich meine, dass das Ausbleiben der anfänglichen Momente spirituellen Erlebens von der Erfahrung „geistlicher Trockenheit" noch zu unterscheiden ist. Aber schon hier, wenn das Gebet, das stille Verweilen vor dem Geheimnis Gott mühsam wird, braucht es eine Grundhaltung. Ohne sie sind die Phasen wirklicher Dürre und Trockenheit nicht zu bewältigen und durchzustehen. Ohne sie kann geistliches Leben überhaupt nicht fruchtbar werden und wachsen. Diese Grundhaltung ist: Treue. Bei der letzten Recollectio vor meiner Priesterweihe mahnte Spiritual Johannes Bours mich und die

Mitbrüder meines Weihekurses: „Halten Sie ihr tägliches kleines Exerzitium: die gleiche Übung, am gleichen Ort, zu gleichen Zeit. Ansonsten gehen Sie mit Sang und Klang in den täglichen Anforderungen ihres Dienstes unter." Neben Form und Struktur braucht es die Treue im täglichen Vollzug. Wer es an der Treue fehlen lässt, wird in Zeiten der Trockenheit und Dürre scheitern.

Wenn ich die äußere Stille zum Gebet vor meiner Ikone suche, damit ich gesammelt vor Gott sein kann, bricht immer wieder mal in mir eine innere Unruhe aus. Ein Gedanke jagt den anderen, eine Fantasie die andere, die noch frischen und unverarbeiteten Eindrücke, alte Verletzungen kommen wieder hoch, alles das, was mich im Augenblick noch bewegt, verursacht einen inneren Lärm, der es unmöglich erscheinen lässt, in eine Atmosphäre des Gebets einzuschwingen. Dann kommt in mir auch die Frage nach der Sinnhaftigkeit dieser Übung auf: Was machst du da eigentlich? Was könntest du in dieser Zeit nicht alles erledigen? Ich verfalle in Selbstgespräche. Doch gerade dann darf ich mich nicht beirren lassen. Das tritt immer wieder mal auf, auch nach Jahren der Einübung. Die gutgemeinten Ratschläge über Atemübungen und das Loslassen, sich leer und frei zu machen von diesem inneren Lärm, waren bei mir selten von Erfolg gekrönt. Ein Wort aus der Regel der Brüder von Taizé ist für mich da eine größere Hilfe. Da heißt es:

„Wenn du unaufmerksam bist, kehre in das Gebet zurück, sobald du deine Zerstreutheit bemerkst, ohne darüber zu jammern; wenn du mitten im Gebet deine Schwachheit erfährst, so besitzt du dennoch das Unterpfand des Sieges Gottes. Es gibt Tage, wo für dich der Gottesdienst schwer wird. Wisse dann deinen Leib darzubieten, da ja schon deine Anwesenheit ein Zeichen ist für dein im Augenblick nicht zu verwirklichendes Verlangen, deinen Herrn zu loben. Glaube an die Gegenwart Christi in dir, auch wenn du keine spürbare Resonanz feststellst."[1]

In solchen immer wieder auftretenden Situationen treu bei meiner Übung zu bleiben, lohnt sich. Manchmal fällt es mir leichter, in kurzer Zeit wirklich auch innerlich still zu werden, an anderen Tagen geht es mir so wie oben beschrieben.

---

1 Schutz, 1963: 21.

Von dem bisher Gesagten, so denke ich, ist das, was „Geistliche Trockenheit" genannt wird, zu unterscheiden. Die Suche nach Gott und das Gebet müssen sich wohl erst in einer Lebenssituation bewähren, in der Dunkelheit mich überfällt und Gott mir zum Rätsel geworden ist, von dem ich augenblicklich nichts mehr verstehe. Grau beherrscht die Atmosphäre des Gebets. Wenn Gott sich in eine undurchschaubare Maske verwandelt, wenn ER schweigt und ich stehe da und spreche irgendwie ins Nichts, wenn ich dabei das Gefühl habe, gegen eine Wand zu reden, sinnlos Worte zu produzieren, die abprallen, die nicht ankommen, ungehört bleiben, wenn ich wie in ein dunkles Loch hinein bete und keine Antwort bekomme, wenn ich den Eindruck habe, Gott entgleitet mir – das ist die markanteste geistliche Erfahrung. Mitten auf dem Weg, weiß ich nicht mehr, ob ich vorwärtsgehe oder rückwärtsgehe; besser gesagt, ich habe den Eindruck: Es geht bergab. Jetzt muss ich einen ersten wichtigen Schritt tun, indem ich mir klar mache, dass zwischen „Gott" und dem „Gefühl von Gott" unterschieden werden muss. Wenn der Himmel verhangen ist, heißt das ja auch nicht, dass es die Sonne nicht gibt. Ich sehe sie nur nicht, aber sie ist da, so wie auch Gott im Dunkel da ist. Jedenfalls ist jetzt die Zeit des „So tun als ob" vorbei. Jetzt fängt die Sache mit Gott an, ernst zu werden. Ja, es wird ernst, weil es wahr wird. Resignation oder gar Verzweiflung ist die schlechteste aller Lösungen. Wenn ich nicht mehr weiterweiß, weil alles um mich herum dunkel ist, dann muss ich aushalten, abwarten, beten, vertrauen – bis neues Licht das Dunkel erhellt. Jetzt braucht es die Treue im täglichen Vollzug. Es braucht einen „nackten Glauben".

Gotteserfahrungen und Gotteserkenntnis sind Geschenke, die aber wie das Manna zu Zeiten der Wüstenwanderung Israels nicht ein Dauervorrat und auch kein unveränderlicher geistiger Besitz sind. Gotteserfahrungen und Gotteserkenntnis sind auch heute Geschenke gesegneter Augenblicke! Zweifel und Anfechtungen und die Erfahrungen vermeintlicher Gottesferne werden immer wieder neu den Alltag verdunkeln. Es ist notwendig, dass ich mir das immer wieder einmal bewusstmache. Ansonsten würde ich mich in Illusionen verlieren. Auch die Zeit, in der mir Gott zu entgleiten scheint, geht vorüber, und – nackter Glaube – ER schenkt auch genug Kraft, um sie zu bestehen. Diese Einsicht, ist für mich ein entscheidender Schritt im Umgang mit Momenten oder Phasen geistlicher Trockenheit.

Wenn ich unter dem Eindruck stehe, dass Gott sich mir entzieht, dass ER abwesend ist, werde ich auch auf mich selbst zurückgeworfen, begegne ich auch dem Dunkel in mir selbst, all dem, was unaufgearbeitet ist: Ich entdecke meinen Egoismus und ein falsches Selbstbild, verpasste Chancen, Ängste, Fantasien jedweder Art, Verletzungen, u. a. m. Ich erkenne die eigene Begrenztheit, die eigene Schuld und all das, was mich als Geschöpf vom Schöpfer trennt. Das Dunkle in mir selbst wahrzunehmen und zuzulassen, gehört zu den Grunderfahrungen geistlichen Lebens. Und gerade dann muss sich mein Gebet als kraftvoll und echt erweisen, auch wenn es trocken ist und dürr. Das Ringen mit Gott nach den ersten Gehversuchen geistlichen Lebens kann mich über die Härte dieses Weges erschrecken lassen. Die Verborgenheit oder gar Abwesenheit Gottes, das Gefühl der Ferne, das Schweigen Gottes, hat das Potenzial, meinen Glauben zu bedrohen. Die Versuchung ist groß, Gottes Nähe durch irgendetwas anderes zu ersetzen, anderes an SEINE Stelle zu setzen, weil ich einfach die Leere, die ER mir zumutet, nicht ertrage.

Während meines diesjährigen Urlaubs habe ich das jüngst erschienene Buch des neuen Bischofs von Hildesheim, Heiner Wilmer, „Hunger nach Freiheit" gelesen. Er beschreibt diese Situation treffend so:

> *„Das Erleben der totalen Abwesenheit Gottes ist das Drama spiritueller Menschen. Niemand gelangt zur Tiefe im geistlichen Leben, ohne die Erfahrung der Abwesenheit Gottes gemacht zu haben."*[2]

Und er zitiert dann Karl Rahner: „Glaube bedeutet dann nicht nur, […] Gottes Unbegreiflichkeit ein Leben lang auszuhalten, sondern auch seine Abwesenheit zu erleben und ihr standzuhalten."

Was soll ich tun, wenn Gott sich mir entzieht? Auch dazu nochmals ein Zitat aus Wilmers Buch, in dem ich mich selbst und mein Erleben wiedererkenne:

> *„Die Abwesenheit Gottes zu ertragen, ohne die Leere mit mehr Leere zu füllen, das ist eine der wichtigsten Wüstenlektionen überhaupt. Leere zulassen, ohne das Vertrauen auf die Fülle zu verlieren, das ist unendlich schwer und zugleich unendlich zentral. Und diese Erfahrung*

---

2 Wilmer, 2018, 142.

ist nicht etwas Statisches, man hat Gott nicht einfach, und alle Leere ist für immer gefüllt. Zur Fülle Gottes, das ist das Paradoxon, gehören die Leere und ihre Erfahrung. So wie Gott Mensch wird, der Große klein, so ist auch die Fülle in der Leere und die Leere in der Fülle."[3]

2. Strategien im Umgang

Wie verhalte ich mich in solch geistlichen Dürremomenten oder gar Dürreperioden? Eine geistliche Begleitung in Anspruch zu nehmen, ist eine Möglichkeit. Oder aber einen Weggefährten zu haben, wo ich meine Erfahrungen ins Wort bringen und den Austausch pflegen kann.

Geistliche Weggefährtenschaft zu finden, ist mitunter schwieriger. Man könnte ja davon ausgehen, eine solche in Ordensgemeinschaften zu finden. Dem ist – nach meiner Erfahrung – aber nicht so. Religiöse Sprachlosigkeit ist nicht nur ein außerkirchliches Phänomen. Es gibt sie auch innerhalb der Kirche, auch in Ordensgemeinschaften. Ich habe noch keinen Konvent erlebt, wo Verunsicherung auf dem geistlichen Weg Thema gewesen wäre. Ich habe eher den Eindruck, dass es ein Tabu ist. Jedenfalls bin ich dankbar für einen Weggefährten, einen Freund, der mir geschenkt ist, und mit dem es möglich ist, gemeinsam in die Stille vor Gott zu gehen, mit dem ich mich auch geistlich austauschen kann, unabhängig von Situationen „geistlicher Trockenheit."

Nochmals also die Frage: Wie gehe ich mit der Situation um, wenn ich den Eindruck habe, mein geistlicher Weg führt ins Dunkle? Das Dunkle, so meine Erfahrung, überfällt mich nicht plötzlich. Es beginnt damit, dass sich das Gebet „verschattet." In solchen Augenblicken ist ein Wort aus Psalm 17 für mich eine Stütze geworden: „Behüte mich wie den Augapfel, den Stern des Auges, birg mich im Schatten deiner Flügel." (Ps 17,8). Auch wenn ich mein Gebetsleben als „grau in grau" erlebe, wenn es sich verschattet, weiß ich mich immer noch im Schatten seiner Flügel geborgen.

Es wäre vermessen, wollte ich mich mit Menschen wie Johannes vom Kreuz, Therese von Lisieux oder Mutter Teresa von Kalkutta auf

---

3 Wilmer, 2018, 143.

eine Stufe stellen. Johannes vom Kreuz litt etwa anderthalb Jahre unter der Erfahrung der Gottesferne, Teresa von Avila nur drei Monate (vgl. Interview mit Leo Maasburg am 3. September 2016). Nicht jeder erfährt die Abwesenheit Gottes in solcher Dichte wie sie es erfahren haben. Mein Erleben geistlicher Dürre, das immer mit Verunsicherungen oder Umbrüchen im alltäglichen Leben zusammenhing, beschränkt sich auf Phasen einiger Tage oder Wochen. Aber wer sich ernsthaft auf die Suche nach dem Geheimnis Gott begibt, wer sich nach einer tiefen Verbundenheit mit IHM sehnt, erlebt unweigerlich Zeiten der Dürre in der Gottesbeziehung. Das ist zunächst wenig tröstlich, dafür aber lebensnah. Verunsicherung, Zweifel, Skepsis begleiten den geistlichen Weg. Denn sie bewahren vor Illusionen und Schwärmerei und helfen Bodenhaftung zu bewahren.

Im Lauf meines geistlichen Lebens habe ich Grundhaltungen für mich entdeckt, die mir helfen, auf dem Weg zu bleiben, trotz Erfahrungen von Dunkel und Dürre. Zwei dieser Grundhaltungen sind schon zur Sprache gekommen. Ohne Treue geht es nicht. Aber es braucht noch mehr. Es braucht eine Haltung des „nackten Glaubens."

Während meines Studiums habe ich das Buch von Carlo Carretto, „Wo der Dornbusch brennt", gelesen und war davon beeindruckt. Auf den ersten Seiten schon berichtet er von der Erfahrung eines „Wüstentages" in der Sahara. Er schreibt:

„Ein Korb mit Brot, Datteln, Wasser, die Bibel. Ein Tagesmarsch, eine Grotte. Ein Priester hält die Messe. Auf einem Altar von Steinen in der Grotte lässt er die Eucharistie zurück, dann geht er. Eine Woche lang wird man mit der Tag und Nacht ausgesetzten Eucharistie allein sein. Schweigen in der Wüste, Schweigen in der Grotte, Schweigen in der Eucharistie. Kein Gebet ist so schwer wie die Anbetung der Eucharistie."[4]

Was Carretto von der eucharistischen Anbetung schreibt, trifft voll und ganz auch auf das Gebet in Situationen zu, in denen ich mit dem Eindruck der Abwesenheit Gottes ringe. Hier ist „nackter Glaube" gefragt. Alles in mir bäumt sich dagegen auf. Beten im nackten Glauben ist wahres Beten und ein solches Beten „schmeckt" nicht.

---

4 Carretto, 1973: 23.

„*Aber gerade dieses Erleben macht das Beten stark und rein. Solange sich mein Gebet noch an Geschmack klammert, bleibt es Höhen und Tiefen ausgeliefert; Depressionen werden kurzlebigen Höhenflügen folgen. Zahnschmerzen reichen aus, die ganze religiöse Inbrunst, die aus sinnenhaftem Wohlgefallen, aus Gefühlswallungen erwuchs, in uns auszulöschen.*"[5]

Jetzt gilt es, mein Beten von Verstandesarbeit zu lösen. In solchen Phasen oder auch Momenten wird es ernst mit dem Gebet. Jetzt ist „nackter Glaube" gefragt, bedingungslose Hoffnung, abgeklärte Liebe. Carretto nennt das ein „göttliches Radikalmittel."

Mich an die Zeiten zu erinnern, in denen ich klar und besonnen meine Entscheidung für Gott gefällt habe, ist für mich im Umgang mit Dürre und Dunkel auf meinem Weg eine weitere helfende Stütze. Im Vollzug des Stundengebetes oder bei der Schriftlesung stoße ich immer wieder auf Aussagen, wo ein einzelner oder mehrere Beter sich an Erfahrungen mit Gott aus der Vergangenheit erinnern. „Ich denke an die Taten des HERRN, ja, ich will denken an deine früheren Wunder." (Ps 77,12) Aus dieser Erinnerung wächst dann neues Zutrauen, dass Gott sich auch jetzt, in einer Notlage, zeigt. Für mich heißt das: Erinnere dich an die Momente, in denen du tatsächlich Gottes Nähe und Hilfe erfahren hast. Erinnere dich an die Erlebnisse, in denen dir Trost und ein tiefes Bewusstsein von Geborgenheit in Gottes Liebe geschenkt wurde. Erinnere dich an die Stunden des Anfangs, die Gott dir schenkte, um dich an sich zu ziehen.

In Situationen, in denen ich mit dem Schweigen Gottes und seiner scheinbaren Abwesenheit ringe, erinnere ich mich auch immer wieder an einen Vers aus Jochen Kleppers „Adventslied" in unserem Gesangbuch (GL 220,5). Die fünfte Strophe beginnt mit den Worten: „Gott will im Dunkel wohnen […]." Jochen Klepper hat das Dunkel des Naziterrors hautnah erlebt. Er wählte schließlich für sich und seine Frau und Tochter den Freitod. Als Theologe hat er, als er dieses Lied dichtete, vermutlich an Bibelstellen gedacht wie folgende: „Das Volk hielt sich in der Ferne und Mose näherte sich der dunklen Wolke, dort, wo Gott war." (Ex 20,21) Und im gleichen Buch: „Du kannst mein Angesicht nicht schauen; denn kein Mensch kann mich

---

5 Carretto, 1973: 24.

schauen und am Leben bleiben." (Ex 33,20). In 1 Kön 8,12 heißt es bei der Erzählung der Überführung der Bundeslade in den neuerrichteten Tempel: „Damals sagte Salomo: Der HERR hat gesagt, er werde im Wolkendunkel wohnen." Auch im Neuen Testament gibt es solche Stellen, die von der Verborgenheit Gottes sprechen. Bei der Taufe Jesu und bei seiner Verklärung auf dem Berg ist es jeweils auch die Wolke, in der Gott sich verbirgt. Und dennoch ist es ja das Anliegen der Bibel, deutlich zu machen: Der Gott, der im Dunkeln wohnt, will sich uns zuwenden.

Beispiele aus der Kirchengeschichte zeigen: Es gibt eine geheimnisvolle Anwesenheit Gottes auch im Schweigen, im Dunkel. Sich dann wortlos in dieses Dunkel Gottes hineinfallen lassen, um seine Gegenwart wissen, auch wenn ER mehr der Schweigende als der Redende ist! Der schweigende Gott und der schweigende Mensch können sehr wohl einander sehr nahe sein. Diese Gewissheit hat, glaube ich, auch Jochen Klepper getragen, wenn er dichtet:

> *„In jeder Nacht, die mich umfängt,*
> *darf ich in deine Arme fallen.*
> *Und du, der nichts als Liebe denkt,*
> *wachst über mir, wachst über allen.*
> *Du birgst mich in der Finsternis,*
> *dein Wort bleibt noch im Tod gewiss."*[6]

Diese Überzeugung drückt er auch in dem bereits erwähnten „Adventslied" aus, wenn der vorhin zitierte Vers weitergeführt wird: „Gott will im Dunkel wohnen und hat es doch erhellt". Doch oft geht es mir so wie den Emmausjüngern: Ich bin wie mit Blindheit geschlagen, sodass ich dieses Licht nicht wahrnehme, und vielleicht gehört diese Blindheit ja mit zu der Erfahrung geistlicher Trockenheit.

---

6 Klepper: 5. Strophe aus dem „Trostlied am Abend"; http://gutenberg.spiegel.de/buch/kyrie-7495/5

3. Höhen und Tiefen im geistlichen Leben

Das gewöhnliche, tägliche Leben ist geistliches Leben. Und wie im alltäglichen Leben gibt es auch im geistlichen Leben Höhe- und Tiefpunkte. Dazwischen gilt es, treu auf dem Weg zu bleiben, ohne etwas leisten zu müssen oder zu erwarten. Das tägliche Einüben geistlicher Praxis gleicht dem „Schwarzbrot", das intensiv und ausgiebig gekaut werden muss. Dann erst entfaltet sich sein voller Geschmack – und dann erst komme ich auf den Geschmack, auf den Geschmack an Gott, der mich in seine Nähe lockt und mich einlädt, mit IHM zu leben.

Höhen und Tiefen in meinem geistlichen Leben sind keine alltäglichen Erfahrungen. Sowohl die Höhepunkte – Momente, in denen ich mir der Nähe Gottes deutlich bewusst war – wie auch die Tiefpunkte – Augenblicke oder kürzere Phasen, in denen ich mit dem Eindruck der Abwesenheit Gottes zu kämpfen hatte – sind nicht sehr zahlreich.

Die Emmauserzählung ist für mich das Osterevangelium schlechthin. Man kann es auf unterschiedliche Situationen hindeuten. Für mich auch auf die Erfahrungen des geistlichen Lebens. Wo ich Enttäuschungen erlebt habe, wo ich frustriert und niedergeschlagen war, wo Umstände und Ereignisse, die von außen kamen, mich verunsicherten, wo ich den Eindruck hatte, Gott schweigt und ER ist abwesend ... – gab es doch immer etwas, an das ich mich halten konnte und das mich gehalten hat. Die Emmausjünger drücken es so aus: „Brannte nicht unser Herz in uns, als er unterwegs mit uns redete und uns den Sinn der Schriften eröffnete?" (LK 24,32).

„Gott will im Dunkel wohnen und hat es doch erhellt." Gerade dann, wenn die Treue im Gebet für mich mühsam wurde, blitzte etwas von diesem Licht auf. Da fiel mir plötzlich ein Bibelwort zu, das ermutigte, aus dem neue Hoffnung wuchs, das mich mit einem Mal Zusammenhänge durchschauen ließ. Da gab es mir völlig fremde Menschen, mit denen ich aus dem Stand heraus eine Ebene fand, auf der geistlicher Austausch möglich war. Das erinnerte mich immer wieder an den Schluss der Emmauserzählung: „Als er mit ihnen bei Tisch war, nahm er das Brot, sprach den Lobpreis, brach es und gab es ihnen. Da wurden ihre Augen aufgetan und sie erkannten ihn; und er entschwand ihren Blicken." (LK 24,30 f.). Hier wird eindeutig auf die Eucharistie angespielt.

Denke ich an mein Erleben, dann erinnere ich mich an einige, wenige Situationen, wo mir plötzlich eine Klarheit geschenkt wurde, die mir Perspektive gab und mich auf meinem Weg bestärkte. Andererseits stellten sich ermutigende tröstliche Erfahrungen nicht sofort ein, sondern Tage später, mitten im Alltag, bei Gelegenheiten, in denen ich gar nicht damit gerechnet hätte. Gott ist unverfügbar, ER ist nicht handhabbar. Er gewährt sich im Entziehen! In diesen Satz sind meine persönlichen Erfahrungen auf den Punkt gebracht. Auch wenn sich das Geheimnis Gott entzieht – ER ist und bleibt der „Ich bin der, der für dich da ist!" Im Augenblick, in dem ER sich gewährt, lässt ER etwas zurück, das mir hilft, mich einzuüben in eine Haltung, in der ich mich diesem Gott überlasse. Neben temporären Erfahrungen von Dunkel, dürrer Trockenheit gab es doch immer auch Momente, in denen ich mich der Nähe Gottes vergewissern konnte, in denen ER sich mir gewährte.

„Christo tuo venienti occurentes – Lass uns deinem kommenden Christus entgegeneilen." Ein mich ermutigender Satz, der mir hilft, meinen Weg im geistlichen Leben weiterzugehen.

Literatur

Carretto C: *Wo der Dornbusch brennt*. Freiburg: Herder Verlag, 1973.
Klepper J: Trostlied am Abend. In: Weimer A (Hrsg.). *Gebete der Dichter*. Düsseldorf: Patmos-Verlag, 2006.
Schutz R: *Die Regel von Taizé*. Gütersloh: Gütersloher Verlags-Haus G. Mohn, 1963.
Wilmer H: *Hunger nach Freiheit: Mose – Wüstenlektionen zum Aufbrechen*. Freiburg: Herder, 2018.

Gesungene Gebete

Während des Symposiums wurden in der Abendveranstaltung zum Thema passende Lieder zum Zuhören und Mitsingen angeboten. Zwei von diesen werden auf den folgenden zwei Seiten abgedruckt.

Jeder kennt das: Manche Lieder und Texte bringen genau das zum Ausdruck, was die Seele belastet und zu schwer wiegt. Manchmal findet man sich dann in den Texten und Stimmungen solcher Lieder wieder – und etwas kommt im Inneren zum Klingen. Im Singen öffnen sich auf eine andere Art und Weise das Herz, das Hören und die Sinne – und man kann loslassen.

Meine Seele drängt zu Dir
(nach Psalm 42)

Text und Musik: Arndt Büssing
www.arndtbuessing.de

Gott in diesem Augenblick
(zu Lk 24,31)

T & M: Arndt Büssing
aus CD "Zurück in Deine Hände"

Dank

Wir danken der Stiftung zur Ausbildung Katholischer Geistlicher im Bistum Münster sowie der Stiftung Helixor, Rosenfeld, für die finanzielle Unterstützung zur Durchführung des Symposiums und für die vorliegende Publikation.

Autoren

Klaus Baumann
… ist kath. Priester und Psychologischer Psychotherapeut sowie Professor für Caritaswissenschaft und Christliche Sozialarbeit an der Albert-Ludwigs-Universität Freiburg (Theologische Fakultät). Seine Forschungsinteressen bewegen sich v. a. im interdisziplinären Feld Theologie – Human- und Sozialwissenschaften, insbesondere Psychologie/Psychoanalyse/Psychotherapie zum einen und zum anderen von Caritastheologie, -geschichte und -spiritualität, aktuellen Fragen von öffentlicher und freier Wohlfahrt in deutscher, europäischer und weltkirchlicher Perspektive.

Arndt Büssing
… ist Arzt und Professor für Lebensqualität, Spiritualität und Coping an der Universität Witten/Herdecke und External Fellow bei IUNCTUS – Kompetenzzentrum für Christliche Spiritualität der PTH Münster. Seine Forschungsinteressen sind die Ausdruckformen der Spiritualität auch in säkularer Gesellschaft und spirituelle Bedürfnisse chronisch Kranker und alter Menschen.

Thomas Dienberg OFMCap
… ist Kapuziner und Professor für Theologie der Spiritualität an der Philosophisch-Theologischen Hochschule Münster. Er ist der Leiter von IUNCTUS – Kompetenzzentrum für Christliche Spiritualität in Münster. Seine Forschungsschwerpunkte liegen in der Geschichte und Theologie der Mystik und Askese, in der Franziskanischen Spiritualität, im Bereich Spiritualität und Management/Leadership sowie in Fragen der Säkularisierung und Spiritualität.

Eckhard Frick
… ist Jesuit und Professor für Spiritual Care und Anthropologische Psychologie an der Hochschule für Philosophie und an der Technischen Universität (Klinikum rechts der Isar – Klinik und Poliklinik für Psychosomatische Medizin und Psychotherapie) München. Dort ist er der Leiter der

Forschungsstelle Spiritual Care. Sein Forschungsschwerpunkt liegt in der Erfassung und Verbesserung der spirituellen Kompetenz von Ärzten und anderen Gesundheitsberufen. Er ist Schriftleiter der Zeitschrift SPIRITUAL CARE und Vorsitzender der Internationalen Gesellschaft für Gesundheit und Spiritualität.

Michael Höffner
… ist Domvikar in Münster, geistlicher Begleiter und hat einen Lehrauftrag für Theologie der Spiritualität an der Hochschule der Kapuziner in Münster. Er habilitiert sich momentan mit einer Arbeit im Grenzgebiet Fundamentaltheologie und Spiritualität. Bis 2017 wirkte er als Spiritual im Priesterseminar in Münster.

Christoph Jacobs
… ist Priester der Erzdiözese Paderborn und Klinischer Psychologe. Er lehrt Pastoralpsychologie und Pastoralsoziologie an der Theologischen Fakultät Paderborn und mit Lehraufträgen an der PTH-Münster und der THF-Fulda. Seine Schwerpunkte sind Psychologie und Theologie der Salutogenese, Gesundheitsförderung, Eignung für Berufe der Kirche, Persönlichkeits- und Kompetenzentwicklung. Er engagiert sich als Geistlicher Begleiter, in der Erforschung der Spiritualität und des geistlichen Lebens, in Ausbildungsgängen für Geistliche Begleitung und seelsorgliche Gesprächsführung.

Ralph Kunz
… ist Pfarrer der evangelisch-reformierten Landeskirche des Kantons Zürich und Professor für Praktische Theologie mit den Schwerpunkten Gottesdienst, Seelsorge und Gemeindeaufbau an der Universität Zürich. Seine Forschungsinteressen sind Religionsgerontologie, Spiritualität und Community Care.

Heribert Leibold OFMCap
… gehört dem Kapuzinerorden an. Er war als Gemeindeseelsorger und bis 2018 als geistlicher Begleiter in der St. Franziskus Stiftung Münster tätig. Derzeit nimmt er seelsorgliche Dienste des Konvents in Münster wahr.

Sr. Paulin Link
… ist Franziskanerin von Reute, Referentin für Landpastoral Schöntal (Diözese Rottenburg-Stuttgart) und arbeitet in der geistlichen Begleitung und Supervision. Ihre Interessensschwerpunkte liegen im Bereich der franziskanischen Spiritualität und im interreligiösen Dialog.

AUTOREN

Ricarda Moufang
… ist Referentin für christliche Mystik und Dialog mit dem Buddhismus, Autorin und geistliche Begleiterin in Frankfurt am Main. Sie interessiert sich besonders für die Zukunft der Religionen, die Stellung der Frau in den Religionen sowie für die Entwicklung und Analyse gesellschaftlicher Umbrüche.

Theo Paul
… ist kath. Priester und seit 1997 Generalvikar im Bistum Osnabrück. Er ist Vorsitzender des Katholischen Krankenhausverbandes Deutschland (KKVD) sowie des Verwaltungsrates von Misereor und war Präses der Christlichen Arbeiterjugend (CAJ) und der Katholischen Arbeitnehmer-Bewegung im Bistum Osnabrück.

Ralf Stolina
… ist Pfarrer am Institut für Aus-, Fort- und Weiterbildung der Evangelischen Kirche von Westfalen, Landeskirchlicher Beauftragter für geistliche Begleitung, und apl. Professor für Systematische Theologie an der Evangelisch-Theologischen Fakultät der WWU Münster.

Michael Utsch
… ist in Teilzeit als Referent der Evangelischen Zentralstelle für Weltanschauungsfragen tätig. Daneben arbeitet er als Psychotherapeut in einer niedergelassenen Praxisgemeinschaft und als Honorarprofessor für Religionspsychologie. In der „Deutschen Gesellschaft für Psychiatrie, Psychotherapie, Psychosomatik und Nervenheilkunde" (DGPPN) leitet er das Referat „Religiosität und Spiritualität".

Josef Weismayer
… ist Priester der Erzdiözese Wien, emeritierter Professor für Dogmatik und Spirituelle Theologie an der Katholisch-Theologischen Fakultät der Universität Wien. Er hat ein besonderes Interesse an den Fragen zur Unterscheidung der Geister, geschichtlich und systematisch.